冶金专业教材和工具书经典传承国际传播工程
Project of the Inheritance and International Dissemination of Classical Metallurgical Textbooks & Reference Books

高 职 高 专 “十 四 五” 规 划 教 材

钢铁企业精益管理实务

主编　李 岩　许立红

扫码输入刮刮卡密码
查看数字资源

北 京
冶 金 工 业 出 版 社
2025

内 容 提 要

本书由辽宁冶金职业技术学院、本钢板材股份有限公司、天津爱波瑞科技发展有限公司共同组织编写。本书分为三个模块、十二个工作任务。模块一为钢铁企业精益管理概述，包括精益管理的起源与发展、精益管理在钢铁企业的必要性；模块二为精益管理的基础工具与方法，包括工业工程（IE）、QC 七大手法、价值流图（VSM）、现场 5S 与目视化管理、企业全员设备维护（TPM）活动；模块三为精益管理推进实务，包括精益管理项目推进、精益战略落地理论之方针管理、精益班组管理、精益改善活动、精益总结和分享。

本书可作为高职院校冶金类相关专业的教材，也可供钢铁企业的管理者、经营者、研究人员以及相关领域的学者和师生参考。

图书在版编目（CIP）数据

钢铁企业精益管理实务 / 李岩，许立红主编．北京 ：冶金工业出版社，2025．1．--（高职高专“十四五”规划教材）．-- ISBN 978-7-5240-0072-3

Ⅰ．F407.36

中国国家版本馆 CIP 数据核字第 20248LB376 号

钢铁企业精益管理实务

出版发行	冶金工业出版社	**电　　话**	(010)64027926
地　　址	北京市东城区嵩祝院北巷 39 号	**邮　　编**	100009
网　　址	www.mip1953.com	**电子信箱**	service@mip1953.com

策划编辑　杜婷婷　责任编辑　杜婷婷　马媛馨　美术编辑　彭子赫

版式设计　郑小利　责任校对　梁江凤　责任印制　窦　唯

三河市双峰印刷装订有限公司印刷

2025 年 1 月第 1 版，2025 年 1 月第 1 次印刷

787mm×1092mm　1/16；16.25 印张；361 千字；241 页

定价 59.00 元

投稿电话　(010)64027932　投稿信箱　tougao@cnmip.com.cn

营销中心电话　(010)64044283

冶金工业出版社天猫旗舰店　yjgycbs.tmall.com

（本书如有印装质量问题，本社营销中心负责退换）

冶金专业教材和工具书
经典传承国际传播工程
总　序

钢铁工业是国民经济的重要基础产业，为我国经济的持续快速增长和国防现代化建设提供了重要支撑，做出了卓越贡献。当前，新一轮科技革命和产业变革深入发展，中国经济已进入高质量发展新时代，中国钢铁工业也进入了高质量发展的新时代。

高质量发展关键在科技创新，科技创新离不开高素质人才。党的二十大报告指出：“教育、科技、人才是全面建设社会主义现代化国家的基础性、战略性支撑。必须坚持科技是第一生产力、人才是第一资源、创新是第一动力，深入实施科教兴国战略、人才强国战略、创新驱动发展战略，开辟发展新领域新赛道，不断塑造发展新动能新优势。”加强人才队伍建设，培养和造就一大批高素质、高水平人才是钢铁行业未来发展的一项重要任务。

随着社会的发展和时代的进步，钢铁技术创新和产业变革的步伐也一直在加速，不断推出的新产品、新技术、新流程、新业态已经彻底改变了钢铁业的面貌。钢铁行业必须加强对科技进步、教育发展及人才成长的趋势研判、规律认识和需求把握，深化人才培养体制机制改革，进一步完善相应的条件支撑，持续增强“第一资源”的保障能力。中国钢铁工业协会《“十四五”钢铁行业人力资源规划指导意见》提出，要重视创新型、复合型人才培养，重视企业家培养，重视钢铁上下游复合型人才培养。同时要科学管理，丰富绩效体系，进一步优化人才成长环境，造就一支能够支撑未来钢铁行业高质量发展的人才队伍。

高素质人才来源于高水平的教育和培训，并在丰富多彩的创新实践中历练成长。以科技创新为第一动力的发展模式，需要科技人才保持知识的更新频率，站在钢铁发展新前沿去思考未来，系统性地将基础理论学习和应用实践学习体系相结合。要深入推进职普融通、产教融合、科教融汇，建立高等教育+职业教育+继续教育和培训一体化行业人才培养体制机制，及时把钢铁科技创新成果转化为钢铁从业人员的知识和技能。

一流的专业教材是高水平教育培训的基础，做好专业知识的传承传播是当代中国钢铁人的使命。20 世纪 80 年代，冶金工业出版社在原冶金工业部的领导支持下，组织出版了一批优秀的专业教材和工具书，代表了当时冶金科技的水平，形成了比较完备的知识体系，成为一个时代的经典。但是由于多方面的原因，这些专业教材和工具书没能及时修订，导致内容陈旧，跟不上新时代的要求。反映钢铁科技最新进展和教育教学最新要求的新经典教材的缺失，已经成为当前钢铁专业人才培养最明显的短板和痛点。

为总结、提炼、传播最新冶金科技成果，完成行业知识传承传播的历史任务，推动钢铁强国、教育强国、人才强国建设，中国钢铁工业协会、中国金属学会、冶金工业出版社于 2022 年 7 月发起了“冶金专业教材和工具书经典传承国际传播工程”（简称“经典工程”），组织相关高校、钢铁企业、科研单位参加，计划用 5 年左右时间，分批次完成约 300 种教材和工具书的修订再版和新编，以及部分教材和工具书的对外翻译出版工作。2022 年 11 月 15 日在东北大学召开了工程启动会，率先启动了高等教育和职业教育教材部分工作。

“经典工程”得到了东北大学、北京科技大学、河北工业职业技术大学、山东工业职业学院等高校，中国宝武钢铁集团有限公司、鞍钢集团有限公司、首钢集团有限公司、河钢集团有限公司、江苏沙钢集团有限公司、中信泰富特钢集团股份有限公司、湖南钢铁集团有限公司、包头钢铁（集团）有限责任公司、安阳钢铁集团有限责任公司、中国五矿集团公司、北京建龙重工集团有限公司、福建省三钢（集团）有限责任公司、陕西钢铁集团有限公司、酒泉钢铁（集团）有限责任公司、中冶赛迪集团有限公司、连平县昕隆实业有限公司等单位的大力支持和资助。在各冶金院校和相关钢铁企业积极参与支持下，工程相关工作正在稳步推进。

征程万里，重任千钧。做好专业科技图书的传承传播，正是钢铁行业落实习近平总书记给北京科技大学老教授回信的重要指示精神，培养更多钢筋铁骨高素质人才，铸就科技强国、制造强国钢铁脊梁的一项重要举措，既是我国钢铁产业国际化发展的内在要求，也有助于我国国际传播能力建设、打造文化软实力。

让我们以党的二十大精神为指引，以党的二十大精神为强大动力，善始善终，慎终如始，做好工程相关工作，完成行业知识传承传播的使命任务，支撑中国钢铁工业高质量发展，为世界钢铁工业发展做出应有的贡献。

中国钢铁工业协会党委书记、执行会长

2023 年 11 月

本书编委会

主　编　李　岩　许立红

编　委　高立远　尤丽娟　黄作为　曲　涛

刘章满　范洪彬　张金虎　苑兴垚

王忠华　郭万行　张　卓　高　辉

张明扬　王秀敏　刘　瑛　张　伟

冀海波　周文浩　曹金宝

序　一

精益管理是一种先进的生产方式和管理模式，已经在世界上许多企业得到广泛应用。谈到“精益”，就必然要提到丰田公司。与老牌的汽车公司如美国的通用、福特相比，丰田公司只能算是汽车领域的后来者。但是从20世纪80年代开始，丰田大力推行精益管理，一步步超越了老牌车企，成为国际汽车巨头。丰田崛起的历程，实际上就是推广精益管理应用的过程，精益管理是最适用于现代制造业的一种生产管理方法。

今天中国的钢铁行业，与当年发达国家的汽车行业有着非常相似的地方。在产能过剩、经济增幅下滑、原材料价格和人力成本上涨、结构性矛盾突出等问题面前，钢企利润空间被进一步压缩，迫切需要创新成本管理理念，寻找新的经营管理方法，突破重围，实现高质量发展。同时，定制化生产、个性化追求和小品种合同的大幅增加，深刻影响着钢铁企业的生产制造模式。这与当年丰田面临的问题如出一辙。因此，今天钢铁行业深入学习借鉴丰田汽车公司及其他各行业管理学专家总结出来的精益管理经验，非常必要，恰逢其时。

我很高兴地看到，本钢集团在这方面进行了非常积极和有益的探索。他们在大量实践的基础上，以钢铁企业精益管理、精益运营为主题，以管理者和操作者双重视角，撰写了《钢铁企业精益管理实务》，从全局到局部、从整体到细节、从布局到路径都做了详细透彻的分析。这部书所阐述的精益管理的思想和实践，对于希望引入“精益”思想、推动组织的“精益”变革，并发展“精益”内生动力的钢铁企业以及其他制造业来说，都具有重要的参考价值。

加强管理是企业发展的永恒主题。我国国有企业经过多年改革发展，规模实力显著提升，但与世界一流企业相比，仍存在质量效益不高、管理方式粗放、国际竞争力不强等突出问题。因此，近期国务院国有资产监督管理委员会要求各中央企业和地方国有重点企业将推动各重点领域的精益化管理提升作为“对标行动”的重要内容，不断优化有利于提高效率的生产要素，剔除低效无效环节，推动企业管理持续迈向精益化。精益管理是实现钢铁企业转型升级的有效方法。从这方面看，本钢集团的这些探索和实践，通过持续改进、提升组织的效率和生产力，帮助企业提高管理水平，为客户提供更加有效率的服务，从而使企业获得较强的竞争优势，更具时代价值和前瞻思维。

作为一种新型的管理方式，精益管理是通过改善流程、提高生产效率、提升质量、提高客户满意度等方式，来达到提高企业竞争力的目的。今天，我们已经进入数字时代，走在新型工业化的康庄大道上。精益管理的思想对于提升生产力，依然有其重要的价值。我们需要将数字经济、数字技术与钢铁行业的实体经济相结合，以精益为目标，深化和拓展精益理念，加速实现数字化转型、高质量发展。要将精益化管理的内核与5G、人工智能、工业互联网等现代信息技术、数字技术充分融合，强化创新基础设施建设，夯实新型工业化的坚强“底座”，不断探索实施精益制造的更科学精准的数字化路径，在全球新一轮产业竞争中脱颖而出，站上钢铁行业全球竞争的制高点。我坚信，本书的作者们以及他们的企业——本钢，也一定会继续前行、持续创新，为我们贡献更多的数字智慧和成功经验。

我们期望数字化转型的“精益”本钢！我们期望数字化转型的“精益”钢铁！

中国工程院院士 

2023年12月

序　二

收到《钢铁企业精益管理实务》书稿，我非常欣慰。本钢集团推进精益管理最终是重构企业发展的底层逻辑，构建统一的语言、思维和方法，用精益语言沟通管理，用精益思维解决问题，用精益方法干事创业，实现企业整体价值链经营成果最大化，推动企业在复杂多变的市场形势下行稳致远，而这本书就是我们的统一语言和思维方法。

“事必有法，然后可成。”推进精益管理是贯彻习近平新时代中国特色社会主义思想、落实国务院国有资产监督管理委员会工作部署的重要举措，是推进企业改革升级、打造高质量发展的必然要求。站在央企新平台上，本钢集团重新审视自身所处的历史方位和肩负的使命担当，聚焦建设世界一流企业目标，坚定地选择“短期治细、长期治本”的精益管理，精益管理之路自此在本钢遍地开花。

精益管理充足的工具箱、高效的思维方式，为我们定战略、抓经营、提高基层思维能力提供了坚实支撑。在统一共识的基础上，本钢集团全面构建“123”精益管理体系框架（即，围绕经济效益主线，坚持全员提升管理水平和改善能力双轮驱动，聚焦领导层引领理念、推进层制定标准、执行层夯实基础），明确“两路线、两底线”（即，战略引领、人才育成路线，“一把手”工程、基层自主改善底线），初步形成“强基固本、协同推进、管理精进”的三年规划，研究制定“精益十年”长期规划。

从量变到质变的跃升，是精益管理推动企业高质量发展的客观规律。从中长期看，精益管理没有“质”就不会有“量”，离开了“量”也谈不上“质”，量变积累形成质变。企业发展是一个螺旋式上升的过程，上升不是线性的，量积累到一定阶段，必须转向质的提升，精益管理也要遵循这一规律，统筹好质与量的关系，才能不断塑造新的竞争优势，支撑企业高质量发展。

坚持系统观念、守正创新是推进精益管理的法宝。本钢集团开展一系列

“走出去”对标学习，先后赴中国一重集团有限公司、中国第一汽车集团有限公司、沈鼓集团股份有限公司等企业对标考察。我们也深刻认识到，推进精益管理向上看是任务需求，当前看是本质需求，向后看是长久需要。我们要从这三个维度系统理解，增强全局观念，打破传统模式，善于统筹协调，统一全员共识。

一个好的企业，除了应该具备高质量发展的装备优势之外，还应该有一群有情怀和善于学习的人。本钢板材公司精益团队就是这样一个很喜欢琢磨、善于归纳提炼的团队。我相信此书对本钢集团以及冶金行业的工程技术人员和管理者，都有相当大的借鉴作用。

本钢集团党委书记、董事长 杨维

2023年12月

序　三

钢铁行业是国民经济的重要基础产业，是建设现代化强国的重要支撑，是实现绿色低碳发展的重要领域。

近年来，一提到钢铁行业，大家可能会联想到的是产能过剩、环境污染等，在“双碳”目标的压力下，钢铁企业现有的经营管理过程中的很多问题都暴露出来，比如盈利能力差、资产周转率低、业务流程冗余、管理效率低下等问题。人们看到了这些问题，片面地认为，钢铁企业已经没有竞争力，失去了对于钢铁企业作为国民经济基础产业发展的信心。其实，钢铁企业目前遇到的问题，不是不能解决的，这些问题恰恰是钢铁企业亟待解决的重点问题，是企业经营管理的模式出现了问题。

2019年国务院国有资产监督管理委员会提出，要开展“对标世界一流”活动，从战略引领、科学管控、精益运营、价值创新、自主创新、合规经营、科学选人以及系统集成这八个方面来全面诊断国有企业现有的经营管理问题。要实现上述“八个能力”的提升，必须走出企业管理者所习惯的舒适区，勇于突破传统边界，尤其是精益运营能力的提升，更需要企业管理者具有勇于探索、实践变革的决心。很多企业目前的运行模式，既是经验和价值，也是局限和包袱。这就需要通过精益的思维和方法，打破既有的边界，用精益的视角对流程进行重新拆分、优化，才能突破自身局限，找到新的价值增长点。面对疫情和美国贸易壁垒带来的冲击以及数字化转型的挑战，钢铁企业要在危机中实现超越，更需突破现有边界，敢于自我革命，以跨界思维去谋求更远的格局与更大的优势。中国中车、中国船舶、丰田汽车、丹纳赫等企业，已经用精益的视角、思维和方法，创造出打破边界、走出企业舒适区的成功案例。

精益运营在钢铁行业的推广应用，在国内外已经有了很多的实践案例。在国外，如新日铁和浦项制铁，都是通过精益管理来实现从生产端到运营端的管理模式的升级，从而支持经营业绩大幅提升。在国内，精益管理也已经从现场的生产管理，走向了从生产到采购和营销的全价值链管理的维度。爱波瑞公司在与企业合作推进精益管理项目的过程中，发现企业常常片面地强调短期的效益，而忽略对于精益文化的建设和精益人才的培养，尤其是在精益人才培养方面。比如，在企业推进精益管理项目过程中，咨询顾问在的时候，可以给企业提供精益运营相关工具方法的培训和辅导，但当咨询顾问离开的时候，由于缺少精益内训师对于精益运营知识进行转训和推广，导致精益项目推进工作迟缓甚至停滞。究其根源，是缺少精益人才培训的体系进行支撑。而要支撑这个培训体系，是需要有一套系统的、高效的方法论进行指导的。

《钢铁企业精益管理实务》一书恰好弥补了这一空白。该书从精益管理的概论、精益常用工具方法、精益推进体系三个方面，对于钢铁企业推进精益管理提供了一套系统性的方法论，既可以作为学校教学的教材，也可以作为企业推进精益管理的指导书。希望各位读者，能够从中获取精益管理的理念精髓，获得精益管理的实践应用方法，然后应用到企业管理的日常工作中去，理论结合实践，来提升自身的管理水平，实现自身的管理突破，也助力企业的变革突破。

天津爱波瑞科技发展有限公司董事长、
中国制造业国际论坛创始人 王洪艳

2023 年 12 月

前　言

2019年国务院国有资产监督管理委员会提出，要开展“对标世界一流”活动，从战略引领、科学管控、精益运营、价值创新、自主创新、合规经营、科学选人以及系统集成这八个方面来全面诊断国有企业现有的经营管理问题。2023年3月3日，国务院国有资产监督管理委员会召开会议，对国有企业对标开展世界一流企业价值创造行动进行动员部署。会议要求，国资央企要把价值创造融入到企业管理运营诸环节，以对标促达标、以达标促创标，增强集团化管控、集约化运作能力，加强成本管控、管理创新能力，进一步强化精益运营和精益管理。精益管理已经成为国有企业经营管理变革的一个“关键词”。

国有企业推进精益管理是大势所趋，钢铁行业也在大力探索精益管理的实践路径，学习精益知识、实践精益管理是迫在眉睫的重要任务。《钢铁企业精益管理实务》一书就是在此背景下编写的，本书运用案例教学、模拟训练、分组讨论等多种教学方法，遵循行动导向教学法的理念，使学生在模拟的企业生产情境和真实的案例中获得深刻感受，从而在体验与感悟中达到能力的培养与训练的目的。

本书入选中国钢铁工业协会、中国金属学会和冶金工业出版社组织的“冶金专业教材和工具书经典传承国际传播工程”第一批立项教材。

本书分为三个模块、十二个工作任务，具有以下突出特点。

(1) 完善了钢铁企业管理的研究体系。本书对钢铁企业的精益管理进行了全面而深入的研究，构建了完整的研究框架和方法体系，对于推动钢铁企业管理的研究具有积极的推动作用。

(2) 为钢铁企业的管理实践提供了理论指导。本书通过对钢铁企业精益管理的深入研究，总结出一系列适合钢铁企业的管理方法和技巧，这些方法和技巧既有一定的理论高度，又具有很强的可操作性，对钢铁企业的管理实践具有较强的指导作用。

(3) 拓展了管理科学的应用领域。本书将精益管理的理念和技术应用到钢铁企业管理中，拓展了管理科学的应用领域，为其他行业和领域的管理实践提供了新的思路和方法。

本书由辽宁冶金职业技术学院、本钢板材股份有限公司、天津爱波瑞科技发展有限公司共同组织编写，由李岩、许立红任主编，高立远、尤丽娟、黄作为、曲涛、刘章满、范洪彬、张金虎、苑兴垚、王忠华、郭万行、张卓、高辉、张明扬、王秀敏、刘瑛、张伟、冀海波、周文浩、曹金宝参编。

在此，诚挚感谢中国工程院院士王国栋、天津大学管理创新研究院院长齐二石教授对本书编写工作的关心和指导，使得本书得以深入诠释精益管理在企业发展中的重要意义，为企业推行精益管理指明方向。在编写本书的过程中，编者参考和借鉴了近年来同类教材的内容，以及在网络、报纸、期刊上公开发表的有关资料，在此对相关作者表示衷心的感谢。

由于编者水平所限，书中疏漏和不足之处，敬请广大读者批评指正。

编 者

2024 年 6 月

目　录

课件下载

模块一　钢铁企业精益管理概述

任务一　精益管理的起源与发展

任务一课件

任务目标

知识目标：

（1）了解精益管理的概念、起源和发展；
（2）熟悉精益管理的发展路径。

能力目标：

能够认知并解读精益管理理念的能力。

素养目标：

培养学员对于科学管理的兴趣，树立精益管理理念。

知识准备

一、精益管理的起源

“精益”是对英文 lean 的翻译，意为精准、精细，具有精益求精的内涵。精益生产的概念提出，源于日本丰田汽车公司，是丰田生产方式的总结和提炼。精益管理是精益生产基础上发展起来的一种企业管理方法。

（一）精益生产方式

1. 精益生产方式的产生背景

20 世纪后半叶，全球汽车市场进入需求多样化的新阶段，客户对汽车质量和性能的要求越来越高。当时世界流行的生产模式是以美国福特汽车制造为代表的大量生产方式，也叫批量生产方式。这种生产方式以流水线形式生产大批量、少品种的产品，以规模效应带动成本降低，并由此带来价格上的竞争力。然而，随着时代的发展，客户对于汽车等产品的需求逐渐多样化和个性化，汽车及相关制造业逐渐面临新的课题，就是怎样有效组织多品种、小批量的生产。生产过剩、设备浪费、人员冗余、现金流停滞等一系列问题都会严重影响企业的竞争状态甚至基本生存。

当时，日本也面临着严重的经济困境和资源短缺问题。为了实现经济的快速恢复和发展，日本制造业不得不寻求更有效率的生产方式，以最大限度地利用有限的资源。在这一背景下，也为了与美国汽车工业的大规模、大批量生产相抗衡，丰田公司的丰田喜一郎、大野耐一等人去美国福特公司进行考察并总结了实际生产管理中的成功和失败的经验，回国后根据日本经济环境和企业自身的特点，综合了单件生产和批量生产的特点与优势，创造出新的生产方式。这一方式能够在多品种、小批量混合生产条件下做到低成本和高质量，被称为准时化生产（Just in Time）。

2. 精益生产的两大支柱之一——准时化

丰田准时化生产方式的诞生被看作精益生产模式正式成形，并由此开创了丰田精益管理体系。准时化意味着在必要的时间内，以最低的成本完成必要数量的必要产品的生产。准时化思想的核心集中于追求无库存或使库存最小化的生产系统，努力降低成本，最终实现利润最大化。这里体现了精益的内涵，精，即少而精，不投入多余的生产要素，只是在适当的时间生产必要数量的市场所需产品（或下道工序所需的产品）；益，即所有经营活动都要有益有效，具有经济效益。

准时化生产的主要原则和特点包括：

（1）按需生产。在准时化生产中，产品仅在真正需要的时候才被制造，以满足客户的需求。这有助于避免过多的库存积压和资源浪费。

（2）零库存。通过准时化生产，可以将库存水平降至最低。生产和供应链的各个环节都通过精确的计划和协调来确保产品能够准时交付，而不需要大量的库存储备。

（3）拉动式生产。准时化生产采用拉动式生产的方式，即在实际需求出现之前不进行生产，而是根据市场需求进行生产计划，生产过程中，是以后序生产环节拉动前序生产环节的方式进行生产，这有助于避免过度生产造成的产品存储浪费。

（4）柔性生产。准时化生产鼓励企业具备快速调整生产的能力，以适应市场需求的变化。这使企业能够更灵活地适应不断变化的市场环境，生产市场需要的产品，提升企业的市场竞争力。

（5）质量优先。在准时化生产中，质量是至关重要的，稳定的质量（零缺陷）的产品才能确保生产计划的顺利执行。通过不断改进生产过程和质量控制，可以减少产品缺陷和售后问题，也会减少由于质量问题导致的返修成本和客户索赔。

（6）流程优化。准时化生产需要对生产流程进行精细的规划和优化，以确保原材料、零部件和人力资源都能在需要的时候到位，从而实现生产的顺利进行。通过流程优化，可以减少生产过程中的等待、重复、冗余等浪费现象。

准时化生产的实施需要企业在整个供应链中建立紧密的协调和合作关系，以确保原材料、零部件和产品能够按时交付。这一概念在制造业中得到了广泛应用，帮助企业降低成本、提高效率，并提供了更快速、灵活的生产和交付能力。

3. 精益生产的两大支柱之二——自动化

精益生产说的自动化，通常写作“自働化”，带人字旁，意为赋予机器以人类的智慧。准时化生产方式的实施，需要“自动化”理念的支撑。

“自动化”这个概念来源于20世纪初丰田公司创始人丰田佐吉的发明。他发明了一台织布机，这台机器能够在任何一根纺线断了之后，立刻停机。在这个发明之前，当织布机的线断了之后，机器不能自动识别，仍然进行生产，就会织出一堆有缺陷的织品，因此每台机器都需要有一个工人来看管。“自动化”是要让机器和设备具有人的思维方式，发生产品质量问题的时候，能够自动停止下来，防止产生有缺陷的产品，从而降低了产品的返修成本。“自动化”能够快速识别并突显出问题，当问题一出现的时候，工作就立即被停止下来。生产的管理人员就要尽快帮助工人一起来解决问题，否则就会影响生产的产量。通过查找并消除缺陷的根本原因，来实现质量问题的解决和质量管理水平的提升。

大野耐一在《丰田生产方式》一书中提出，准时化生产和“自动化”是丰田生产方式的两大支柱。如果用棒球比赛来打比方的话，那么准时化就相当于团队协作，也就是通过团队密切而巧妙的配合，将其实力发挥到极致。而“自动化”则是要求每一位选手的个人技术越来越高超，并且进一步使得团队的整体实力在个人技术提高的基础上得到更充分的体现。准时化可以让问题明确化，“自动化”可以让解决问题的努力更有效。“自动化”让每一个人提高自己的水平，整个团队也会因为每一位选手的高超技艺，相互之间的配合变得更加默契，战法也更加成熟和丰富起来。比赛的成绩越来越好，也就是企业的经营业绩越来越优异。

准时化生产强调基于客户需求的生产系统的价值体现，“自动化”强调基于质量控制的生产问题的解决能力体现。二者相互支撑，相互作用，能够提高企业的生产效率和产品质量，保证产品的准时交付，提升了企业的市场竞争力。同时还能达成降低生产成本的目的，提升了企业的产品竞争力。

4. 持续改善

准时化生产和“自动化”的实施并非一帆风顺，准时化生产和“自动化”有共同的支撑基础，即持续改善。持续改善（Kaizen），最初由日本“持续改善之父”今井正明提出。持续改善源于一线管理者技能培训和经营管理培训的西方管理体系，同时也与丰田准时化等管理思想相互融合。持续改善意味着不断改进，这一理念强调不断地寻找问题、消除浪费，以及不断优化工作流程和业务操作，涉及企业内从最高的管理部门、管理人员到基层工人的所有人，以及每个环节，从而实现持续的进步和增值。

持续改善是一个系统性的管理方法，涉及多个要素，这些要素协同作用，使组织能够不断地寻求进步和优化。持续改善的基本要素包括以下几个方面。

（1）问题识别和定义。持续改善的第一步是识别问题并明确定义。这可能涉及员工的反馈、数据分析、流程审查等。明确的问题定义有助于集中注意力并建立改进的方向。

（2）数据收集和分析。数据在持续改善中起到关键作用。组织需要收集和分析与问题相关的数据，以了解问题的根本原因，并确定改进的优先级。

（3）团队合作。持续改善通常需要跨部门的团队合作。员工需要共同合作，分享观点、知识和经验，以共同解决问题和提出改进措施。

（4）员工参与和反馈。员工的参与和反馈对于持续改善至关重要。他们可以提供实际问题的洞察和改进的建议，从而增加改进的成功率。

（5）领导支持和承诺。领导层的支持和承诺是持续改善的关键因素。领导需要做出对改善的承诺，并为改善提供资源和支持。

（6）持续性。持续改善不是一次性的活动，而是一个持续的过程。建立循环性的改善机制，如 PDCA 循环，有助于确保持续地识别问题、优化流程，并不断提高绩效。

这些基本要素相互交织，共同构成了一个持续改善的生态系统。持续改善不仅仅是一个方法，更是一种组织文化和管理哲学，使组织能够不断适应变化、优化业务流程，并提高绩效和管理水平。

（二）精益生产

1. 精益生产定义

精益生产（Lean Production）是由美国麻省理工学院国际汽车计划组织丹尼尔·琼斯（Daniel Jones）和詹姆斯·沃麦克（James Womack）通过对丰田生产模式的研究和总结，提炼出来丰田生产模式的理论和方法，并进行总结性阐述，命名为精益生产。在 20 世纪 80 年代初，琼斯和沃麦克作为麻省理工学院的研究员，受到了丰田汽车公司的生产实践的启发，开始对其进行深入研究。他们认识到，丰田的生产方式与传统的大量生产方法存在很大的不同，更加注重减少浪费、提高质量以及客户价值的创造。两位学者和另一位学者丹尼尔·罗斯（Daniel Roos）于 1990 年合著了《改变世界的机器》一书，详细地研究了不同汽车制造企业的生产方式，包括丰田、通用汽车、福特和其他一些公司。它揭示了丰田生产系统和精益管理的独特之处，以及它们在提高效率、质量和客户价值方面的成功。该书对这些汽车公司的研究旨在揭示一种新的生产模式，该模式远比传统的大量生产模式更加灵活、高效且贴近客户需求。

2. 对精益生产的理解

精益生产虽然来源于汽车制造企业，但是其管理理念和方法，可以应用到各行各业的企业管理中。对精益生产的广义理解，主要包括以下 4 个方面，如图 1-1 所示。

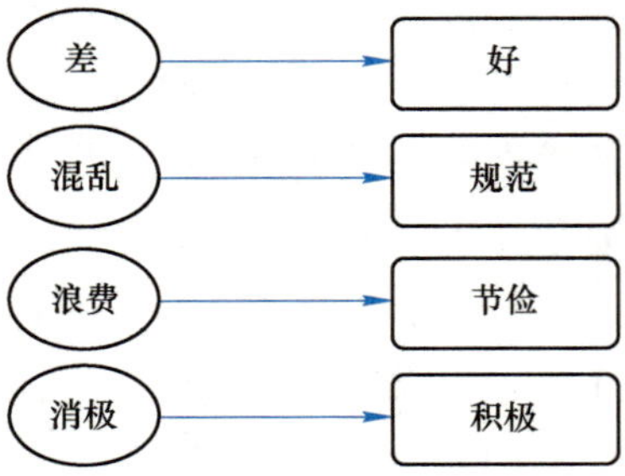

图 1-1 精益生产的广义理解

通过精益生产，企业的经营状况由差转好，经营状态由混乱转向规范，经营成本由浪费转向节俭，员工态度从消极转向积极。这样，精益生产能不断创造出原有生产体系所无法创造的价值。

对于精益生产管理模式的理解，更多体现在其拉动特征上，与推进式管理模式有很大的不同。推进式管理模式是以物料需求计划技术为核心的生产流程管理模式。企业的决策部门根据企业经营方针和市场预测制订年度生产计划，并将产品按照零部件展开，计算出不同零部件的需求量和各生产阶段的生产提前量，确定各个零部件的投入产出计划，并按计划发出生产和订货指令。随后，每个生产环节按计划把生产的实际完成情况反馈到计划部门，同时将已经完工的零部件送到下游生产环节。由于计划信息总是存在有限性和不准确性，加上物流和信息流的分离，不能做到完全精准。在推进式模式下，实际上也无法做到完全按需生产。相比之下，精益生产的计划系统由最后一道工序开始，反工艺顺序逐级拉动之前的工序进行生产。具体要求是从总装线开始，按反工艺顺序，以逐道工序为步骤向前推进，直到原材料准备部门的各级都能按看板要求进行取货、运送和生产。由于精益生产要求各个环节全面实现生产同步化、准时化、均衡化，所以看板管理成为必要的控制手段。通过看板管理，企业能够实现对内部不同生产工具和物料流动的控制，并扩大到对供应商的控制中。看板主要分为三种：第一种是生产看板，主要负责发出生产指令，用于指示工序加工规定数量制品；第二种是取货看板即移动看板，是后工序按看板上所列出的件号、数量等信息，到前工序地点领取、运输制品的看板；最后一种是外协看板，主要针对外部协作企业，看板上必须记载进货单位的名称和进货时间，以及每次进货的数量等信息。很多企业学习精益生产，把看板的应用作为学习的主要方式，常常会导致精益管理变革的失败。这是因为其缺少了对于拉动式生产方式的研究，只学习了看板形式，而没有学习到拉动式生产的理念，缺少了对于按照客户需求进行生产、灵活柔性生产的理解。因此，精益生产的模式需要从对于成功企业的简单模仿，升级到对精益管理理念的理解上，否则，推进精益管理就是舍本逐末。

对精益生产管理模式的理解，还体现在消除浪费上。所谓浪费，就是一切增加产品成本而不提高产品价值的因素。常见的七大浪费包括：过量生产的浪费、闲置等待的浪费、无效动作的浪费、搬运物流的浪费、加工本身的浪费、过多库存的浪费、制造不良的浪费。在企业识别七大浪费的过程中，经常发现更重要的一种隐性浪费，是管理不善的浪费，如图 1-2 所示。

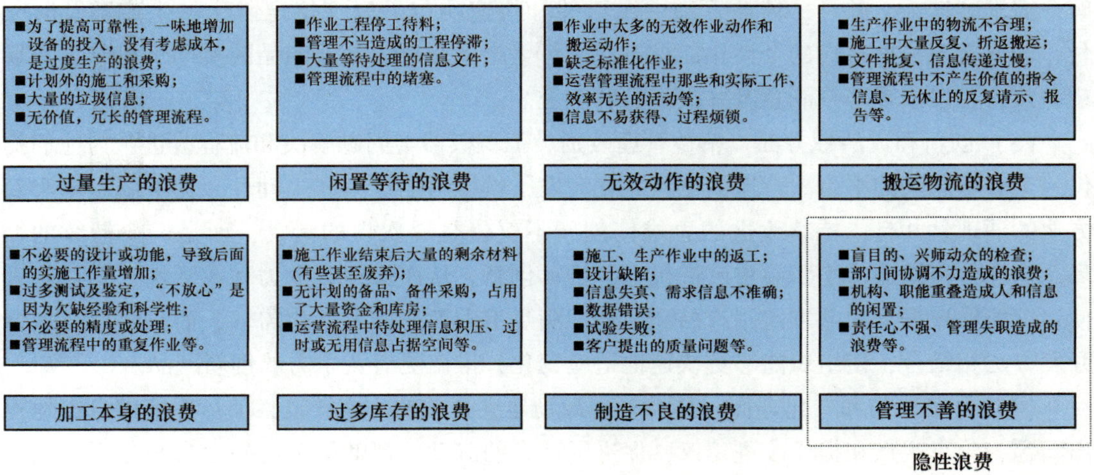

图 1-2　七大浪费和隐性浪费的举例描述

企业通过识别和消除这些浪费现象，并制定相应的持续改善措施来解决问题，可以优化流程，提高生产效率、质量和绩效。

（三）精益管理

1. 精益管理的定义

精益管理是由丰田生产方式发展起来的，是一种企业科学管理的方法。精益管理的主要内容不仅包含生产制造现场的持续改善，还包括产品研发、战略供需关系管理、人力资源优化、设施布置精细化、准时化生产计划和控制、质量管理等。精益管理由最初在生产系统的管理实践经验基础上，逐步延伸到企业的各项管理业务中，也由具体的管理业务，上升到企业战略管理的维度。它能够通过提高顾客满意度、降低成本、提高质量、加快流程速度和改善资本投入，使股东价值实现最大化。

2. 精益管理的价值

精益管理方法对于现代企业管理理念，起到了积极的支撑作用。精益管理的应用和实施，给企业和组织带来了许多重要的好处和价值。

（1）效率和成本方面。精益管理通过识别和消除浪费，例如过度生产、不必要的库存和运输等，可以显著降低生产和运营成本。并且，通过消除非增值活动，组织能够更有效地使用资源，减少不必要的人力、材料和设备成本。除了降低成本，精益管理强调流程优化和消除瓶颈，通过拉动式生产和减少等待时间，生产线能够更迅速地响应客户需求，减少生产周期时间，从而提高生产效率。最终，使产品更快地交付给客户，缩短现金周转周期，又能降低资金占用成本。

（2）质量和客户满意度方面。精益管理强调在生产过程中消除缺陷，以实现零缺陷的目标。通过持续改进和流程优化，可以降低产品缺陷率，提高产品质量。高质量的产品同时可以减少客户投诉和退货，提升客户对产品的信任和满意度。更为关键的是，精益管理强调以客户为中心，专注于为客户创造价值的活动，有助于确保产品设计和生产过程符合客户需求和期望。并且，精益管理的灵活性和快速响应可以支持定制化的生产和及时交付，能够实现根据客户的个性化需求迅速进行生产和交付，确保产品的实际价值与客户期望一致，可以增强客户满意度并提高品牌声誉。

（3）创新和灵活性方面。精益管理鼓励员工积极参与问题解决和流程改进，为他们提供一个分享想法的平台。营造的创新文化激发了员工的创造力和主动性，促进新思维和新方法的涌现。并且，持续改进的思维使创新不仅仅是一次性的活动，而是一个持续的循环。这样，组织通过不断寻求改进机会，推动创新，从而保持竞争力和灵活性。精益管理使组织能够根据客户需求定制产品和服务，满足不同客户的个性化需求，而且可以与敏捷开发方法相结合，使组织能够更快速地适应变化，推出更有竞争力的创新产品。

（4）员工参与和文化方面。精益管理鼓励建立开放的沟通渠道，使员工能够自由地提出问题、分享观点和提供改进建议，促进了信息的流动，帮助员工更好地参与流程优化和创新活动。除了自由地沟通问题外，精益管理赋予员工更多的决策权，使他们能够参与问题的解决和决策制定过程，在实际操作中发现问题，制定更有效的解决方案，提高流程效率。持续改善也要求员工持续培训和提升技能，使员工能够掌握所需的技术和知识，增强员工的自信心和能力。精益管理培养了一个持续改进的文化，鼓励员工不断寻求改进机会，不断挑战现状，促进创新和优化。

(5) 竞争力和可持续发展方面。如前述优势所述，精益管理赋能组织更具灵活性，有助于提前预测市场趋势，并采取相应的措施，有效应对不确定的、竞争激烈的市场。创新和差异化、成本效益都可以为企业提供独特的价值，增强竞争力。并且，精益管理通过降低资源浪费和环境影响，推动企业的可持续发展，符合社会责任和环保要求。

二、精益管理的发展

精益管理理念自其起源以来已经经历了多个阶段的发展和演变，每个阶段的发展和演变，都是基于理论思想的深入理解和对应复杂多变的市场环境的，始终聚焦在企业管理的价值体现，关注通过管理变革来实现企业的高质量可持续发展。精益管理的发展阶段，截至目前可以分为四个阶段，并且还在持续的演变中。

(一) 从精益生产到精益思想阶段

《改变世界的机器》一书阐述的是对比批量生产，精益生产模式的优势和实施要点，而对于精益的思想原则阐述不够深入。琼斯和沃麦克也从来没有尝试过把一个批量生产的组织改为一个精益的机构，而是一直忙于思考如何从批量生产方式跃至为精益生产方式。后来，琼斯和沃麦克认识到应该准确地概括总结出"精益思想"，为管理者提供一种类似北极星那样可靠的行动指南，以克服批量生产方式造成的混乱局面。于是，他们在与丰田的员工和管理层进行了大量深入交流后，总结出版了《精益思想》一书，提出了精益管理的五项核心原则，即价值、价值流、流动、拉动式生产和追求完美。这些原则后来成为精益管理的基石，如图 1-3 所示。

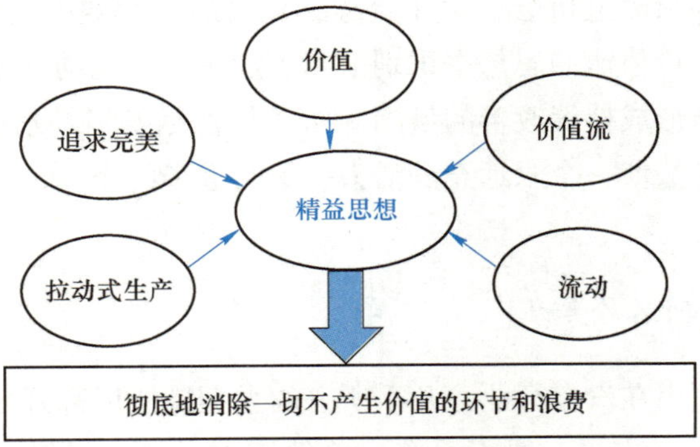

图 1-3　精益思想的五项基本原则

(1) 价值。专注于为客户创造价值。用以客户需求为中心的价值观来审视企业的产品设计、制造过程、服务项目等业务流程，就会发现在企业的实际生产制造过程中，从研发设计、生产制造、供应管理到销售管理方面存在很多不能满足客户需求的问题。以精益的价值观点来判断，任何不围绕增加客户价值的活动，都是浪费，需要被消除或优化。这样的业务优化，也是对于客户的积极反馈。

（2）价值流。价值流是指从原材料转变成成品、并给它赋予价值的全部活动。这样的活动包括：从概念到设计和工程、到投产的技术过程，从订单处理到计划、到送货的信息过程，从原材料到产品的物质转换过程，以及产品全生命周期的支持和服务过程。

整个价值流程是从供应链到最终交付给客户的过程。通过理解整个价值流，可以找到并优化流程中的瓶颈和浪费。价值流并不是从自己企业的内部开始的，多数价值流都向前延伸到供应商，向后延长到向客户交付的活动。按照最终用户的观点全面地考察价值流、寻求全过程的整体最佳，特别是研究部门之间交接的过程，可以发现其往往存在着更多的浪费。

（3）流动。精益思想要求创造价值的各个活动（步骤）流动起来，强调的是不间断的“流动”。精益将所有的停滞作为企业的浪费，要求所有的人都必须参与消除浪费的活动，用持续改善、拉动式生产、单件流等方法在任何批量生产条件下创造价值的连续流动。通过优化流程，实现从一个流程到另一个流程的无缝衔接。流程的优化有助于减少等待时间、降低成本，提高生产效率。

（4）拉动式生产。采用“拉动”方式进行生产，即根据客户需求进行生产，而不是通过“推动”方式生产并积累库存。这有助于避免过量生产和浪费。“拉动”就是按客户的需求投入和产出，使客户在他们需要的时间得到需要的符合要求的产品。拉动可以是客户为起始点的拉动，也可以是生产的后一道工序的拉动，同样，也可以是流程的下一个节点步骤的拉动。拉动生产由于与客户和下一道工序的需求相衔接，所以消除了过早、过量的投入，而减少了大量的库存和现场在制品，大量地压缩了提前期，提高了企业产品的竞争力。

（5）追求完美。以上四个原则相互作用，形成持续改善的效果，以持续改进和追求卓越为目标，通过不断寻求改进机会，优化流程，提高质量和效率是精益管理的精髓体现。以客户需求为导向，用价值流的思想去识别浪费，加快价值流动的速度，采用拉动式的生产和管理方式，必然会形成持续改善的氛围。而“尽善尽美”是永远达不到的，但持续地对尽善尽美的追求，将造就一个永远充满活力、不断进步的企业，也是一个高质量、可持续发展的企业。

（二）从制造业到各个领域

精益生产不仅仅应用在汽车行业，几乎所有的大型制造厂都开始吸收和实践精益生产的思想，推行准时化生产方式、看板系统、单件流生产方式。更多的美国企业，包括波音、惠普等航空制造企业，也认识到了精益生产的优势并采用这种先进的生产方式，世界500强也纷纷引进这一先进的管理模式实施生产改造。这种模式被称为能“抵御风险的生产系统”而被全球制造业所瞩目。

精益管理的原则逐渐扩展到全球范围，不仅仅用于制造业，还应用于服务业、医疗保健、软件开发等各个领域。企业开始采用精益管理的方法来提高效率、降低成本、提高质量和顾客满意度。除制造业外，服务业开始采用精益管理的原则来优化流程、提高服务质量和客户满意度。例如，餐饮业、酒店业和零售业等开始采用精益方法来减少等待时间、提高服务效率，以及更好地满足客户需求。某连锁墨西哥餐厅，以提供新鲜、高品质的墨西哥风味食品而闻名。它的精益管理核心之一是定制化的服务。顾客可以根据自己的喜好在一个流程中选择食材，制作自己喜欢的墨西哥卷饼、碗饭等。这种定制化的服务不仅满足了顾客的个性化需求，还减少了食材的浪费。精益管理在医疗保健领域也得到了应用，旨在提高医疗服务的效率和质量。例如，医院和医疗机构采用精益方法来优化患者流程、减少等待时间，改进手术和治疗过程，从而提供更好的医疗服务。同样，精益管理的思想也被引入到软件开发和创新领域，帮助团队更加敏捷地开发和交付产品，更好地满足客户需求，减少浪费，并在不断的反馈中持续改进。

（三）与其他管理理念融合

除了传统的精益管理方法外，精益思想开始与其他方法和理念相结合，如敏捷开发、创新设计、精益创业等。这种拓展使精益思想更加适应不断变化的商业环境。

精益思想和敏捷开发在软件开发领域的结合，形成了敏捷精益方法。这种方法强调将工作划分为小而可管理的任务，通过快速迭代来持续交付价值。团队需要不断反思自己的工作方式，寻找优化的机会，以不断提高效率、质量和价值，并且要紧密与客户合作，确保开发的产品或服务真正满足客户需求，并根据客户反馈进行调整和优化。这样，敏捷精益方法以持续改进、客户导向、快速迭代和减少浪费为原则，能够适应不断变化的商业环境。

精益思想和创新设计方法相结合，可以促进创新的产生和落地。精益思想鼓励从客户的角度出发思考和设计，确保创新解决方案能够真正满足客户需求，有助于避免开发出不被市场接受的产品，提高创新成功的机会。通过快速原型和试验，可以帮助创新设计团队更快地验证假设和理念，通过快速迭代，可以在早期发现问题并进行调整，从而减少后期的成本和风险。持续改进原则下，团队可以不断地收集用户反馈、分析数据，在不断的迭代中优化和改进设计，实现更好的用户体验和价值。并且，在整个创新设计中，可以避免开发不必要的功能，集中资源在真正有价值的方向上，提高效率和效果。

美国企业家埃里克·里斯目睹了许多创业项目因为市场失败或者产品无法满足用户需求而宣告失败后，受到了精益生产思想的启发，开始将精益思想应用于创业领域，以提高创业成功的概率。精益创业的核心原则之一是“构建-衡量-学习循环”，强调在尽可能短的时间内快速构建产品原型或服务，然后通过实际市场测试来衡量用户的反应和反馈。通过学习用户的需求和行为，团队可以快速调整和改进产品。在构建产品原型时，精益创业鼓励创业者首先开发一个最小可行产品，以尽快验证核心假设。这个产品只包含必要的功能，足够满足用户需求，并用于测试市场反应。在每个“构建-衡量-学习循环”中，团队会根据学到的知识和数据进行调整和优化，逐步完善产品和商业模式，实现持续学习和逐步迭代，最大限度地满足市场需求。

（四）与数字化技术集成

随着数字化技术的发展，精益管理开始与物联网（IoT）、人工智能（AI）等技术相结合，创造出更智能、高效的生产和管理方式，被称为“精益数字化”。

第四次工业革命创造了一个以互联机器、智能系统和产品以及相互关联的解决方案为特征的行业，数字化技术提供了数据分析、自动化、智能化等工具，可以增强精益思维的实施效果。大量学者和管理者认为，精益管理和数字技术的集成应用是实现制造业卓越运营的最有效方法。波士顿公司的研究证实，与单独实施精益或数字化节省15%的转化成本的潜力相比，并行实施精益数字化预计可产生40%的改进潜力。

精益数字化可以被定义为一种以精益思想为基础将价值创造过程逐级分解为可数字化表示的操作单元，通过算法、模型和精益工具对数字化支撑的生产经营活动进行全价值链优化，以达到连续缩短交货期、持续降低成本、永续提高效率、不断提升质量、助推人才育成的新型管理技术模式。精益数字化具备三个重要的特征：精益数字化为物理空间的持续改善提供了新的可能；敏锐的数据意识和准确的数据采集是精益数字化的基础；统一的数字平台是精益数字化发挥作用的重要载体。

总体来说，精益管理从其起源时的生产优化演变为一种全面的管理哲学，适用于各种行业和领域。它在持续改进、团队合作、流程优化等方面的原则依然是企业追求高效运营和卓越绩效的重要指导。

? 课后思考题

（1）简述精益生产的起源和发展经历了哪几个阶段。

（2）如何理解精益生产的五大原则？

（3）精益管理的意义包括哪些方面？

任务二 精益管理在钢铁企业的必要性

任务二课件

任务目标

知识目标：

（1）了解钢铁行业运行现状；

（2）掌握钢铁行业经营的主要特点；

（3）掌握钢铁行业推行精益管理的必要性。

能力目标：

能够从钢铁行业的管理现状角度出发，思考钢铁行业的精益落地模式。

素养目标：

培养理论结合行业的思维意识。

知识准备

一、钢铁行业背景

（一）钢铁行业概述

1. 钢铁行业简要介绍

钢铁行业是指从事钢铁生产、加工和销售的产业。钢铁是一种常见的金属材料，被广泛应用于建筑、交通、机械、电器、石油、化工、航空、航天、军事等领域。钢铁行业是国民经济的基础原材料产业。

钢铁行业的历史可以追溯到古代。在古代，人们已经开始使用天然形成的铁制作工具和武器。随着技术的发展，人们开始掌握炼铁技术，并逐渐转向人工炼铁。在 17 世纪和 18 世纪，欧洲的钢铁工业得到了迅速发展，并开始采用现代化技术进行大规模生产。

在现代，钢铁行业已经成为全球经济发展的重要支柱之一。随着技术的不断进步和市场需求的变化，钢铁行业也不断发展和变革。在 21 世纪初，由于中国经济的快速发展，钢铁行业在全球范围内得到了前所未有的发展。然而，随着环境保护和能源消耗问题的日益突出，钢铁行业也开始面临一系列的挑战和机遇。

2. 钢铁行业地位和作用

钢铁行业在全球经济中扮演着重要的角色，是国民经济的基础产业之一。钢铁行业的发展状况直接影响着其他相关产业的发展，对于支撑国民经济的发展和基础设施建设具有重要意义。

首先，钢铁行业为其他产业提供了基础材料。钢铁是一种具有高度可塑性和可加工性的金属材料，可以用于制造各种工业和民用产品。例如，建筑、汽车、航空等产业都需要钢铁作为基础材料。钢铁行业的发展能够满足这些产业对基础材料的需求，促进这些产业的快速发展。

其次，钢铁行业的发展能够促进就业和经济增长。钢铁行业是一个劳动密集型产业，需要大量的人力资源进行生产、加工和销售。同时，钢铁行业也是一个资本密集型产业，需要大量的投资用于设备和技术的更新和改造。因此，钢铁行业的发展能够为社会提供就业机会和创造经济价值，促进国民经济的增长和发展。

最后，钢铁行业的创新和发展能够推动相关产业的科技进步。钢铁行业是一个技术密集型产业，需要不断的技术创新和改造来提高生产效率和产品质量。同时，钢铁行业也需要不断开发新产品和新应用来满足市场需求。这些创新和发展能够推动相关产业的科技进步，促进全球经济的科技进步和发展。

钢铁行业在全球经济中扮演着重要的角色，对于支撑国民经济的发展和基础设施建设具有重要意义。同时，钢铁行业的创新和发展也能够推动相关产业的科技进步和发展，促进全球经济的科技进步和发展。

（二）钢铁行业现状分析

1. 全球钢铁行业现状

全球钢铁行业正面临严峻挑战，行业整体表现低迷。全球钢铁行业的现状受到多种因素的影响，包括市场需求下降、成本上升、环境法规的推动以及国际经济形势的变化。以下是一些关键点的概述。

产量与消费：全球钢铁产量和消费量受到冲击，尤其是在一些主要生产和消费国。例如，2023 年，全球粗钢产量合计为 18. 882 亿吨，同比基本持平，但具体国家和地区的产量和消费量有所差异。中国作为全球最大的钢铁生产国，其产量与上年基本持平，保持在 10. 19 亿吨。印度粗钢产量同比增长 11. 8%，成为产量增幅最大的国家之一。

贸易与进口：土耳其仍然是世界上最大的再生钢进口国，但其进口量同比下降。这反映出全球钢铁贸易受到经济和市场需求的影响，导致一些国家的进口量减少。

环境与可持续性：可持续性和环境法规正在推动钢铁行业向更环保的做法转变。这包括减少碳排放、提高资源利用效率等，以应对全球气候变化挑战。

行业挑战：全球钢铁行业面临着业绩的寒冬，受到全球经济复苏波折和挑战的影响。一些钢铁企业面临重组和调整，甚至有企业宣布破产或计划关闭部分产能。

地区差异：不同地区钢铁行业的发展情况存在差异。例如，乌克兰钢材产量预计增长 16%，这在一定程度上受到国内生产和出口需求的推动。

未来展望：尽管面临挑战，全球钢铁制造行业的规模预计将增长，尤其是在城市化和基础设施发展的推动下，建筑和智慧城市项目对钢铁的需求将增加。预计到 2030 年，全球钢铁制造行业规模将从 2023 年的 1. 39 万亿美元增至 1. 83 万亿美元，2024—2030 年复合年增长率为 3. 88%。

综上所述，全球钢铁行业正经历着复杂的变革时期，既面临挑战也充满机遇。行业需要适应新的市场环境和法规要求，同时寻找新的增长点以维持和发展。

2. 中国钢铁行业现状

2023 年中国钢铁行业在经济运行方面保持了平稳态势，实现了高质量发展，特别是在高端化、智能化、绿色化转型方面取得了新成效。

产量方面，2023 年，中国钢铁行业的产量保持了平稳增长。全年生铁产量为 8. 71 亿吨，粗钢产量达到 10. 19 亿吨，钢材产量为 13. 63 亿吨。这些数据表明，中国钢铁行业在面对严峻的市场形势时，通过调整品种结构、加强市场对接等措施，保持了生产的稳定增长。

出口与进口，2023 年，钢材出口量大幅增加，同比增长 36.2%，而进口量则下降，显示出中国钢铁产品在国际市场上的竞争力增强，同时国内需求也在逐步满足。

库存情况，2023 年末，钢铁协会重点企业的钢材库存量较上年末下降了 15.3%，社会库存也呈现下降趋势。这表明市场需求良好，行业库存压力得到缓解。

价格走势，虽然国内钢材价格指数和国际钢材价格平均指数均有所下降，但中国钢铁工业协会表示，这是由于市场竞争加剧和成本压力等因素影响。同时，行业内的技术创新和产品升级也在积极进行中，以适应市场需求的变化。

绿色转型，中国钢铁行业在绿色转型方面取得了显著进展。例如，包钢股份积极探索节能降碳路径，通过设备升级、工艺改造等措施，实现了年节能量等价值约 40 万吨标准煤的节约。此外，新材料和新技术的应用也在推动钢铁行业的绿色发展。

新产品研发，中国钢铁工业协会专家表示，2023 年钢铁行业积极调整品种结构，满足下游需求。例如，电工钢、不锈钢等产品的产量同比增长，显示出行业在满足新需求和提高产品质量方面的努力。

综上所述，2023 年中国钢铁行业在保持产量的同时，通过技术创新和产品升级，积极应对市场变化，特别是在绿色转型和高品质产品开发方面取得了重要进展。

（三）钢铁行业发展趋势

1. 环保和可持续发展趋势

环保和可持续发展对钢铁行业的影响深远且显著。

在环保方面，“双碳”成为热点词汇。中国钢铁工业协会专家指出，瞄准低碳零碳目标，多家有能力有实力的企业共同采取行动是明智的、理性的选择，也是我们所倡导的。在钢铁低碳领域寻求颠覆性、革命性的技术突破，全球钢铁合作必不可少。

从国内来看，我国钢铁低碳转型面临较大挑战：一是在能源结构上，我国钢铁行业长流程工艺占比远远高于海外，煤、焦炭占能源投入的比例较高，转型的基础薄弱；二是在技术上，海外地区低碳、零碳炼钢技术研发起步较早，积累了丰富的产业经验，可为我国钢铁企业技术转型升级提供借鉴；三是在总量上，我国是钢铁第一大生产国和消费国，革命性的低碳工艺的推广离不开国内市场认可。

从国际来看，全球钢材生产与消费失衡短期仍将延续，考虑到我国超过 20% 的国内实际碳排放是由其他国最终消费，而碳达峰、碳中和目标下，钢铁企业有动力将产能转移到碳容量较高、排放成本较低或者是尚未有降碳减排规划的海外地区，这种产能转移在某种程度上只是转移了碳排放，还需要加强国际产能与技术合作，才能实现全球钢铁低碳转型。

在可持续发展方面，钢铁行业需要关注资源节约和循环利用。由于钢铁行业是资源密集型行业，铁矿石、煤炭等资源的短缺和对外依存度高，因此钢铁企业需要提高资源利用效率，减少资源消耗和浪费。同时，钢铁企业还需要关注产品生命周期管理和废弃物资源化利用，采取绿色制造技术，提高产品质量和附加值，实现可持续发展。

总之，环保和可持续发展对钢铁行业提出了更高的要求和挑战，但也为钢铁行业的转型升级提供了机遇。钢铁企业需要积极应对和适应这些趋势，加强技术创新和人才培养，推动整个行业的可持续发展。

2. 技术创新与智能化趋势

技术创新和智能化对钢铁行业的影响深远且显著。以下是对这两方面影响的深入探讨，以及如何应用新技术提高生产效率和产品质量。

技术创新一直以来都是钢铁行业的生命线。在过去的几十年里，钢铁行业经历了无数次的技术创新，从最初的高炉炼钢到现在的现代化钢铁生产，每一次的技术突破都带来了生产效率和产品质量的显著提升。

现代化钢铁生产中，技术创新主要体现在以下几个方面：

首先，是自动化和智能化。随着工业 4.0 的发展，智能化已经成为钢铁行业的重要发展趋势。通过引入机器人和自动化设备，钢铁企业可以实现 24 小时不间断的生产，从而提高生产效率。同时，这些设备还可以通过大数据和人工智能技术对生产过程进行实时监控和优化，进一步提高生产效率。

其次，是能源效率。随着环保意识的提高，钢铁企业需要更加注重能源效率的提升。中国钢铁协会专家指出，钢铁行业将继续做好研究和推进产能治理新机制，全面实施产能置换、超低排放、极致能效三大改造工程，围绕绿色发展、低碳发展和智能制造两大主题，加快低碳冶金等技术创新和应用推广，促进钢铁企业数字化、网络化、智能化的改造升级，加快高质量发展。

最后，是产品质量的提升。技术创新可以帮助钢铁企业提高产品质量，例如通过引入新的冶炼技术来提高钢材的强度和韧性，或者通过智能化技术对钢材的微观结构进行精确控制，从而提高产品的质量。这些技术创新还可以帮助钢铁企业满足更为严格的市场标准，提高企业的市场竞争力。

在应用新技术提高生产效率和产品质量方面，钢铁企业需要注重以下几点：首先是技术选择。不同的技术适应不同的生产环境和产品需求，钢铁企业需要根据自身的实际情况来选择最合适的技术。其次是技术实施。技术实施需要良好的技术支持和人才培养，钢铁企业需要注重与高校和研究机构的合作，培养自己的技术人才队伍。最后是技术维护。技术维护是保证技术实施效果的重要环节，钢铁企业需要建立完善的技术维护体系，及时发现和解决生产过程中的技术问题。

在面对技术创新和智能化的大潮中，钢铁行业应积极拥抱变革，利用新技术提高生产效率和产品质量。一方面，可以通过引入自动化和智能化设备来提高生产效率，降低生产成本。另一方面，可以借助大数据和人工智能技术对生产过程进行实时监控和优化，实现精准生产。此外，还可以采用新的节能技术来降低能源消耗，提高能源利用效率，实现绿色生产。

总的来说，技术创新和智能化为钢铁行业带来了巨大的发展机遇。只有紧跟时代步伐，不断进行技术创新和升级，才能在激烈的市场竞争中立于不败之地。未来，我们期待看到更多的钢铁企业加入技术创新的行列中来，共同推动钢铁行业的持续发展。

3. 产业升级与优化结构趋势

钢铁产业升级和优化结构的意义非凡。首先，这有助于提高钢铁企业的经济效益。通过升级设备和工艺，企业可以提高生产效率，降低能源消耗和生产成本，从而增加利润。此外，优化产业结构可以更好地满足市场需求，提高产品质量和附加值，进而提升企业的市场竞争力。

优化产业结构、提升产业素质的途径主要包括以下几个方面：

（1）技术创新。通过引进先进的工艺技术和设备，不断改进生产流程，提高产品质量和附加值。同时，技术创新也可以开发出新的钢铁产品，满足市场的多样化需求。

（2）循环经济。发展循环经济，实现废弃物的资源化利用，可以降低生产成本，提高能源利用效率，同时减少环境污染。

（3）产业结构调整。优化产业结构，合理配置资源，可以促进企业的健康发展。例如，通过兼并重组，可以扩大企业规模，提高产业集中度和竞争力。

（4）国际化发展。通过参与国际竞争，企业可以提高自身的技术和管理水平，进一步拓展市场和商机。

综上所述，钢铁产业升级和优化结构对于提高经济效益、保护环境和提升市场竞争力具有重要意义。通过技术创新、循环经济、产业结构调整和国际化发展等途径，可以优化产业结构、提升产业素质，进一步推动钢铁行业的可持续发展。

4. 提高产品质量与市场竞争力趋势

提高产品质量对于提升市场竞争力的重要性不言而喻。在激烈的市场竞争中，产品质量成为企业生存和发展的关键因素之一。只有生产出品质优良的产品，才能在市场中获得消费者的信任和认可，从而赢得更多的市场份额。同时，提高产品质量也可以帮助企业提高品牌价值和市场口碑，进一步扩大企业的市场份额和经济效益。

如何通过技术创新和质量提升来满足市场需求呢？

首先，企业需要不断进行技术创新，提高生产工艺和设备水平。通过引进先进的生产技术和设备，不断优化生产流程，企业可以提高生产效率、降低生产成本、减少废品率，从而提高产品质量和市场竞争力。同时，技术创新还可以帮助企业开发出新的产品，满足市场的多样化需求。

其次，企业需要建立完善的质量管理体系，加强质量管理和控制。通过建立严格的质量检测和把控流程，企业可以确保产品在生产过程中的每个环节都得到有效的质量控制和监督，从而减少质量问题的出现和提高产品的整体质量。同时，企业还需要加强对员工的质量培训和教育，提高员工的质量意识和技能水平。

最后，企业需要注重市场反馈和消费者需求，不断改进产品和服务。通过收集市场反馈和消费者意见，企业可以了解市场需求和消费者需求，从而针对产品和服务进行改进和升级。同时，企业还需要加强对市场趋势的研判和分析，及时调整产品结构和市场策略，满足市场的变化和需求。

综上所述，提高产品质量对于提升市场竞争力具有重要意义。通过技术创新、质量管理体系建设、市场反馈和消费者需求的关注等方式，可以帮助企业提高产品质量和市场竞争力，进一步满足市场需求和实现可持续发展。

5. 加强国际合作与竞争趋势

当前全球钢铁市场的国际合作与竞争格局呈现出多元化的特点。一方面，随着全球化进程的加速，国际间的钢铁产业合作日益密切，形成了以钢铁生产、贸易和消费为核心的全球价值链。另一方面，各国钢铁企业在全球市场上展开激烈竞争，争夺市场份额和资源，推动着整个行业的发展。

在国际合作方面，各国钢铁企业积极寻求海外投资和合作机会，推动产能国际转移。例如，中国钢铁企业在海外设立生产基地，融合整合钢铁行业各项专业技术及管理方法。此外，国际间的技术交流和人才培养也日益活跃，推动着全球钢铁产业的协同发展。

在竞争格局方面，全球钢铁市场面临着来自不同国家和地区的激烈竞争。发达国家和发展中国家的钢铁企业在技术、品牌、市场渠道等方面展开全方位竞争。同时，各国钢铁企业也在产业链整合、资源控制等方面展开竞争，争夺全球钢铁价值链的主导权。

对于钢铁企业而言，走向国际市场需要考虑多方面因素。首先，企业需要了解目标市场的需求和特点，以便制定针对性的市场策略。例如，欧美市场对高端钢材的需求较高，企业需要加强技术研发和品牌建设，以提升产品的附加值。其次，企业需要积极参与国际会展、技术交流等活动，扩大自身的国际影响力。同时，通过海外投资和并购等方式，可以进一步拓展企业的国际市场份额。

二、钢铁企业推进精益管理的必要性

钢铁行业是全球经济发展的重要支柱产业之一，它直接影响了建筑、制造、汽车、船舶、铁路等领域的发展。然而，当前钢铁行业面临着多重挑战。在这样的背景下，精益管理作为一种先进的管理模式，对于提高钢铁企业的竞争力、降低成本、优化运营具有重要的支撑意义，也是钢铁企业面对复杂多变的市场环境，要实现高质量、可持续发展，必须要经历的步骤。

钢铁企业推进精益管理的必要性，体现在精益管理能够帮助企业提升经营管理水平，具体体现在如下六个方面。

（一）转变管理理念

从传统的大规模生产到关注细节和客户需求。

传统钢铁企业的生产模式和管理理念通常以产品为中心，关注产品的生产、质量和交货期，而忽视了客户需求和满意度。这种管理模式在过去的竞争中或许可以取得一定的优势，但在现代市场环境中，客户需求和满意度已成为企业成功的关键因素。因此，转变管理理念是实施精益管理的首要任务。

（1）要从以产品为中心转向以客户为中心，关注客户需求和满意度。这意味着钢铁企业需要了解和理解客户的需求，包括产品质量、交货期、价格、服务等方面。在此基础上，企业需要为客户提供定制化的产品和服务，以满足客户的个性化需求。同时，企业还需要建立完善的客户服务体系，提高客户满意度和忠诚度。

（2）摒弃传统的经验管理，树立数据驱动的决策思维，实现精细化管理。传统钢铁企业的管理主要依靠经验，缺乏数据支持和科学决策。在现代市场环境中，数据驱动的决策已成为企业成功的关键因素。因此，钢铁企业需要建立完善的数据收集和分析系统，了解市场趋势、客户需求、生产流程等方面的情况。在此基础上，企业需要进行精细化管理，包括生产计划、生产控制、质量管理、成本控制等方面，以提高生产效率和质量，降低成本和风险。

总之，传统钢铁企业的生产模式和管理理念已经无法适应新的市场环境和客户需求。为了应对这些挑战，钢铁企业需要转变管理理念，关注客户需求和满意度，建立数据驱动的决策思维，实现精细化管理。这些措施将有助于提高企业的竞争力和运营效率，实现可持续发展目标。

（二）优化生产流程

减少浪费，提高生产效率，降低库存。

钢铁企业的生产流程通常包括多个阶段和环节，如原料采购、炼铁、炼钢、连铸、轧制、成品检验等。这些环节相互关联、相互影响，如果其中一个环节出现问题，可能会对整个生产流程造成影响，导致生产效率下降、产品质量不稳定等问题。因此，优化生产流程是实现精益生产的重要步骤。具体而言，优化生产流程可以通过以下几个方面来实现。

（1）优化生产计划。制订合理的生产计划是优化生产流程的第一步，钢铁企业应该根据客户需求、企业产能和原材料等因素进行综合考虑，制订出符合实际的生产计划。同时，要避免生产过剩或不足的情况出现，以避免库存积压和浪费。

（2）精简生产环节。钢铁企业的生产流程中存在很多冗余和无效的环节，这些环节不仅会占用企业的资源，还会增加生产成本和时间。因此，去除这些冗余和无效的环节是优化生产流程的重要措施，这可以提高生产效率和质量，降低生产成本。

（3）优化物流体系。钢铁企业的生产流程中，物流是一个非常关键的环节。通过合理的布局和优化物流管理，企业可以降低运输和库存成本，提高物流效率和质量。这包括合理规划运输路线、使用先进的物流设备和技术、建立智能化的物流管理系统等措施。

（三）提高员工参与度

赋予员工决策权，鼓励他们参与改进活动。

在钢铁企业中，员工是生产和管理流程的执行者，他们的参与和贡献对于企业的精益管理至关重要。通过赋予员工更多的决策权和参与机会，可以激发员工的创造力和潜能，从而为企业带来更多的价值。同时，建立有效的激励机制，鼓励员工为企业的发展贡献力量，可以提高员工的积极性和工作效率。具体而言，钢铁企业可以通过以下几个方面来推行。

（1）建立员工参与决策的机制。企业可以建立员工代表大会、工作小组、团队会议等机制，让员工参与到企业的决策中来。这样可以使员工更加了解企业的战略和目标，从而提高他们的工作积极性和责任感。

（2）赋予员工更多的自主权。在一定的规范和标准内，让员工有更多的自主决策权，可以激发员工的创造力和潜能。例如，可以让员工自主安排工作计划、调整生产进度等。

（3）建立激励机制鼓励员工贡献力量。企业可以建立多种激励机制，如奖励制度、晋升机制、培训机会等，鼓励员工为企业的发展贡献力量。这样可以提高员工的积极性和工作效率，同时也可以提高员工对企业的忠诚度和满意度。

（4）加强员工培训和教育。通过培训和教育，可以提高员工的技能水平和管理素质，从而提高员工对精益管理的理解和执行能力。此外，也可以增强员工的自信心和职业竞争力。

（5）建立良好的沟通机制。良好的沟通机制可以让员工更好地理解企业的战略和目标，同时也可以让领导更好地了解员工的需求和反馈。这可以增强员工的参与感和归属感，有利于促进企业的精益管理。

总之，通过赋予员工更多的决策权和参与机会，以及建立有效的激励机制，可以激发员工的创造力和潜能，提高员工的工作积极性和工作效率，从而实现精益管理的目标。

（四）追求持续改进

追求完美，发现问题，改正问题，持续优化。

持续改进是精益管理的一个重要理念，它强调不断地寻找和解决生产和管理流程中存在的问题，以提高生产效率、降低成本、提高产品质量和客户满意度。在钢铁企业中，持续改进可以通过以下几个方面来推行。

（1）数据分析和挖掘。钢铁企业应该加强对生产和管理流程中数据的收集、整理和分析，通过数据分析和挖掘来发现存在的问题和改进空间。例如，通过对生产数据的分析，可以找出生产效率低下的环节和原因，从而进行改进。

（2）建立问题反馈机制。钢铁企业应该建立有效的问题反馈机制，鼓励员工发现问题并及时反馈。同时，企业应该对反馈的问题进行及时的分析和解决，以避免问题的再次出现。

（3）定期审计和评估。钢铁企业应该定期对生产和管理流程进行审计和评估，以了解流程中存在的问题和改进空间。同时，企业应该根据审计和评估结果来及时调整和优化生产和管理流程。

（4）鼓励创新和改进。钢铁企业应该鼓励员工进行创新和改进，通过员工的创造力来提高生产效率、降低成本、提高产品质量和客户满意度。同时，企业应该对创新和改进成果进行奖励和推广，以促进持续改进和优化的良好氛围。

（五）加强技术创新

利用先进技术提高生产效率，减少能源消耗。

技术创新是钢铁企业推行精益管理的另一个重要方面。通过引进先进的生产技术和设备，可以提高生产效率和质量，降低生产成本和库存成本。同时，钢铁企业在环保和能源消耗方面进行技术创新，可以降低企业碳排放和能源消耗，适应日益严格的环保政策和社会需求。具体而言，钢铁企业可以通过以下几个方面来推行精益管理。

（1）引进先进的生产技术和设备。钢铁企业应该关注行业内最新的技术进展和设备，及时引进适合自己企业的技术和设备，以提高生产效率和质量。例如，采用先进的连铸技术、自动化生产线等可以提高生产效率和降低生产成本。

（2）加强技术研发和创新。钢铁企业应该加强技术研发和创新，通过技术进步和升级来提高产品质量和市场竞争力。例如，研究新的冶炼工艺、新的节能技术等可以降低生产成本和能耗，提高企业效益。

（3）关注环保和能源消耗问题。钢铁企业应该关注环保和能源消耗问题，采取有效的措施降低企业碳排放和能源消耗。例如，采用低排放的冶炼技术和设备、发展余热回收利用技术等可以降低企业碳排放和能源消耗，提高企业的社会责任感和市场竞争力。

（4）建立技术管理和创新文化。钢铁企业应该建立技术管理和创新文化，鼓励员工进行技术创新和管理创新。同时，企业应该加强对员工的培训和教育，提高员工的技能水平和综合素质，为企业的技术创新和管理创新提供人才保障。

（六）构建精益文化

将精益理念融入企业文化，使之成为核心价值观。

构建精益文化是钢铁企业推行精益管理的核心任务之一。精益文化是指以精益思想为核心，注重持续改进和追求完美的企业价值观和行为方式。通过将精益思想融入企业文化中，可以促进员工的行为变革和思想转变，使员工更好地理解和掌握精益管理的理念和方法，并将其转化为自觉的行动和习惯。具体而言，钢铁企业可以通过以下几个方面来构建精益文化。

（1）树立精益思想。钢铁企业应该将精益思想融入企业的价值观和使命中，使员工更好地理解和接受精益管理的理念和方法。例如，企业可以通过制定精益管理的使命和愿景，明确精益管理的目标和方向，使员工更好地了解企业的战略和目标。

（2）倡导持续改进。持续改进是精益管理的核心理念，钢铁企业应该倡导持续改进的文化价值观，鼓励员工发现问题并及时进行改进。例如，企业可以建立问题反馈机制，鼓励员工提出改进意见和建议，同时对成功实施的改进措施进行奖励和推广。

（3）加强培训和教育。培训和教育是推动精益管理的重要手段。钢铁企业应该加强对员工的培训和教育，使员工更好地理解和掌握精益管理的理念和方法。例如，企业可以定期举办精益管理培训、研讨会等活动，提高员工的精益管理意识和能力。

（4）建立良好的沟通机制。良好的沟通机制可以增强员工的参与感和归属感，有利于构建精益文化。钢铁企业应该建立多种沟通渠道，鼓励员工参与讨论和交流，使员工更好地了解企业的战略和目标。

（5）加强企业文化的宣传和推广。企业文化是构建精益文化的基础。钢铁企业应该加强企业文化的宣传和推广，使员工更好地了解和接受企业的价值观和行为方式。例如，企业可以通过内部刊物、宣传栏、网站等多种渠道宣传企业文化，提高员工的认同感和归属感。

综上所述，精益管理的导入和实施，经历转变管理理念、优化生产流程、提高员工参与度、追求持续改进、提高技术创新、构建精益文化六个步骤，这是钢铁企业提升自身经营管理水平，灵活应对复杂多变的内外部环境的必要工作，也是钢铁企业实现高质量、可持续发展的必要工作。

课后思考题

企业如何在激烈的市场竞争中取得优势并实现可持续发展？

模块二 精益管理的基础工具与方法

任务三 工业工程（IE）

任务三课件

任务目标

知识目标：

（1）了解工业工程的起源和发展；

（2）掌握工业工程七大手法理念和工具方法；

（3）通过工业工程七大手法的应用案例的学习，掌握七大手法的使用场景和实施方法。

能力目标：

具备熟练应用工业工程七大手法发现、分析、改善问题的能力。

素养目标：

（1）培养学员的问题与改善意识；

（2）培养学员成本与效率意识、发现问题并改善的意识、工作简化和标准化的意识、全局和系统的意识、以人为本的意识等五大意识。

任务思考

假设你是一名精益管理工程师，你在一个零件组装的工位做作业观察。该工位的任务是组装螺栓、垫片和螺母，如图 3-1 所示。该工位的工作台布置，如图 3-2 所示。

请思考，这个操作过程存在哪些浪费现象？可以通过什么方法去发现问题、分析问题和解决问题？

图 3-1 工作任务

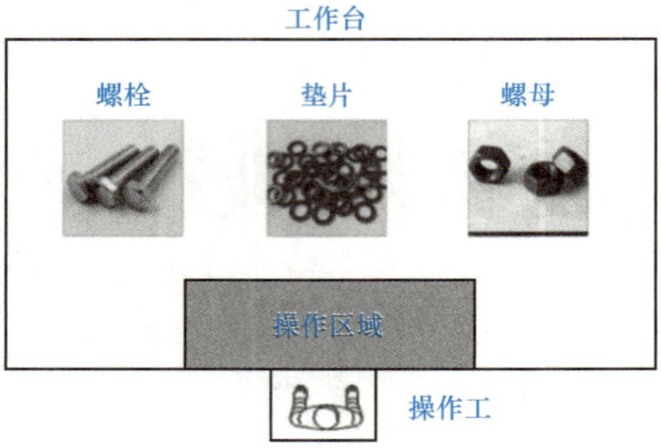

图 3-2 工作台布置

知识准备

一、工业工程概述

美国工业工程学会（AIIE）对工业工程（Industrial Engineering，IE）的定义："工业工程是对人、物料、设备、能源和信息等所组成的集成系统，进行设计、改善和实施的一门学科，它综合运用数学、物理和社会科学的专门知识和技术，结合工程分析和设计的原理与方法，对该系统所取得的成果进行确认、预测和评价。"

从上述的定义可以看出，工业工程技术适用于各种生产制造环境中，所有生产制造过程中的活动，都可应用工业工程的原理以及技术，通过不断优化的途径达到最佳效果的目的。比如工业工程中的动作分析，就是基于人类的任何一种动作都有连贯性的特点，通过对各种动作的细化分解，分解成一个个微细单元，应用动作经济原则，去除不必要的动作，合并可连接的动作，以达到工作简化、动作经济、省时省工的目的。

二、工业工程的起源和发展

（一）工业工程的起源

一般认为泰勒（Frederick W. Taylor，1856—1915 年）和吉尔布雷斯（Frank B. Gilbreth，

1868—1924 年）是工业工程学科和技术的奠基人。

1. 泰勒：被尊称为“科学管理之父”

1856 年 3 月 20 日，泰勒出生于美国宾夕法尼亚州杰曼顿的一个富有的律师家庭。泰勒在法国和德国的学校念过书，后来考上哈佛大学法律系。但由于他十分刻苦，视力和听力受到了损害，所以最后不得不辍学。离开哈佛大学后，他进入费城恩特普赖斯水压工厂的金工车间当模型工及机工学徒。于 1878 年进入费城米德维尔钢铁厂当一名普通工人。由于工作努力，泰勒升为职员，后又被提拔为机工班长、车间工长、厂总技师，这中间只经过了六年时间。工作中，他参加了新泽西州的斯蒂文斯技术学院业余学习班学习，于 1883 年获得新泽西州斯蒂文斯理工学院的机械工程学学士学位，1884 年升任米德维尔钢铁厂的总工程师。到米德维尔工厂当工人的时候，泰勒已经真正开始观察有关管理方面的问题了。他发现许多工人在干活时都有磨洋工、工作效率低下的现象，这种现象引起了他的强烈关注。为了改进管理，他在米德维尔钢铁厂进行各种试验，对工人“磨洋工”造成产量不高的原因进行了研究和分析。

铁锹研究。泰勒在米德维尔公司发现以下现象：当时，不管铲取铁矿石还是搬运煤炭，都使用铁锹进行人工搬运，雇用的搬运工动不动达五六百名。优秀的搬运工一般不愿使用公司发放的铁锹，宁愿使用个人拥有的铁锹。同时一个基层干部要管理五六十名搬运工，且所涉及的作业范围又相当大。泰勒找了两名优秀的搬运工用不同大小的铁锹做实验，每次都使用秒表记录时间。最后发现，一锹铲取量为 21.5 磅（约 10 kg）时，一天的材料搬运量为最大。同时也得出一个结论，在搬运铁矿石和煤粉时，最好使用不同的铁锹。此外，他还开展生产计划，以改善基层管理干部的管理范围。进一步地，他还设定了一天的标准工作量，对超过标准的员工，给予薪资以外的补贴，达不到标准的员工，则要进行作业分析，指导他们的作业方式，使他们也能达到标准。结果，在三年以后，原本要五六百名员工进行的作业，只要 140 名就可以完成，材料浪费也大大降低。

2. 吉尔布雷斯：被尊称为“动作研究之父”

1868 年，吉尔布雷斯出生在美国缅因州费尔菲尔德。吉尔布雷斯在安得福学院和波士顿学院学习时，成绩优异。1885 年他通过了麻省理工学院的入学考试，却因家庭困难没有入学，而是进入建筑行业，并以一个砌砖学徒工的身份开始了职业生涯。这样，年仅 17 岁的他就开始在一个建筑承包公司做学徒工。在以后的 10 年时间里，吉尔布雷斯刻苦钻研，努力工作，终于设计出一种新的脚手架，发明了建造防水地窖的新方法，不仅如此，他在混凝土建造方面也有许多革新。因为在技术上的杰出成就，他成为公司的总监。吉尔布雷斯与其夫人一起，通过对于动作的分解研究发现，一般所用的动作分类，对于细致分析来说过于粗略了。因此，吉尔布雷斯把手的动作分为 17 种基本动作，如拿工具这一动作可以分解成 17 个基本动素，即寻找、选择、抓取、移动、定位、装备、使用、拆卸、检验、预对、放手、运空、延迟（不可避免）、故延（可避免）、休息、计划、夹持。吉尔布雷斯把这些基本动作定义为动素，而动素是不可再分的。这是一个比较精确分析动作的方法。

砌墙动作的研究。吉尔布雷斯从事的是建筑业工作。19 世纪末的建筑业，砌砖墙是施工的一个重要部分。吉尔布雷斯发现，不同的施工者在不同的场合下动作各不相同，他认为其中一定存在一种最合理的施工方法，能使效率最高，施工人员的疲劳度也最低。例如：当时，砌墙时砖头摆放在地面上，施工人员必须一次次的弯腰选择砖头，选择比较良好的侧面。这样，不但施工人员容易疲劳，效率也不可能高。吉尔布雷斯通过一系列研究，改进了施工方法，在施工人员容易取放的高度，设置了可以升降的砖块存放装置，减少了弯腰的动作。同时，通过动作分析，识别并消除了一些无效的动作，比如选择砖块、敲击砖块。经过这样的改进后，施工速度是以前的三倍以上，施工人员的疲劳度也大幅降低。

由上述两位工业工程奠基人的介绍可知，工业工程学科和技术是从基础劳动工人起步，通过工程分析和设计的原理与方法，结合对日常工作的研究、分析和改善，实现工作简化、动作经济、省时省工的目的。所以说，工业工程源于生产作业现场，并造福生产作业现场。

（二）工业工程的发展

工业工程经过一个多世纪的发展，如今已经成为一个技术性极强，应用极其广泛的学科。工业工程与人类社会工业化进程一起，对人类社会，尤其是西方的经济和社会发展产生了巨大的推动作用。世界上很多工业发达国家，如美国、德国、日本、英国等，其经济发展都与其雄厚的工业及其工业工程的学术和实践能力有着密切的联系。在美国，工业工程与机械工程、电子工程、土木工程、化工工程、计算机、航空工程一起，并称为七大工程，可见它的独特性和重要性。

工业工程在上述工业化国家受到了工业界的普遍重视，其就是因为工业工程直接面向企业的生产运作过程；它与数学、人机学、经济管理、各种工程技术有着密切的关系，以系统工程为哲理，以运筹学等数学方法为理论基础，以现代信息技术为工具，用工程量化的分析方法对包括制造业、服务业在内的由人、物料、设备、能源、信息等多种因素所组成的各种复杂的企业或组织系统中的实际工程与管理问题进行定量、系统地分析、设计与优化，从而实现系统的最大效率和效益。工业工程是唯一一门以系统效率和效益为目标的工程技术，因此成为其他工程所不能替代，同时又与其他工程互补性很强的一项综合性边缘学科。

（三）工业工程与精益管理的关系

工业工程为精益管理提供了工具和方法，精益管理为企业工业工程工具和方法的理论和思想提供了支撑。工业工程作为一门学科，更偏重工具和方法，适用场景宽泛，相对精益管理来讲，常常用于基础管理，容易让人理解，快速应用，工业工程业界有句名言“IE无处不在，IE 无所不能”就是强调这一特性。

工业工程的核心是五大意识。第一是成本与效率意识。在企业生产作业管理过程中，企业所有员工要始终保持着成本和效率的意识，低成本、高效率是企业盈利能力必不可少的因素。第二是发现问题并改善的意识。企业所有员工要具备发现生产作业现场的问题，无论是影响产量、质量、成本、安全、现场环境等，甚至包括管理流程冗余等问题，都要有能力去发现，发现问题是持续改善的基础。第三是工作简化和标准化的意识。工作简化既是从提高作业效率角度考虑，又是从降低员工工作负荷角度考虑，来进行不断优化。标准化既是作业动作的标准化，又是现场管理的标准化。第四是全局和系统的意识。工业工程不是片面地强调某一个节点的改善，而是站在整个生产制造系统上，去进行优化，要始终保持全局和系统的思维习惯。第五是以人为本的意识。充分地尊重人性，任何改善都要从人的安全、舒适的角度来分析，才能保持改善的成果。

精益管理作为一种成功经验的总结和延展，更偏重体系和文化，相对工业工程来说，比较适用于中高级经营管理，理解难度大，需要持续的学习和理解，才能体会到精益管理的真谛。一旦企业中高层管理者从心底理解并认同精益，将会坚定不移、一往无前地推进下去，通常说的“谈到精益就两眼放光”“做精益会上瘾”，就是众多精益推进者的共同外在表现。

工业工程七大手法与精益管理的关联，体现在精益管理的五大原则与工业工程七大手法的来源本质、应用目的、方式、期望达成目标方面完全相同。所以说，企业推进精益管理过程中，首先推进工业工程七大手法的学习和应用，是正确的途径之一。

三、工业工程七大手法

为了方便应用，工业工程在企业生产管理过程中，逐步演化出七大手法，分别是抽查法、五五法、流程法、人机法、动改法、双手法、防呆法。这七大手法，从消除浪费和持续改善的角度出发，对生产制造过程中的作业动作、生产流程进行优化，达到效率提升的目的。工业工程七大手法，简单易懂，尤其适用于基层生产管理团队学习和应用，普适性强，企业容易实现全员推广，所以得到国内外各大先进企业的广泛应用。通过工业工程七大手法的普及，工业工程这一学科得到企业的广泛认可，工业工程相关理论和方法成为企业精益管理的基础工具和方法的重要基础组成部分。

（一）工业工程七大手法——抽查法

1. 抽查法概念

抽查法，即工作抽样法，是指对作业者和机器设备的工作状态进行瞬时观测，调查各种作业活动的发生次数与发生率，并由此推断各观测项目的时间构成与变化情况。工作抽样是对作业直接进行观测的时间研究方法，适合对周期长、反复性较低的作业进行测定，尤其是适合对工作地布置，机器运转、维修、空闲以及办公室作业等进行观察和测量。

2. 抽查法应用

抽查法应用于办公室、生产车间，具体来说可用于了解下列各事项：办公室人员工作时间所占的百分率，机器设备的维修百分率或停机百分率，现场操作人员从事有生产性工作的百分率，决定标准工时的宽放时间的百分率用以决定工作的标准工时等，抽查法的案例如图 3-3 所示。

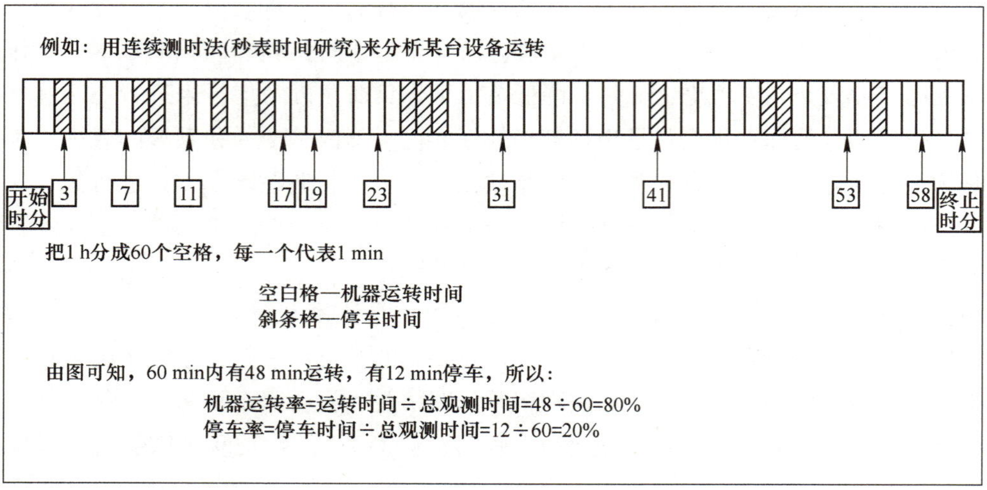

图 3-3　抽查法案例

上面的例子中，用连续测时法（秒表时间研究）来分析某台设备运转情况，把 1 h 分成 60 个整数，随机抽出其中 10 个为观测时分，设取出的时分（min）分别为 19、23、31、17、11、7、41、53、58、3，将它们按大小顺序排列，即表示在 60 min 内，在 3 min 时观测 1 次、7 min 观测 1 次……如此观测 10 次。

在 10 次观测中有 8 次运转，2 次停车，则：

$$机器运转率=运转次数÷观测次数=8÷10=80\%$$

$$停车率=停车次数÷观测次数=2÷10=20\%$$

由此可见，采用秒表时间研究和工作抽样调查结果一样，但采用后者具有省时、可靠、经济等优点。

工作抽样一般取 2σ 的范围，即确定 95.45%的可靠度，就是说实现预定的抽样数据中有 95.45%以上落入 2σ 的范围，仅有 4.55%的误差，所允许的误差用精确度来衡量。精确度又分为绝对精确度 E 和相对精确度 S，根据统计学中二项分布标准 σ，计算公式见式（3-1）和式（3-2）。

$$\sigma=\sqrt{\frac{P(1-P)}{n}} \tag{3-1}$$

$$E=Z\sigma=Z\sqrt{\frac{P(1-P)}{n}} \tag{3-2}$$

式中　P——观测事件发生率；

n——观测次数；

Z——正态分布下的 Z 值。

相对精度为绝对精度与观测事件发生率之比：

$$S=E/P=Z\sqrt{\frac{1-P}{nP}} \tag{3-3}$$

通过以下案例可以说明抽查法在实际工作中的具体应用。

例 1：根据工作抽样查明某机器的停机率，要求相对误差在 10%以内。原估计该机器的停机率为 30%，可靠度为 95%，确定观测次数为 1500 次。而实际却观测了 1800 次，其中停工 500 次，停机率为 28%，问此观测结果能否满足预定误差要求？

解：根据题意，$P = 0.28$，$1 - P = 0.72$，$n = 1800$，$Z = 1.96$

由式(3-3) 得：$S = 0.074 < 10\%$

因此满足预定的精度要求。

工作抽样时观测次数的多少直接影响抽样的成本与所得结果的精确度。如果精确度要求高，抽样次数就多，所费的人力、时间及金钱就多。因此，不能将观测次数无限增加，否则将失去工作抽样的意义，观测次数的多少可由绝对误差和相对误差公式来确定。

由绝对误差公式（3-2）得观测次数

$$n = \frac{P(1 - P)Z^2}{E^2} \tag{3-4}$$

由相对误差公式（3-3）得观测次数

$$n = \frac{(1 - P)Z^2}{PS^2} \tag{3-5}$$

3. 抽查法实施步骤

（1）确立调查目的与范围。调查目的不同，则项目分类，观测次数与方法均不相同。如以机器开动情况为调查目的，则还需明确调查的范围，是一台机器还是几台机器；如以车间工作人员的工作比率为观测对象，则还需确定是机加工车间、装配车间，还是全厂所有车间。

（2）调查项目分类。根据目的与范围，就可以对调查对象的活动进行分类，分类的粗细根据抽样的目的而定。如果只是调查机器的开动率，观测项目可分为“操作”“停止”“闲置”。如果要进一步了解机器停止和闲置的原因，则应将可能发生的原因作详细分类。抽样项目分类是工作抽样表格设计的基础，也是抽样结果达到抽样目的的保证，必须结合本单位的实际调查目的而制定。

（3）决定观测方法。观测前，须绘制机器或操作者的分布平面图和巡回观测路线图，注明观测位置。

（4）向有关人员说明。为使工作抽样取得成功，必须向工人说明调查目的、意义，请他们协助，以消除不必要的疑虑，并要求他们按照平时的工作情形工作，切勿紧张或做作。

（5）设计调查表格。调查表格的内容和形式取决于调查的目的和要求。通过调查表格的填写，不仅能了解机器的开动率和操作者的作业率，还能比较清楚地了解空闲的原因。

（6）试观测，决定观测次数。正式观测以前，需要进行一定次数的试观测，通过试观测，得出观测时间的发生率，然后根据式（3-4）或式（3-5）决定正式观测次数。

例 2：对某机器作业率进行观测，估计该机器停车率为 25.6%，需要观测精度的绝对误差为 0.01，可靠度为 95%，求需观测的次数。

解：$P = 0.25$， $1 - P = 0.75$， $Z = 1.96$， $E = 0.01$

由式(3-4) 得，$n = P(1 - P)Z^2/E^2 = 0.25 \times 0.75 \times 1.96^2/0.01^2 = 7203$ 次

若再经过 300 次观测，加上原来观测的 100 次，共 400 次中，机器停车状态 90 次，则重新调整观测次数为多少？

解：$P = 90/400 = 22.5\%$

$n = P(1 - P)Z^2/E^2 = 0.225 \times 0.775 \times 1.96^2/0.01^2 = 6699$ 次

（7）决定观测时刻。观测时刻的决定必须保证随机性，这是工作抽样的理论依据。为了保证抽样时间的随机性，可利用随机数表，也可由计算机来产生随机数。例如，设某工厂一个车间进行工作抽样，决定观测 5 天，每天观测 30 次，该车间是上午 8 点上班，下午 5 点下班，中午 12 点至 1 点休息。可按照这样的工作时间和抽样频次，自主设计抽样表格，决定每日观测时刻。

（8）检查异常值做出结论。由工作抽样得到的观测结果，只是估计值，并不是真实值。用估计值代替真实值需要计算它的置信区间，若有异常值出现应剔除掉。

设以 P' 表示所观测时间发生率的真实值，P 表示与之相应的估计值，由前面所讲的知识，P 符合正态分布，其置信区间为：

$$P - Z \cdot \sigma < P' < P + Z \cdot \sigma$$

式中 Z——正态分布下的 Z 值可查表得知；

σ——标准差；

$Z \cdot \sigma$——估计值 P 的精确度。

由正态分布曲线可知，当置信区间在 $X \pm 3\sigma$ 的范围内时，置信度已达到 99.73%，因此置信区间可以限定在 $P' \pm 3\sigma$ 的范围内，超出此范围，就作为异常值除去。

例 3：设某项工作抽样 10 天，共观测了 1000 次，每天观测 100 次，观测结果见表 3-1，请进行异常值处理。

表 3-1 抽样 10 天观测结果

观测天数	每天观测次数	工作次数	工作率/%	工作率均值/%
1	100	81	81	81.7
2	100	67	67	
3	100	78	78	
4	100	79	79	
5	100	87	87	
6	100	85	85	
7	100	73	73	

续表 3-1

观测天数	每天观测次数	工作次数	工作率/%	工作率均值/%
8	100	94	94	
9	100	89	89	81.7
10	100	84	84	
合计	1000	817	—	81.7

解：

由题意，$n=100$，$P=0.817$，$1-P=0.183$

子样本标准差

$$\sigma = \sqrt{P(1-P)/n} = \sqrt{(0.817 \times 0.183)/100} = 0.039$$

由 3σ 原则控制界限为：

$$控制上限 = 0.817 + 0.0116 = 0.933$$

$$控制下限 = 0.817 - 0.116 = 0.701$$

由表 3-1 可知，第二天的工作率为 67%，低于控制下限 70.1%，应作为异常值除去；第八天的工作率为 94%，高于控制上限 93.3%，也应作为异常值除去。异常值除去后其相应的观测天数和观测次数均应舍去，从而观测事件的平均工作率 P 将发生变化，变化后为：

$$\bar{P} = \frac{81 + 78 + 79 + 87 + 85 + 73 + 89 + 84}{100 \times 8} = 0.82$$

根据变化后的 P 计算绝对精度和相对精度，如果计算精度已达到预定的精度要求，观测次数也已达到或超过预定的观测次数，则说明该观测事件的平均工作率是可靠的，否则还需继续观测。

工作抽样的优点是观测时间短，并可同时观测数部机器或操作人员的状况；节省观测人力、体力及物力，一般为全部观测记录方式的 5%～50%的成本；从事观测记录的人员不需具备高深的技术；调查时间较长，可去除因每日不同的个别状况所造成的差异现象，因此其结果较为客观可靠；对被观测的对象所产生的干扰次数少，干扰时间较短。

（二）工业工程七大手法——五五法

1. 五五法概念

五五法，顾名思义，是两个“五”的组合，一个是指 5W1H（见表 3-2），另一个是反复问 5 次 5W1H。五五法不是某项作业操作的方法，而是一种提问的技术，是通过系统性的提问，来找到问题发生的根本原因并根据根本原因制定改善对策，从而避免问题再次发生的一种方法。五五法之所以是工业工程七大手法中最重要的一个方法，是因为其他所有方法的应用，都要有五五法的思维方式，都要通过反复、系统的提问，来优化各种作业操作过程，从而得到最优化的问题解决方案。

表 3-2 5W1H 表

5W1H	中文解释	应用理解	目的
What	内容	问题的具体描述，问题的实际现象是什么	如实描述
Where	地点	问题发生的地点，为什么这个地点发生问题	明确位置
When	时间	问题发生的时间，为什么这个时间发生问题	明确时间
Who	是谁	问题对应的人员，为什么这个人会发生问题	明确人员
Why	原因	问题发生的原因，问题的根本原因是什么	找根本原因
How	如何去做	问题解决的动作，为什么采用这个方法	明确方法

2. 五五法的应用

五五法的应用具有非常高的灵活性，5W1H 并不一定非要问五次，这个五次是一个概数，是为了找到根本原因，多问几次问题的意思。在实际应用过程中，取决于不同经验的工作人员，提问的次数会有很大不同，尤其是刚参加工作的人员，更应该掌握这种提问方法，从而能够了解问题的根本原因。但是，这里也有一个误区，是不是专家级别的人员就不需要五五法了，这种想法是错误的，因为探索问题本身根本原因的过程中，会有很多的变化因素。一个问题的产生是由很多因子交互作用所产生的表象结果的体现，要解决问题，就要找到问题底层的原因，然后逐个原因进行排查，才能确定最重要的一项或者几项影响因素，针对这些因素制定相应的改善措施，才能解决问题。而经验丰富的专家，可以缩短这样的提问过程，但仍然需要保持反复提问、追求根本原因的思维方式，不能单纯凭借过往经验来判定。在编者工作的二十余年间，见过各个方面的专家，很多专家对于自己的经验非常自信，但是解决起问题也经常犯各种错误，甚至是很低级的错误，导致问题解决过程变长，影响生产管理效率。这些都是基于专家经验而不是基于科学的工具方法的原因。五五法的应用是要经过反复训练的，要打破我们的固有思维方式，通过系统、逻辑的思维方式解决问题。

五五法的应用技巧包括问题的分析和问题的改善两个部分，对于生产制造过程中遇到的每一个问题，都要进行系统性的提问，除了为什么（Why），还要对是什么（What）、什么时间（When）、什么地点（Where）、什么人（Who）的问题进行搭配提问。这样得到的问题的根本原因分析，才能够更加具体、清晰。然后基于这样的根本原因分析，制定相应的改善措施，应用 ECRS 的方法进行改善，从而保证类似的问题不会再次发生，如图 3-4 所示。

这里需要掌握两种基本技巧，第一是 5Why 分析，第二是 ECRS 改善方法。

（1）5Why 分析方法。5Why 分析，最有名的是大野耐一的五个为什么分析。大野耐一在生产现场发现一台设备处于停止故障状态，他就利用 5Why 分析方法来跟设备操作员工进行问答式的沟通，进而发现设备故障的根本原因。

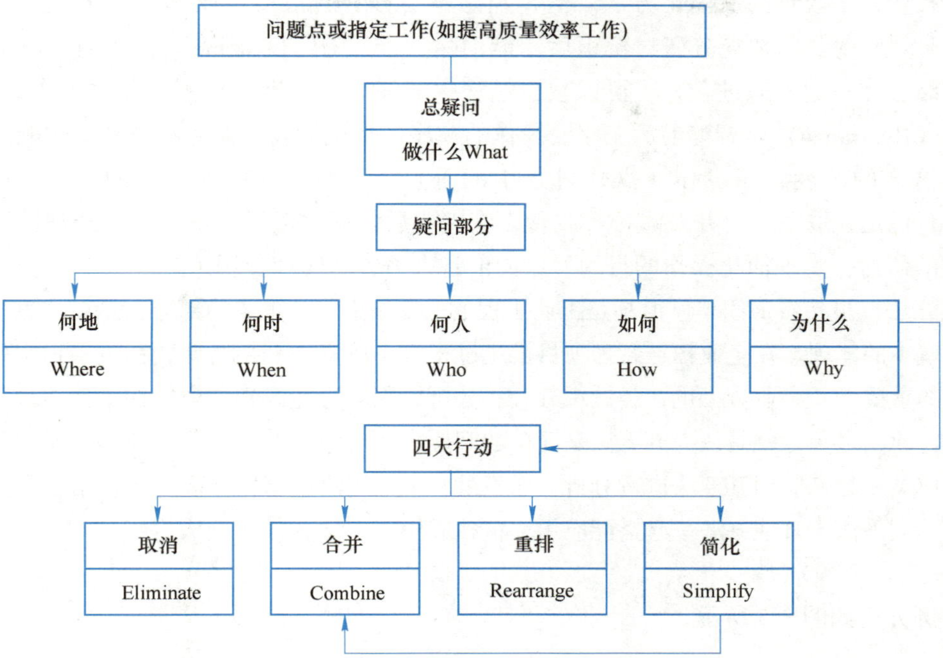

图 3-4 ECRS 改善方法

问：机器为什么停了？

答：机器超负荷，保险丝断了。

问：为什么会超负荷？

答：因为轴承润滑不充分。

问：为什么没充分地润滑呢？

答：因为润滑泵供油不足。

问：为什么会供油不足？

答：因为泵轴磨损已经摇晃了。

问：为什么会磨损了呢？

答：因为没加过滤器，导致进入了切削残留的铁屑。

该提问方式，从设备停机这个现象出发，问到了停机的根本原因，不是简单的保险丝断了，而是由于铁屑进入设备，导致润滑泵供油不足，进而导致设备超负荷，保险丝因此断了。如果片面地凭借经验，只更换保险丝，那这样的问题还会反复发生。因此，通过 5 个为什么的分析，可以找到问题的根本原因。这是一种提问技巧，但同时也是一种逻辑性的思维方式。

（2）改善四大原则 ECRS。ECRS 是四个英文单词的缩写，其中取消 E（Eliminate）是在经过“5W1H”提问，发现问题发生的某一个作业或者环节，对产品制造或者过程增值来说，起不到任何作用，属于浪费，那就要将这个动作进行消除。消除这种改善方式不需要任何投资，是改善的最优化方法。但是消除本身存在着风险，比如工艺风险、安全风险、故障风险等，需要充分研讨辨识后才能消除。合并 C（Combine）是将两种以上的动作尝试结合在一起，通过合并，可以减少过程中的等待、搬运、检验、存放等作业操作。重排 R（Rearrange）是调整前后工序、操作的顺序，也包括同一作业本身的动作顺序，从而通过这样的改变，减少作业操作过程中的重复、费力、等待等问题的产生。简化 S（Simplify）是在取消、合并及重排等改善工作完成后，通过流程分析、动作经济原则分析等方法的研讨，实现简化操作的目的，以便节省人力、时间和费用。

五五法，虽然看似简单，但却是工业工程七大手法中非常重要的部分，是精益思想在工作中最基本的体现。在企业精益管理项目推进过程中，反复提到精益课题和改善提案中五五法应用的重要性，企业员工也在尝试用五五法分析原因和进行改善，但往往不能体现五五法的精髓，原因之一，就是认为五五法是简单的问题，而忽略了两个重要的应用因素：第一是要团队成员一起来应用五五法进行分析，而不是一个人闭门造车，自说自话；第二是要跟工业工程七大手法中其他方法一起搭配应用，单独应用五五法，效果会大打折扣。

3. 应用案例分析

案例分析如图 3-5 所示。

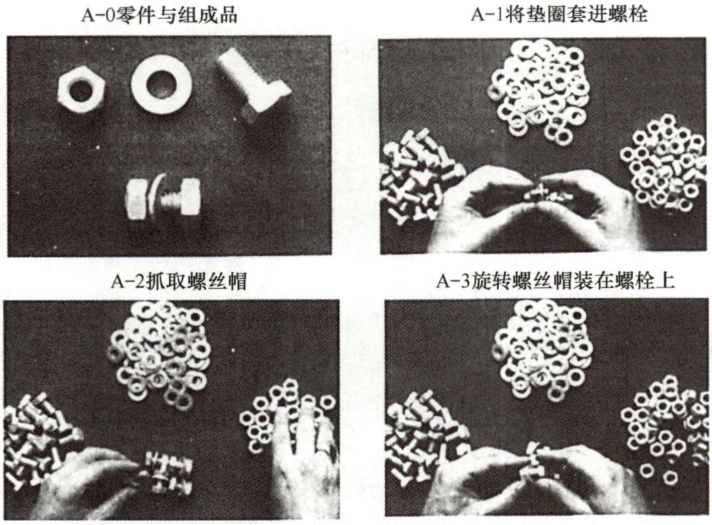

图 3-5 案例分析

通过五五法的学习，我们可以结合“任务思考”中的组装螺栓、垫片、螺母的案例来吸收知识要点。

（1）这个案例中，要完成的产品是什么？是螺栓、垫片加上螺母组合在一起的产品。这个产品不能是只有螺栓和螺母，也不能只有螺栓和垫片，换言之，就是这三种零件都要有，同时保证垫片在螺栓和螺母之间（这是一个常犯错误的点）。

（2）这个案例中，要在哪里安装产品？是在人的操作区域安装产品，这就要思考，所有的零部件的取放距离是否被精确测量？零件的布局方式是否可以改变？是否围绕这个操作区域进行布置，才能保证操作过程的省时省力等问题。

（3）这个案例中，谁来进行操作？是哪名操作工，这就需要保证这名操作工具备操作的技能，能够独立完成组装的过程，虽然这个组装过程比较简单，但是要想做到每一个产品都保质保量，还是有一定的挑战的，需要反复大量的训练。

（4）这个案例中，什么时间来操作？这里的操作时间，应该思考如何能够在更短的时间内，组装更多的产品，这就需要进行时间的测定，对操作工的组装作业进行动作分析和时间测定，保证既能够完成既定数量的产品，又要满足时间需求。

（5）要组建团队进行反复五次为什么的提问。这个工位的布局是否合理？这个员工是否具备技能条件？这个作业操作的时间是否可以优化？这个作业是否有优化改善的其他问题等。

（6）如何改善？需要结合 5Why 的分析，以及 ECRS 原则的应用，以及接下来要介绍的其他手法的综合应用，从而形成改善清单并执行改善，固化成果。

（三）工业工程七大手法——流程法

1. 流程法概念

流程法是对生产制造流程进行程序分析的主要方法，工业工程专业的程序分析分为工艺程序分析、流程程序分析、线路分析，而流程法主要指生产流程程序分析，即对制造某一产品（零件）所涉及的所有环节、事物进行观察记录和分析，例如制造的数量、设备的能力、工作方法、材料和工具，以及所需的人力资源和作业时间等。生产流程程序分析的目的是制定出费用最低、效率最高并且能够生产制造出符合质量要求的产品的最佳生产流程。所谓生产流程即完成某项工作的各步骤的顺序，如一批产品从原材料投入到产品入库之间，所有的加工工序，检查、运输、存储和等待都属于工作流程。流程法分析就是从宏观角度对整个工作过程进行研究和分析，寻求最佳的各步骤的内容和顺序，以获得最佳效果。具体来说就是依照工作程序，从第一个工作地点到最后一个工作地点进行全面研究，分析有无多余或重复的作业，程序是否合理，搬运是否太多，延迟与等待是否太长等，通过分析得到工作程序的方法的改善，达到提高效率的目的。

2. 流程程序图

流程法分析要用到流程程序图，其中要用到必要的符号，符号是统一的记录格式，能够把实际作业的过程进行图示化显示，便于分析和改进。流程分析的符号是美国机械工程师学会将吉尔布雷斯夫妇设计出的 40 种符号加以综合制定，总结出六类符号，见表 3-3。

制作流程程序图，要有以下三个部分。第一部分是表头，用来记录研究对象的基本情况及研究分析人员的情况，例如名称、图号、分析开始和结束的时间、批量分析方法、生产单位以及研究人员和审阅人员姓名等。第二部分是表格中间部分，由四个栏目组成。第一栏是简要说明各作业活动的内容。第二栏是表示研究对象搬运的距离，单位为米。第三栏是表示各作业活动的时间消耗，单位为分钟。第四栏印有操作、检验、搬运、存储、延迟五种符号，以表示各作业活动的类型。第三部分是表尾部分，对研究对象所经历的五种作业活动的次数、时间、距离进行统计和汇总。

表 3-3 流程程序图符号

序号	要素工程	分类	记号	意义
1	加工	加工	○	表示使原材料、零件、制品的形状或性质发生变化，以符合某种加工目的的过程
2	搬运	搬运	⇨	表示使原材料、零件、制品位置发生变化的过程
3	停滞	储藏	▽	表示按计划储藏原材料、零件、制品
4		滞留	D	表示原材料、零件、制品处于非预期的滞留状态
5	检查	数量检查	□	测量原材料、零件、制品的数量，与基准进行比较
6		品质检查	◇	测试原材料、零件、制品的品质特性，把结果和基准进行比较，以做出合格与否或优良与否的判断

流程程序图的绘制，要完成以下方面。

第一，将研究对象的基本情况填入流程程序图的表头各项。

第二，根据现场生产实际情况，按各作业顺序，从上到下记录在表身各栏目中，距离和时间按实测结果填入。作业类型按图表中所列符号分别填入相应的格子里。绘制时应注意以下几点：

（1）图表上记录的数据必须根据直接观测和实测取得，不能凭记忆记录；

（2）必须保证图面清洁，字迹工整；

（3）记录的内容要进行复查和校对，以保证其正确性和客观性。

第三，根据表身所记录的内容进行汇总统计填入表尾部分，如图 3-6 所示。

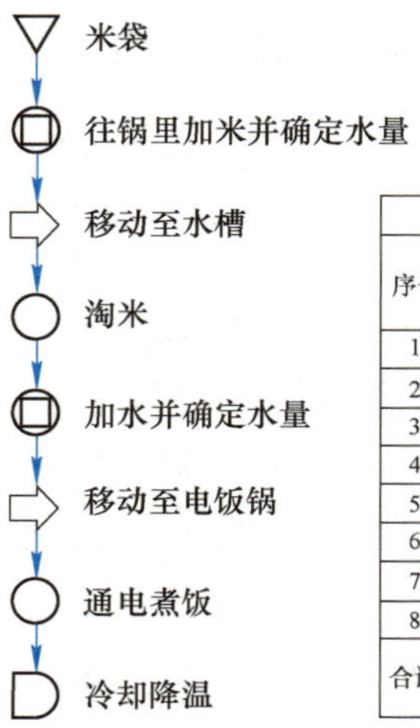

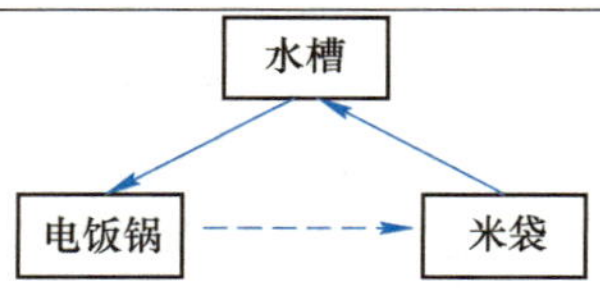

作业名称		制表日期											
序号	工序内容	使用设备	备注	移动距离/m	作业时间/min	作业人数/人	工序类别 ○	⇨	□	▽	D	⊡	◇
1	米袋									●			
2	往锅里加米并确定水量	杯子	目视	0	0.5	1						●	
3	移动至水槽			2	0.1	1		●					
4	淘米			0	2	1	●						
5	加水并确定水量		目视	0	0.5	1						●	
6	移动至电饭锅			2	0.1	1		●					
7	通电煮饭	电饭锅		0	10	0	●						
8	冷却降温			0	5	0					●		
合计	8个工序	小计		4	18.2	5	2	2	0	1	1	2	
		各类工序总时间/min					12	0.2	0		5	1	

图 3-6 淘米做饭流程图

3. 流程程序分析

掌握以上流程程序图的绘制后，就要应用分析技术对记录的全部事实进行分析。分析技术主要由提问技术、ECRS 分析技术（前文所述）以及对操作、搬运、检验、存储、等待五个方面分析组成。

对操作、搬运、检验、存储、等待五个方面分析给出了流程程序分析的具体关注点，是工作改善的主要方向。

（1）操作分析。产品设计的分析。这是操作分析首先应考虑的问题，工作研究人员虽然不是产品的设计者，但应该明确产品的设计不是不能更改的。通常设计人员在设计时，在产品的技术性能、精度、外形上考虑较多，但常常忽视产品的工艺性。例如，在不影响产品性能和外观的情况下，形状结构过分复杂，精度和光洁度要求过高，选用加工性不好的材料等，这样使加工复杂、工时消耗及加工成本提高。在分析产品设计时，可以从以下几个方面进行考虑：

1）形状结构是否合理或必要，在保证产品性能和美观的情况下，形状结构应尽量简单；

2）零件的精度和光洁度要求是否合理，在保证产品性能的情况下，精度和光洁度不应要求太高；

3）零件材料选择是否适合，在保证产品性能的情况下，所选材料应保证价格便宜和加工性好；

4）各组成零件的设计基准是否一致，设计基准不一致会使加工复杂化；

5）是否可采用标准件通用件代替非标准件，这样可以减少零件的加工量。

工艺问题。由于同行业各厂的生产条件，设备等不同，常常采用不同的工艺方法，对任何一个产品来说，制造工艺都不是一成不变的，经常去研究分析，就能得到改进。工艺分析可以从以下几个方面考虑：

1）所选择的加工方法和设备是否先进合理。先进合理的加工方法和设备，不仅能保证产品质量，而且可大大提高生产效率。

2）工艺线路是否最佳化。不合理的工艺线路，使生产效率降低，成本提高。

3）毛坯制造方法是否合理。先进合理的毛坯制造方法，不仅可以减少原材料消耗，减少加工余量，还可以使加工简单，提高功效，降低成本。

4）工装夹具的选用是否合适。工装夹具不好，不仅使功效降低，同时还增加了工人的劳动强度。

5）切削用量或工艺参数选择是否合理。在设备和工装性能允许的条件下，应选择最大的切削用量，以提高工效。

6）是否用机械化、自动化来替代人工操作。操作的机械化、自动化不仅能减轻工人的劳动量，提高工效，还可保障加工产品质量的一致性。

7）流水生产中各种工序的加工时间能否满足生产节拍的要求，非流水生产能否保障产品交货期的要求。

操作目的的分析。研究操作本身的目的是非常重要的，分析的基本原则是设法取消或合并它。根据不完全统计，约有25%的操作是可以消除的。操作目的的分析可以从以下几个方面来考虑：

1）本项操作能否达到预期目标；

2）若能改进相邻的操作，本项操作是否可以取消或者是简化；

3）本项操作能否由供应单位来做，是否经济；

4）能否用简单的设备工具改进、取消或简化本项操作。

工作环境的分析。工作环境包括工作地布置是否整洁清洁，安全和工作场所的照明、温度、湿度、噪声、空气清新度、色彩是否适宜。舒适的工作环境，使操作者心情舒畅，工作效率提高。

（2）搬运分析。搬运是生产过程中不可缺少的作业活动。搬运一般不能使产品增值，但要消耗生产成本，因此希望生产过程中搬运次数、距离、重量越少越好，以减少生产成本。搬运的种类，包括车间之间的搬运，指加工对象在工厂内各生产车间和仓库之间的搬运；工序之间的搬运，指工件从上一工序向下一工序转送，如果工件在同一工区内移动则不属于此类。搬运所经过的路程长度距离越长，搬运所消耗的时间和成本越大；搬运次数与重量有时成反比例关系，即次数增加，重量可减少，反之亦然。人工搬运体力消耗最大，而效率最低，自动化搬运体力消耗小，效率高。减少搬运消耗的途径有以下两种，一是尽量减少搬运距离，选择采用单向直线路径，尽量避免往复迂回路线，尽量减少搬运。二是用省力、高效、简单的搬运工具和方法，尽量减少手工搬运，长距离的搬运必须用机动车代替人工搬运，短距离搬运也可用手推车搬运。在有些情况下，为了减少消耗，提高搬运效率，需改变工厂的布局和车间内设置的布局。

（3）检验分析。检验是生产过程中必不可少的作业活动，检验不仅为了保证产品质量的需求，而且还可防止报废品继续加工而浪费加工时间和费用。检验的种类，包括工序检验，即对一些关键工序和精度要求高的工序进行检验，以保证工序加工质量。中间检验，当零件的一个加工阶段结束后，要流入下一阶段加工时所设置的检验，为防止不合格品流入下一阶段继续加工而造成浪费。最终检验，零件加工全部结束时所设置的检验工序，为保障零件的最终质量，这是保障零件质量的最后一关，也是非常关键的环节。

检验分析，首先分析检验工序设置的必要性。检验工作是需要人力和时间的，检验工序越多，则需要的检验人员就越多，时间消耗也越多，这不仅使生产周期延长，而且生产成本也会提高。因此在保证质量的前提下，检验工序越少越好。对于可检可不检的环节，就不要设置检验工序，能由工人自检的就不必设置专职检验。其次分析检验工序类项目，检验工序所检查的项目越少越好。因检查项目多，造成的工作量大，会引起员工抱怨，检验本身也是一种操作，其方法是否先进合理，对检验效率和质量都有较大影响。

（4）存储分析。生产过程中存储主要是起到调节生产节奏的作用。每个产品都是由若干个零件组成的，而每个零件的生产周期也可能不相同。为了保证生产的均衡性，必须要设置一些缓冲调节环节，这些环节就是存储，存储的类型包括原材料存储、半成品存储和成品存储。原材料存储指的是加工前原材料毛坯的存储，半成品存储指的是加工过程中的半成品、零件外构件的存储。成品存储指的是加工结束后的产品的存储，对于存储的分析，无论是原材料、半成品或成品，存储时间长，数量多，均会造成资金的积压、存储费用的提高，会影响企业的经济效益，但存储过少，又会出现生产过程中的供应问题，例如，停工待料造成的时间浪费。所以，合理的存储是生产经营者必须考虑的问题。

（5）等待分析。等待的发生是时间的浪费，生产过程中不希望有等待现象，但是对于生产管理的不善，有时会出现延时等待的现象。

综合应用以上的 ECRS 原则和流程分析方法，我们可以发现流程法就是通过工具方法在生产制造的作业流程中发现问题、分析问题和解决问题。

（四）工业工程七大手法——人机法

1. 人机法概念

人机法是人机配合法的简称。通过对以人为主的工序的详细研究，使操作者、操作对象、操作工具三者科学地结合、合理地布置和安排，以减轻劳动强度，减少作业的工时消耗，以提高效率。

人机法的应用载体是人机程序图，即记录和表示人与机器在一个工作周期内，在时间上的协调与配合关系的图标。它可以把机器工作周期与工人工作周期在时间上的相互配合关系清楚地表示在图上。然后可以根据现场记录的资料重新安排或者调整，使空闲或无效时间减少，从而提高生产效率。人机程序图的作用，主要是分析任何机器之间的作业关系，通过记录和分析人的各项作业时间和机器的运行时间，从而可以看出人和机器的工作在时间上是否协调，人和机器是否有不必要的闲置时间，这些闲置时间是否可以加以利用，如图 3-7 所示。在现代企业中，引入大量的自动化设备，设备生产运转的效率越来越高。但是在人员与机器互动操作过程中，还存在大量的人等设备、设备等人的等待问题。为了提高生产效率，我们要关注这些等待的浪费，通过分析和改善来消除这些浪费。

<table>
<tr><th colspan="2">作业者</th><th colspan="4">机械</th></tr>
<tr><th>作业者甲</th><th>时间/min</th><th>机械A</th><th>时间/min</th><th>机械B</th><th>时间/min</th></tr>
<tr><td rowspan="2">A更换工程阶段</td><td rowspan="2">3</td><td rowspan="2">更换工程阶段</td><td rowspan="2">3</td><td>加工</td><td>2.4</td></tr>
<tr><td rowspan="2">闲置</td><td rowspan="2">0.7</td></tr>
<tr><td>A到B移动</td><td>0.1</td><td rowspan="2">加工</td><td rowspan="2">2</td></tr>
<tr><td rowspan="2">B更换工程阶段</td><td rowspan="2">5</td><td rowspan="2">更换工程阶段</td><td rowspan="2">5</td></tr>
<tr><td rowspan="2">等待</td><td rowspan="2">3.2</td></tr>
<tr><td>B到A阶段</td><td>0.1</td><td>加工</td><td>0.1</td></tr>
</table>

图 3-7　人机分析图示例

2. 人机法应用

人机程序图的应用，也要遵循一定的步骤。让我们以具体事例的展开来了解其基本步骤。

事例背景：某公司油箱车间一台立式车床上，车削零件号为 XKC0000-ABS 的法兰内孔，为了研究其人机利用率，进行人机作业分析具体操作步骤如下。

（1）实施准备。首先调查生产状况、设备状况、工装夹具的基本布局情况。如果能绘制一份物料布局图的话，对分析会更有帮助。此外，对作业者的技能熟练度、各设备的特征、性能等，也应进行调查了解。

（2）作业数据收集。对作业者和机器进行工作步骤的调查和工作时间的测定，可以得到数据，见表 3-4。

表 3-4 作业数据收集表

作业者	时间	设备	时间
装夹工件	1 min 3 s	空闲	1 min 3 s
空闲	2 min 10 s	车削	2 min 10 s
卸车刀并外出更换或磨削	27 min 44 s	空闲	28 min 6 s
装刀	22 s	继续车削	8 min
空闲	8 min	空闲	1 min 35 s
停机	54 s		
开夹具下工件	41 s		

（3）数据分析。通过对统计表格的分析，能够很容易发现问题点，机器利用率比较低，同时人的有效劳动时间也低，数据见表 3-5。

表 3-5 统计分析表

分析模组	流程时间	工作时间	空闲时间	利用率
人	40 min 54 s	30 min 54 s	10 min 10 s	75. 10%
机	40 min 54 s	10 min 10 s	30 min 44 s	24. 90%

（4）问题呈现。针对这样的问题，通过对人员动作分析可发现：人机位置布置不合理，工具柜、砂轮距离车床太远，工人需来回走动；车身、量具等摆动位置不合理杂乱无章、需大量搜寻时间，影响了工作效率，待加工件和已加工件应用标准容器盛装。

（5）方案拟定。针对以上分析，可以得到如下改善方案：操作者两侧放置两个托盘用于装待加工件和已加工件；钢尺等测量工具应置于工作台上或放于已加工好的法兰盘上；避免工人来回取工具柜上的量具；在加工过程中，工人可利用时间测量已加工件，清洁工件以及打毛刺，如图 3-8 所示。

人		时间	机		时间
装夹工件	1′03″		空闲	1′03″	
用钢锉磨边(上一个)	30″		车削	2′10″	
作标记	30″				
清洁车削时产生的铁屑	1′10″				
更换车刀	44″		空闲	44″	
清洁工作台	7′30″		车削	8′	
空闲	30″				
开夹具下工件	41″		空闲	41″	

图 3-8　改善后

（6）改进后的人机作业图，如图 3-9 所示。

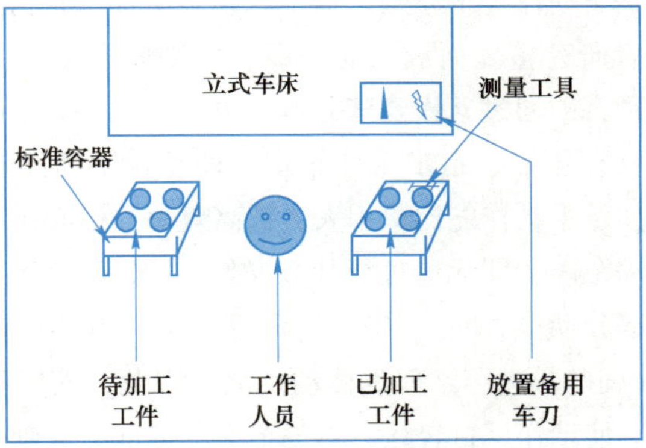

图 3-9　改进后的人机作业图

（7）改善效果。改善后，过程中减少了不必要的来回走动时间；减少了来回旋转工具以及搜寻等待时间；提高了人机利用率，工人利用率提高了 20.1%，机器利用率提高了 55.6%，改善后的时间分析见表 3-6。

表 3-6　改善后的时间分析

分析模组	流程时间	工作时间	空闲时间	利用率
人	12 min 38 s	12 min 8 s	30 s	96%
机	12 min 38 s	10 min 10 s	2 min 28 s	80.50%

（五）工业工程七大手法——动改法

1. 动改法概念

动改法，顾名思义，是动作改善的方法，源于吉尔布雷斯的动素分析，是动素分析方法在工业生产制造过程中的具体应用。动改法的意义是利用动作经济原则，对操作动作进行细化分析，找到等待、移动、搬运等动作的浪费，通过 5W1H、5Why、ECRS 等改善手法，将浪费消除的方法。

2. 动改法作用

要理解动改法的作用，首先要理解动作改善对于企业生产制造管理的重要性。生产活动实际上是由人和机械设备对材料或零部件进行加工或检验组成的，而所有的检验或加工又都是由一系列的动作所组成，这些动作的快慢、难易、是否有效，直接影响了生产效率的高低。作业效率的提高一般由作业者的动作熟练程度而定，随着动作的逐渐熟练，作业者对作业动作习以为常，完全在无意识中进行操作。实际上，这样的做法潜藏着极大的效率损失。这些损失包括等待、无效动作、顺序不合理、不均衡等。这些动作对产品的性能和结构没有任何改变，没有创造附加价值，因而属于浪费现象。吉尔布雷斯曾说过："世界上最大的浪费，莫过于动作的浪费。"

3. 动改法应用

动改法的应用，要基于动作经济原则。这个原则是由吉尔布雷斯开始提倡的，其后经许多工业工程的专家学者研究整理而成。动作经济原则要遵循以下四大原理作为基本思路。第一，减少动作数量，即通过动作要素分析，减少乃至去除不必要的动作是动作改善最重要且最有效果的方法。第二，追求动作平衡，即动作平衡能使作业人员的疲劳度降低，动作速度提高。比如双手动作能比单手大大提高效率，但必须注意双手动作的协调程度。第三，缩短动作移动距离，即无论进行什么操作，"空手" 和 "搬运" 总是必不可少的，而且会占用相当一部分动作时间。"空手" 和 "搬运" 其实就是 "空手移动" 和 "负荷移动"，而影响移动时间的最大因素就是移动距离。因此，缩短移动距离也就成为动作改善的基本手段。第四，使动作保持轻松自然的节奏，即前面三项原则是通过减少、结合动作进行的改善，而进一步的改善就是使动作变得轻松、简单。也就是使移动路线顺畅，使用易把握的工具、改善操作环境以便能以更舒适的姿势进行工作。基于以上原理，可以通过总结，得到 15 项细化原则。

（1）人体动作方面的细化原则。

1）双手并用的原则：能熟练应用双手同时进行作业，可以大大提高作业速度。

2）对称反向的原则：从身体动作的容易度而言，同一动作的轨迹周期性反复是最自然的，双手或双臂运动的动作如能保持反向对称，双手的运动就会取得平衡，动作也会变得更有节奏。

3）排除合并的原则：不必要的动作会浪费操作时间，使动作效率下降，应加以排除。而即使必要的动作，通过改变动作的顺序、重整操作环境等也可减少。

4）降低动作等级的原则：人身体的动作可按其难易度划分等级，具体见表 3-7。动作等级越低，动作越简单易行。反之，动作等级越高，耗费的能量越大，时间越多，人也越容易感到疲劳。

表 3-7 动作等级划分表

级别	一	二	三	四	五
运动枢轴	指节	手腕	肘	肩	身躯
人体运动部分	手指	+手掌	+前臂	+上臂	+肩
动作力范围	手指节长度	手掌张度	前臂长度	上臂长度	上臂+身躯弯曲
体力消耗	最少	少	中	多	最多
动作力量	最弱	弱	中	强	最强
疲劳度	最小	小	中	大	最大
时间（以 25 mm 为主）	0.0016 min	0.0017 min	0.0018 min	0.0026 min	

5）减少动作限制的原则：在工作现场应尽量创造条件使作业者的动作没有限制，这样在作业时，心理才会处于较为放松的状态。

6）避免动作突变的原则：动作的过程中，如果有突然改变方向或急剧停止必然使动作节奏发生停顿，动作效率随之降低。因此，安排动作时应使动作路线尽量保持为直线或圆滑曲线。

7）保持轻松节奏的原则：动作要保持轻松的节奏，让作业者在不太需要判断的环境下进行作业。动辄必须停下来进行判断的作业，实际上更容易令人疲乏。顺着动作的次序，把材料和工具摆放在合适的位置，是保持动作节奏的关键。

8）利用惯性的原则：动作经济原则追求的就是以最少的动作投入，获取最大的动作效果，如果能利用惯性、重力、弹力等进行动作，自然会减少动作投入，提高动作效率了。

9）手脚并用的原则：脚的特点是力量大，手的特点是灵巧。在作业中如果能够结合使用，一些较为简单或者费力的动作可以交给脚来完成，对提高作业效率也大有裨益。

（2）工具设备方面的细化原则。

1）利用工具的原则：工具可以帮助作业者完成人手无法完成的动作，或者使动作难度大为下降。因此，从经济的角度考虑，当然要在作业中尽量考虑工具的使用。

2）工具万能化的原则：工具的作用虽然巨大，但是如果工具的功能过于单一，进行复杂作业时就需要用到很多工具，不免增加工具寻找、取放的动作。因此，组合经常使用的工具，使工具万能化也就成为必要了。

3）易于操纵的原则：工具最终要依赖人才能发挥作用，在设计上应注意工具与人的结合的方便程度，工具的把手或操纵部位应做成易于把握或控制的形状。

（3）环境布置方面的细化原则。

工作所需的一应材料、工具、设备等应根据使用的频度、加工的次序，合理进行定位，尽量放在触手可及的地方。

1）安全可靠的原则：作业者的心理安定程度对作业效率也会有直接影响，如果作业者在作业过程中总担心会受到伤害，心理的疲惫会导致生理的疲惫提前。因此，应确保作业现场的一应设施、材料、布置、作业方法不会存在安全隐患。

2）照明通风的原则：作业场所的灯光应保持适当的亮度和光照角度，这样，作业者的眼睛不容易感到疲倦，作业的准确度也能有所保证。此外，良好的通风、适当的温湿度也是环境布置上应重点考虑的方面。

3）高度适当的原则：作业场所的工作台面、桌椅的高度应该处于适当的高度，让作业者处于舒适安稳的状态下进行作业。

4. 应用案例分析

通过动改法的学习，我们可以结合“任务思考”中的组装螺栓、垫片、螺母的案例来吸收知识要点。

（1）在动作分析方面：应该尽量减少大臂的动作距离，把料盒尽量靠近操作区域，并且为了减少距离，料盒的布置，要采用半圆弧方式，这样取放零件的距离就尽可能缩短了，如图 3-10 所示。

图 3-10　动改法的动作分析

（2）在工具设备方面：应该尽量减少手持螺栓的作业动作，需要制作简单的螺栓固定装置，这样既可以实现双手作业，又能够稳定螺栓的安装作业。

（3）在移动搬运方面：应该尽量减少手持成品移动的动作，可以通过制作坠落滑槽的方式，减少手部的移动，直接通过重力把产品送到纸箱内。

通过以上综合分析和改善，我们可以得到如图 3-11 所示的最终改善成果。通过对动作的分析、工作场地重新布局以及工装夹具和机械的灵活使用，可以把操作过程中的等待、长距离移动、手持产品等不产生价值的动作消除，从而达到效率提升的目的。

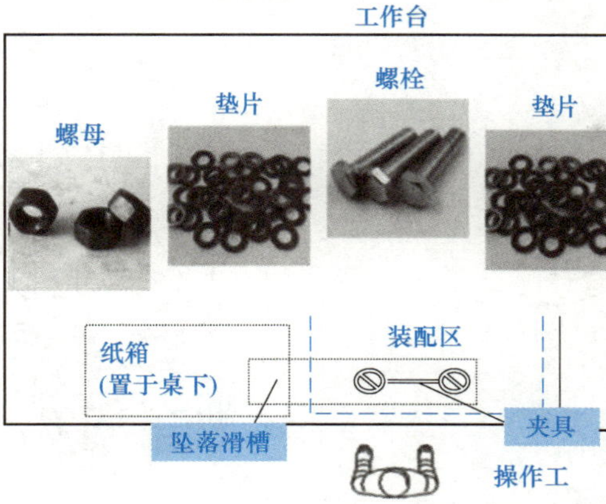

图 3-11　动改法的移动搬运分析

（六）工业工程七大手法——双手法

1. 双手法概念

双手法是工业工程七大手法中比较简单的一个方法。在生产现场的具体工作，主要由工人的双手完成，研究、分析如何用双手进行实际操作的情况，称为双手操作分析。由于该方法能够大大提升工人操作效率，所以该方法也被广泛应用到大批量生产制造的企业中。双手法的应用范围，适用于以人为主的工作，即研究的对象为人体的双手或双足。同时这种工作还要固定在某一地点上进行，并且有高度的重复性。使用双手法进行分析和改善，要首先识别这样的前提条件，否则改善的意义不大。

2. 双手法应用

通过双手法的应用，减少动作的浪费，提高作业效率。如图 3-12 所示，该作业是把销子插入到模具的孔中。原有的操作方式是一手拿着销子，一手进行插孔的作业。在工业工程师的业务范围中，这种作业存在着大量的动作浪费和等待浪费，需要对于这种作业进行双手动作分析。经过动作分析，能够清晰地发现，左手拿着销子的过程，左手一直处于等待的状态，而没有产生动作价值，也就是没有对把销子插入孔里起到直接的作用。所以，改善的方向就是把双手的动作应用到最大限度，这样才能消除掉等待的浪费，从而提高效率，如图 3-13 所示。

这样的改善能够大大提高作业的效率，原来 30 个销子插完需要 30 s，现在双手法作业后，30 个销子插完需要 23 s，节省了 7 s 的时间。这个时间虽然短，但是在大批量生产过程中，却能够生产制造出更多的产品。例如，汽车生产线的节拍时间是 60 s，也就是每隔 60 s，就有一台汽车下线（连续生产情况下），如果每个工位都能缩短 7 s，就会直接提高生产线整体的产能，生产出更多的车辆。在流程型以及大型制造企业中，固有的管理思维方式导致管理粗放，不精细。管理者片面地认为只有大型的技术改造项目才能实现效率的提升，没有意识到，恰恰是每一个小的工作的效率提升，才是真真正正的整体效率提升。

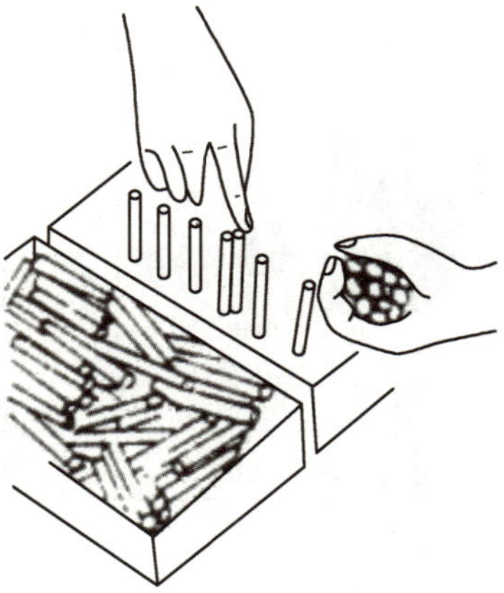

图 3-12 改善前

图 3-13 改善后

双手法与其说是一种方法，更不如说是一种思考方式。把通过对于人的双手的作业分析，识别浪费，再通过改善来提升效率这样简单的改善思维，应用到日常管理过程中的每一个细节中。

案例分析

双手法的应用技巧——将玻璃管切成定长的作业

原方法是将玻璃管压到夹具末端的停档上，用锉刀做标记，然后松回一些，开切口。接着从夹具中取出，双手把它折断。这一方法的双手作业图如图 3-14 所示。

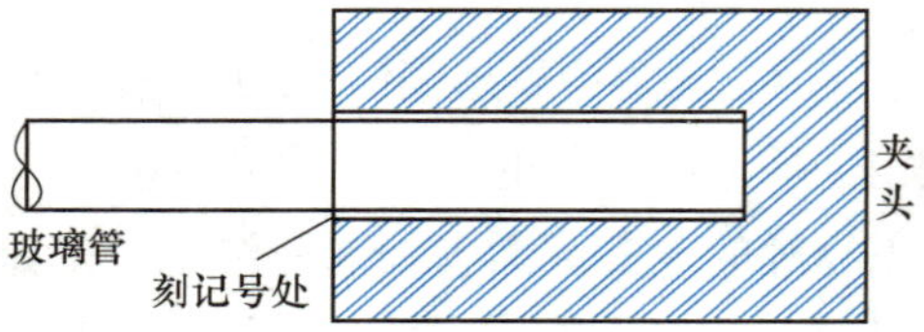

图 3-14 双手法的应用技巧

某一个工厂做了一项实验作业，将一根 1 m 长的玻璃管（直径 3 mm）切成 1.5 cm 的小玻璃段，如图 3-14 所示。该操作的具体步骤是，首先将玻璃管压到夹具末端的停止处，用锉刀做标记，然后松开一些，再进行切口作业，然后把玻璃管从夹具中取出，双手把它折断。工业工程师分别对这个作业的左右手动作进行了分析。发现该名操作工在作业过程中，存在左右手负荷不均匀、左右手都存在等待的现象，如图 3-15 所示。该名员工左手反复插拔玻璃管，右手反复取放锉刀和切割刀具，而且左手的旋转玻璃管也是一个复杂的操作，最后的双手折断玻璃管的作业也存在动作的浪费。通过双手作业分析图，我们可以看到，左右手对于这个玻璃管的切割，最主要的动作是插入玻璃管、旋转、切割、把切下的管子放到存储箱中。通过双手作业分析，我们对工装夹具进行了改善，如图 3-16 所示，同时又做了如图 3-17 所示的改善作业分析。改善后的作业分析中，可以清晰地看到双手动作的简化，从每个周期 28 个动作（左右手各 14 个）减少到 6 个动作，不但减少了动作，也降低了劳动负荷，所做的最主要的改善就是对工装夹具的改善。

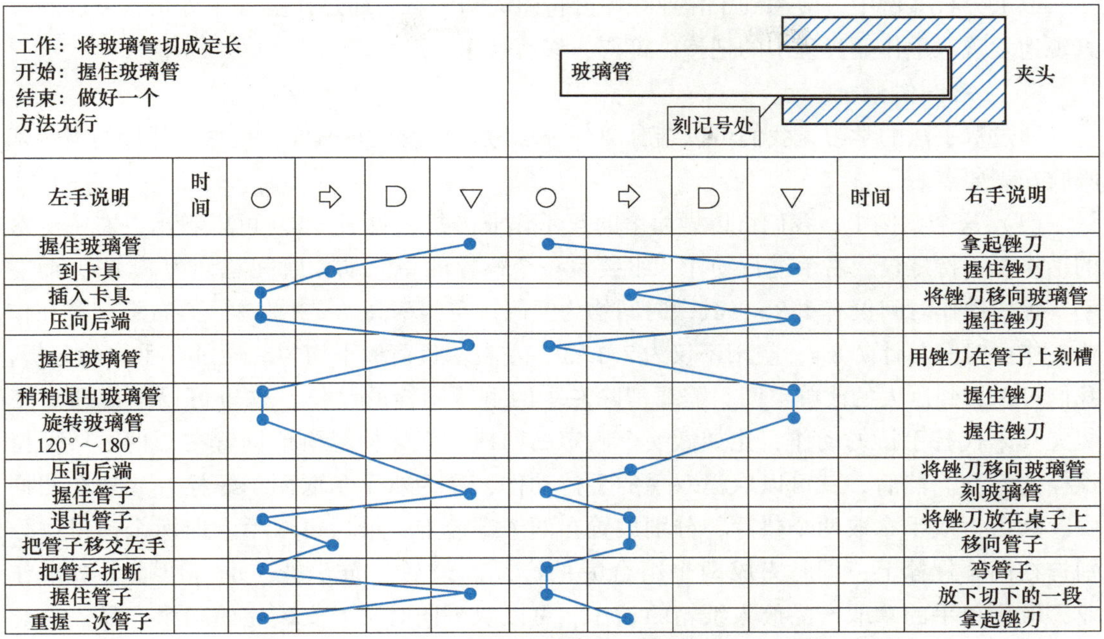

图 3-15　将玻璃管切成定长的作业的人机分析

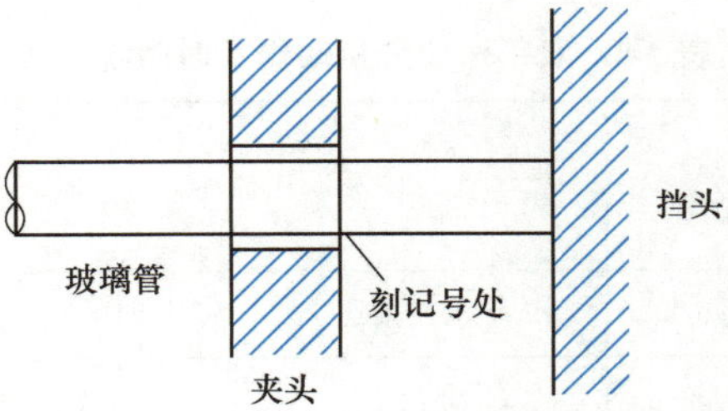

图 3-16　工装夹具改善示意图

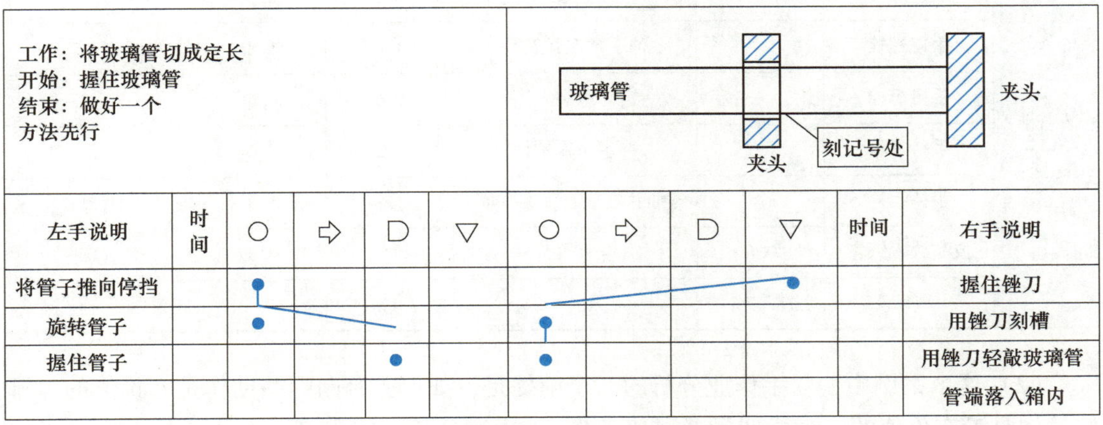

图 3-17　改善后人机分析图

以上分析案例中，应用到了作业程序分析图的知识点。通过作业程序分析，可以更加直观地发现双手作业过程中的把持、等待、移动等作业浪费。

3. 应用案例分析

通过双手法的学习，我们可以结合“任务思考”中的组装螺栓、垫片、螺母的案例来吸收知识要点。

（1）这个案例中，我们可以做简单的双手作业分析，见表3-8。可以看出，左手更多的动作在手持螺栓，右手进行动作，组装完一个螺栓的单元动作时间总计为8.4 s，而左手实际的动作时间仅有1.8 s，其余时间均为空闲，空闲率高达78.57%，而右手一直在作业，作业时间总计7.8 s，空闲率仅为7.17%，左右手负荷极不均匀。通过双手法的分析，我们可以看到巨大的改善空间，需要消除左手的手持螺栓的动作，这里可以考虑通过工装夹具来代替手持的动作，比如做一个固定的凹槽，把螺栓轻松地倒置在凹槽中，保持螺栓的直立。然后，就可以取消双手的手持动作，变为双手拿取两个螺栓，放置在凹槽中，然后再双手拿取两个垫片，分别放置在两个螺栓上，最后再双手拿取两个螺母，分别拧在两个螺栓上，同时完成两个组合完的产品。最后一个步骤，也可以通过双手作业，取代单手的拿取产品放入纸箱的动作。可以双手同时拿取安装完的两个产品，一起放置到纸箱内。通过这样的双手作业，可以消除大量的手持等待时间，从而大大提高作业效率。

表3-8 双手作业分析动作及时间统计表

作业描述	左手动作描述		右手动作描述		时间（总计）/s	单元动作时间/s
	动作描述	时间/s	动作描述	时间/s		
	时间小计	1.8		7.8		8.4
改善前	伸手拿取螺栓	1.2	伸手拿取垫片	1.8	1.8	1.8
	手持螺栓		组装	0.6	0.6	
	手持螺栓		伸手拿取弹簧片	1.8	1.8	1.8
	手持螺栓		组装	0.6	0.6	
	手持螺栓		伸手拿取螺帽	1.2	1.2	1.3
	手持螺栓		对准并且旋入（2~3圈）	1.8	1.8	1.8
	成品放入纸箱	0.6	空手等待		0.6	0.6
	空闲率	78.57%		7.17%		

（2）这个案例中，双手作业分析的一个前提是，如何去判断哪些动作是有价值的，哪些动作是没有价值的（通常叫做非增值动作）。通过分析可以发现，在作业过程中，手持工作是非增值的，拿取的动作是非增值的，移动的动作是非增值的。同时，如果深入思

考，对准螺栓的动作也是非增值的。对于这些非增值的动作，要反复地应用前面讲的5Why和ECRS的方法进行分析，寻找问题点，并制定相应的改善措施，通过制作简易的工装夹具来实现消除非增值浪费动作，提升整体作业效率的作用。

（3）需要注意的另一点是，每一个改善都不是独立的，都是相互关联的。双手法是作业流程分析的一部分。为了实现双手作业的优化，我们要把工作台的物料布局进行对称布置，将螺柱作为主要零件放置在工作台的中间位置，然后把垫片和螺母分别摆放在螺柱的两侧，并且分为两个料盒存储。这样双手作业时就能够轻松实现拿取动作。综上所述，作业流程优化包含了动改法、物料布局、人机联合作业、作业流程分析等多种方法的应用。片面地强调双手法的作用，本身意义不大。

（七）工业工程七大手法——防呆法

1. 防呆法概念

防呆法，即是防止呆笨的人做错事。也就是，连愚笨的人也不会做错事的设计方法，故又称为愚巧法、Poka-yoke（日文）、Fool-proof（英文）。防呆法强调如何避免做错事情，使工作第一次就做好，不需要产生重复作业的浪费。

2. 防呆法作用

图3-18中显示的工位是螺丝打紧工位，六种不同的螺丝存放在蓝色的小料盒中，员工拣取螺丝时，经常发生螺丝拣取错误的情况，导致反复操作的动作浪费，甚至出现螺丝拧坏的质量问题。工业工程师通过防呆法的应用，制作了简易料架，该料架每个蓝色小料盒上方都有一个指示灯，指示灯的信号来源于生产制造系统（SAP/MES），当半成品到达该工位时，对应螺丝的小料盒上方的指示灯亮起，员工根据亮起的指示灯选取正确的螺丝，避免了由于螺丝拣取错误造成的效率和质量损失。

图3-18 螺丝打紧工位

防呆法在生产制造过程中，有三大作用。

（1）防呆法意味着“第一次即把事情做好”。防呆法采用一系列方法或工具防止失误的发生，其结果即为第一次即将事情做好。

（2）提升产品质量，减少由于检查而导致的浪费。防呆法的直接结果就是产品质量的提高，与靠检查来保证质量相比，防呆法是从预防角度出发所采取的预防措施。而检查不能防止缺陷的产生，检查发现的缺陷只能去纠正。这是一种浪费，防呆法消除了这种浪费。

（3）消除返工及其引起的浪费。防呆法会提升产品质量，消除缺陷，这会导致返工次数的削减，由于返工所致的时间和资源浪费便得以消除。

3. 防呆法基本原则

（1）使作业的动作轻松：难于观察、难拿、难动等作业易疲劳而发生失误。区分颜色使得容易看，或放大标示，或加上把手使得容易拿，或使用搬运器具使动作轻松。

（2）使作业不要技能与直觉：需要高度技能与直觉的作业，容易发生失误。考虑采用辅助工具，进行机械化操作，使新进人员或支持人员也能做不出错的作业。

（3）使作业不会有危险：因不安全或不安定而会给人或产品带来危险时，加以改善使之不会有危险。当马虎行之或勉强行之而发生危险时，设法装设无法马虎或无法勉强的装置。

（4）使作业不依赖感官：依赖像眼睛、耳朵、感触等感官进行作业时，容易发生失误。制作辅助工具或使之机械化，减少用人的感官来判断的作业。

4. 防呆法应用

（1）排除：剔除会造成错误的要因，这是从源头防止失误和缺陷的方法，符合质量的经济性原则，是防呆法的发展方向。

（2）替代：利用更可靠的方法来代替，使过程不过多依赖于作业人员，从而降低由于人为原因造成的失误（占失误的部分）。可以大大降低失误率，缺点在于投入过大，另外由于设备问题导致的失误无法防止。

（3）容易/简化：使作业变得更容易、更合适、更独特，或更有共同性以降低失败。流程越简单，出现操作失误的概率越低，但简化并不能完全防止人为缺陷的产生。

（4）异常检出：虽然已经有不良或错误现象，但在下一制程中，能将之检出，以减少或剔除其危害性。

（5）缓和影响：作业失败的影响在其波及的过程中，用防呆方法使其缓和或吸收。防呆法应用见表 3-9。

表 3-9 防呆法应用

基本思路	目标	方法	评价
排除	消除可能的错误	通过产品及制造过程的重新设计，加入防错方法	最好
替代	用更可靠的过程代替目前的过程以降低失误	运用机器人技术或自动化生产技术	较好
容易/简化	使作业更容易完成	合并生产步骤，实施工业工程改善	较好
异常检出	在缺陷流入下一工序前对其进行检测并剔除	使用计算机软件，在操作失误时予以警告	较好
缓和影响	将错误影响降至最低	采用保险丝进行过载保护等	好

5. 防呆法应用原理

防呆法的应用要掌握十大原理，分别是断根原理、保险原理、自动原理、相符原理、顺序原理、隔离原理、复制原理、层别原理、警告原理、缓和原理。

（1）断根原理。将会造成错误的原因从根本上排除掉，使绝不发生错误。即用“排除”的方法来达成。

（2）保险原理。用两个以上的动作必须共同或依序执行才能完成工作，“共同”动作必须同时执行来完成。

（3）自动原理。以各种光学、电学、力学、机构学、化学等原理来限制某些动作的执行或不执行，以避免错误发生。目前这些自动开关非常普遍，也是非常简易的“自动化”应用。

（4）相符原理。用检核是否相符合的动作，来防止错误的发生

（5）顺序原理。避免工作顺序或流程前后倒置，可依编号顺序排列，可以减少或避免错误的发生。

（6）隔离原理。分隔不同区域的方式，来达到保护某些地方，使其不能造成危险或错误的现象发生。

（7）复制原理。同一件工作，如需做两次以上，最好采用“复制”方式来达成，省时又不错误。

（8）层别原理。为避免将不同工作做错，而设法加以区别出来。

（9）警告原理。如有不正常的现象发生，能以声光或其他方式显示出各种“警告”的信号，以避免错误的发生。

（10）缓和原理。以各种方法来减少错误发生后所造成的损害，虽然不能完全排除错误的发生，但是可以降低其损害的程度。

课后思考题

（1）请简述改善分析“ECRS”四原则。

（2）请简述动改法的目的。

（3）通过本次课的学习，您个人有哪些感悟和收获，在哪些工作中可以应用本次培训内容？

（4）指差确认应用了防呆法的哪几个原理？

（5）某老师在课堂讲课时，每隔约 3 min 就会用手推一下眼镜，请问这个动作属不属于动作浪费，试用 3 种以上的方法解决此问题，并说明应用哪些手法分析的，应用了哪些原理。

任务四 QC 七大手法

任务四课件

任务目标

知识目标：

（1）了解 QC 七大手法的起源；

（2）掌握 QC 七大手法的不同使用场景。

能力目标：

能够用 QC 七大手法解决工作中实际问题的能力。

素养目标：

（1）培养使用数据描述问题的意识；

（2）培养系统地分析解决问题的思路。

知识准备

一、QC 七大手法概述

（一）QC 七大手法的起源

1962 年，日本 QCC 之父石川馨出版了《质量控制指南》一书。在该书中，石川馨教授系统性地总结和开发了用于质量管理的七种基本质量控制工具，包括检查表、排列图、层别法、直方图、因果图、散布图、控制图，通常称为 QC 七大手法。

后来又出现了新 QC 七大手法，即系统图、关联图、亲和图、矩阵图、矩阵数据解析法、过程决策程序图和箭条图。

老 QC 七大手法偏重统计分析，针对的是问题发生后的识别和改善，新 QC 七大手法则偏重思考分析过程，主要是强调在问题发生前进行预防。

（二）QC 七大手法的作用

生产过程是一个不断变化的动态过程。运用 QC 七大手法，可以从经常变化的生产过程中，系统地收集与产品质量有关的各种数据，并用统计方法对数据进行整理，加工和分析，进而画出各种图表，计算某些数据指标，从中找出质量变化的规律，实现对质量的控制。石川馨曾说过，企业内 95% 的质量管理问题，可以通过企业上上下下全体人员活用 QC 七大手法而得到解决。全面质量管理的推行，也离不开企业各级、各部门人员对这些工具的掌握与灵活应用。

二、QC 七大手法详解

（一）检查表

1. 检查表概念

检查表也称调查表、统计分析表。

检查表就是系统地收集资料和累积资料，确认事实并对资料进行粗略整理和简单分析的统计图表。检查表通常是将需要检查的内容或项目一一列出，然后定期或不定期地逐项检查，并将问题点记录下来。

2. 检查表分类

检查表通常可以分为不合格品项目检查表、缺陷位置检查表、质量分布检查表、矩阵检查表和用于非数字数据分析用的检查表。

3. 检查表用途

检查表用在对现状的调查，以备今后作分析时使用。

4. 检查表制作步骤

（1）确定搜集资料的具体目的。

（2）确定为达到目的所需搜集的数据资料。

（3）确定对资料的分析方法、所采用的统计工具。

（4）根据不同目的，设计用于记录资料的调查表格式。

（5）用收集和记录的部分资料进行表格试用，目的是检查表格设计的合理性。

（6）如有必要应评审和修改调查表。

5. 注意事项

（1）应能迅速、正确、简易地收集到数据，记录时只要在必要项目上加注记号即可。

（2）记录时要考虑到层别，按人员、机台、原料、时间等分类。

（3）数据来源要清楚，由谁检查、检查时间、检查方法、检查班次、检查机台，均应写清楚，其他测定或检查条件也要正确地记录下来。

（4）尽可能以记号、图形标记，避免使用文字。

（5）检查项目不宜太多，以 4~6 项为宜（针对重要的几项即可），其他可能发生的项目采用“其他”栏。

6. 检查表应用举例

检查表见表 4-1。

表 4-1 检查表

不良项目/周别	1	2	3	合计
1. 划伤	正正一	正一	三	20
2. 尺寸偏差	正一	正	一	12
3. 污点	二	一	一	4
4. 变形	正	二		7

记录人：　　　　　　　　审核：

（二）排列图

1. 排列图概念

排列图又称帕累托图。它是将质量改进项目从最重要到最次要进行排列而采取的一种简单的图示技术。排列图由一个横坐标、两个纵坐标、几个按高低顺序排列的矩形和一条累计百分比折线组成。

排列图建立在帕累托原理的基础上，帕累托是意大利经济学家，他在分析意大利社会财富分布状况时得到“少数关键、多数次要”的结论。在质量改进的项目中应用这一原理，意味着少数的项目往往起着主要的、决定性的影响。通过区分最重要和其他次重要的项目，就可以用最少努力获得最大的改进。

2. 排列表用途

（1）重要性顺序显示出每个质量改进项目对整个质量问题的作用。

（2）识别进行质量改进的机会。

3. 排列图的应用举例

某公司检验中发现有 50 个不良品，不良项目 A、B、C、D 及不良数见表 4-2，请根据这些数据绘制排列图。

表 4-2 不良品检验数据表

分类项目	不良数	影响度/%	累计不良数	累计影响度/%
A	30	60	30	60
B	10	20	40	80
C	5	10	45	90
D	5	10	50	100

4. 排列图的作法

步骤 1：针对所存在的问题收集一定期间的数据，此期间不可过长，以免统计对象波动太大；也不可过短，免得只反映一时情况而不全面。然后将数据按导致不合格的原因进行分类，并统计各原因的不合格品数，见表 4-2 的第 2 列。

步骤 2：将各项不合格品数按从大到小的顺序排列，计算各自的所占影响度比例和累计影响度比例，计算结果见表 4-2 的第 3 和 5 列。

步骤 3：将横坐标按不合格品数从大到小的顺序，依次列出各种不合格的原因。

步骤 4：以左侧纵坐标为不合格品数，右侧纵坐标为累计比率。

步骤 5：在横坐标上的每个不合格原因处，画出与其不合格品数对应的矩形。

步骤 6：由左至右累加每个不合格原因的比率，画出累计频率曲线，如图 4-1 所示。

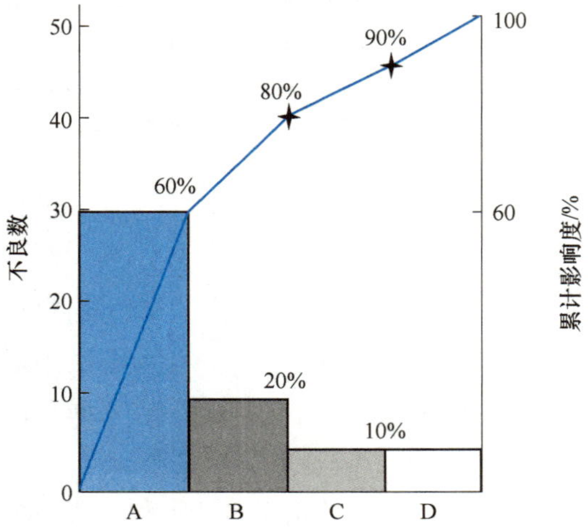

图 4-1 排列图

5. 排列图的观察与分析

（1）观察直方形。排列图中的每个直方形都表示一个质量问题或影响因素。影响程度与各直方形高度成正比。

（2）确定主次因素。利用 ABC 分类法确定主次因素，A 类所含因素为主要因素，B 类所含因素为次要因素，C 类所含因素为一般因素。

6. 作排列图注意事项

（1）主要因素不宜太多，一般不超过三项，以便容易找出主要改进目标。

（2）因素不要分类太细，以免横坐标太长，较小问题可归入“其他”项，列在最后。

（三）层别法

1. 层别法概念

按照影响品质的各个因素分别收集数据、资料，以寻找其中的差异，然后针对差异加以改善的方法。层别法是一种系统概念，是将相当复杂的资料进行分类并归纳统计。层别法是品质管理手法中最基本、最容易的操作手法，强调用科学管理技法取代经验主义，也是其他品质管理手法的基础。

2. 层别的目的

（1）问题分类：使问题层次分明，增加有用信息，明确处理方向。

（2）掌握真相：利用层别消除问题假象，掌握事实真相，明确问题点。

（3）寻找真因：当问题原因混淆不清，可利用层别法找出真因，以便做到剔除非真因的改善。

（4）把握重点：利用层别资料，统计分析，可确实掌握各层次的重要度，达到重点把握的目的。

（5）确认效果：利用层别法来确认效果，可得知各层别因素对总效果的贡献度。

3. 层别要素

（1）人员别：针对人员特征和需要所做的层别，例如性别、年龄、籍贯、年资、学历、经历（经验）、生手、熟手、受训时数、身体状况等。

（2）时间别：利用时间特性所做的层别，例如年份、季节、月份、白天、晚上、上午、下午、改善前、改善后等。

（3）班别：利用排班特性所做的层别，例如日班、中班、大夜班、加班、调班等。

（4）机械别或设备别：利用设备特征所做的层别，例如机台、新设备、旧设备、厂牌、使用次数、使用年限等。

（5）材料别：利用用料特性对产品质量影响，所做的层别，例如材质别、产地别、批次别、存货别等。

（6）区域别：利用区域因素所做的层别，例如本地、国内、国外、开发地区、未开发地区、南方、北方等。

（7）产品别：利用不同产品的特征所做的层别，例如新产品、产品批次别、改善前后的产品等。

(8) 作业条件别：利用作业条件的项目所做的层别，例如温度、湿度、压力、速度、成分、浓度、新方法、旧方法、顺序、人工操作、机器作业、半自动、全自动等。

(9) 环境别：利用环境状况所做的层别，例如防尘、未防尘，晴天、雨天，隔音、未隔音，空调、无空调等。

(10) 其他：位置别、方向别、前后别等。

4. 层别分析法

在管理改善活动过程中，依上述层别的想法，利用科学分析的程序，有系统地分析展开，深入探讨隐藏于问题内部的潜在原因或结果，使它显在化，而利用有效管理的各种技巧称为层别分析法。

5. 层别分析法的种类

依层别目的一般常被使用的分析方法有以下几种。

(1) 结果层别分析法。为了解正确结果，将已知的综合结果给予必要的分层，并且分别统计、解析各层结果，以便切实掌握事实真相的分析方法。

(2) 重点层别分析法。为掌握管理改善重点，将整体数据予以层别统计并且按照影响度排列顺序，分别计算某些因子的贡献度，例如以各种特性绘制各种层别的柏拉图。

(3) 要因层别分析法。为掌握真因，将可能影响问题点的原因，利用特性要因图加以层别，并且收集各层别要因的资料，统计解析以找出真因的层别分析方法。此分析法可先作要因分析，必要时作要因再分析并且配合其他统计方法综合应用。

(4) 关联性层别分析法。将关联性复杂、不易掌握真因真相的问题，利用真因真相层别分析法先找出可能有相关的因子，收集对应数据，绘制简单的散布图以了解可能趋势，必要时再做层别散布图，以明确真因或真相。

6. 层别法的使用方法

(1) 确定层别的目的是要针对某一特定的目的进行层别。

(2) 选择影响品质特性的原因，一般工厂影响品质特性的原因为时间、原料零件、作业人、设备等。

(3) 制作记录卡并收集数据。

(4) 整理数据。

随堂练习

某空调维修部，帮助客户安装后空调经常发生制冷液泄漏。通过现场调查，得知泄漏的原因有两个：一是管子装接时，操作人员不同（有甲、乙、丙三个维修人员按各自不同技术水平操作）；二是管子和接头的生产厂家不同（有 A、B 两家工厂提供配件）。于是收集资料作分层法分析见表 4-3、表 4-4，试说明表 4-3、表 4-4 的分层类别，并分析应如何防止渗漏。

表4-3 泄漏调查表（人员分类）

操作人员	泄漏/次	不泄漏/次	发生率/%
甲	6	13	0.32
乙	3	16	0.25
丙	10	9	0.53
合计	19	31	0.38

表4-4 泄漏调查表（配件厂商分类）

配件厂家	泄漏/次	不泄漏/次	发生率/%
A	9	14	0.39
B	10	17	0.37
合计	19	31	0.38

（四）直方图

1. 直方图概念

直方图是表示数据变化情况的一种主要工具。用直方图可以将杂乱无章的资料，解析出规则性，比较直观地看出产品质量特性的分布状态，对于资料中心值或分布状况一目了然，便于判断其总体质量分布情况。根据直方图可掌握产品质量的波动情况，了解质量特征的分布规律，以便对质量状况进行分析判断。

2. 直方图的目的

通过观察直方图的形状，判断生产过程是否稳定，预测生产过程的质量。具体来说，作直方图的目的有如下几种：

（1）测知制程能力；

（2）测知数据的真伪；

（3）测知分配形态；

（4）计算产品不良率；

（5）调查是否混入两个以上的不同群体；

（6）制定规格界限；

（7）规格与标准值比较；

（8）设计管制界限是否可用于制程管制；

（9）求分配的平均值与标准差。

3. 直方图制作步骤

（1）集中和记录数据，求出其最大值和最小值。数据的数量应在100个以上，在数量不多的情况下，也应在50个以上。

（2）将数据分成若干组，并做好记号。分组的数量在6~20较为适宜。

数据 N	50~100	100~250	250以上
组数 K	6~10	7~12	10~20

（3）计算组距的宽度。用组数去除最大值和最小值之差，求出组距的宽度。

（4）计算各组的界限位。各组的界限位可以从第一组开始依次计算，第一组的下界为最小值减去组距的一半，第一组的上界为其下界值加上组距。第二组的下界限位为第一组的上界限值，第二组的下界限值加上组距，就是第二组的上界限位，以此类推。

（5）统计各组数据出现频数，作频数分布表。

（6）作直方图。以组距为底长，以频数为高，作各组的矩形图。

4. 直方图应用举例

例：某建筑施工工地浇筑C30混凝土，为对其抗压强度进行质量分析，共搜集了50份抗压强度试验报告单。

（1）收集整理数据，见表4-5。

表4-5 数据整理表 （MPa）

序号	抗压强度数据					最大值	最小值
1	39.8	37.7	33.8	31.5	36.1	39.8	31.5
2	37.2	38.0	33.1	39.0	36.0	39.0	33.1
3	35.8	35.2	31.8	37.1	34.0	37.1	31.8
4	39.9	34.3	33.2	40.4	41.2	41.2	33.2
5	39.2	35.4	34.4	38.1	40.3	40.3	34.4
6	42.3	37.5	35.5	39.3	37.3	42.3	35.5
7	35.9	42.4	41.8	36.3	36.2	42.4	35.9
8	46.2	37.6	38.3	39.7	38.0	46.2※	37.6
9	36.4	38.3	43.4	38.2	38.0	42.4	36.4
10	44.4	42.0	37.9	38.4	39.5	44.4	37.9

（2）计算极差 R。

$$x_{max} = 46.2(\text{MPa})$$

$$x_{mim} = 31.5(\text{MPa})$$

$$R = x_{max} - x_{min} = 46.2 - 31.5 = 14.7(\text{MPa})$$

（3）对数据分组。包括确定组数、组距和组限。

1）确定组数 K。本例中取 $K=8$。

2）确定组距 H。极差=组距×组数 即 $R=H \cdot K$。

$$H = \frac{R}{K} = \frac{14.7}{8} = 1.8 \approx 2(\text{MPa})$$

3）确定组限。每组的最大值为上限，最小值为下限，上、下限统称组限。

确定组限时应注意使各组之间连续，即较低组上限应为相邻较高组下限，这样才不会使有的数据被遗漏。对恰恰处于组限值上的数据，其解决的办法有：规定每组上（或下）组限不计在该组内，而应计入相邻较高（或较低）组内，将组限值较原始数据精度提高半个最小测量单位。

本例采取第一种方法划分组限，即每组上限不计入该组内。

首先确定第一组下限：

$$x_{\min} - \frac{H}{2} = 31.5 - \frac{2.0}{2} = 30.5$$

第一组上限：$30.5+H=30.5+2=32.5$

第二组下限=第一组上限=32.5

第二组上限：$32.5+H=32.5+2=34.5$

以下以此类推，最高组限为 44.5~46.5，分组结果覆盖了全部数据。

（4）编制数据频数统计表见表 4-6。

表 4-6　频数统计表

组号	组限/N·mm^{-2}	频数统计	频数	组号	组限/N·mm^{-2}	频数统计	频数
1	30.5~32.5	丅	2	5	38.5~40.5	正𠫓	9
2	32.5~34.5	正一	6	6	40.5~42.5	正	5
3	34.5~36.5	正正	10	7	42.5~44.5	丅	2
4	36.5~38.5	正正正	15	8	44.5~46.5	一	1
合计							50

（5）绘制频数分布直方图。在频数分布直方图中，横坐标表示质量特性值，本例中为混凝土强度，并标出各组的组限值。根据表 4-6 可以画出以组距为底、以频数为高的 k 个直方形，便得到频数分布直方图，如图 4-2 所示。

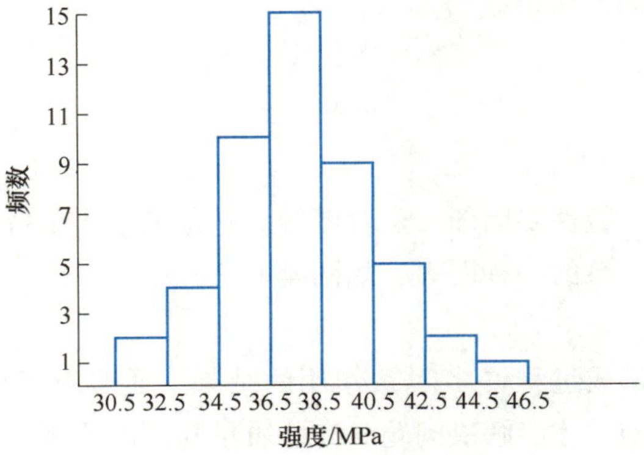

图 4-2　混凝土强度分布直方图

5. 直方图观察分析

观察直方图的形状、判断质量分布状态。作完直方图后，首先要认真观察直方图的整体形状，看其是否属于正常型直方图。正常型直方图应是中间高，两侧低，左右接近对称的图形。

出现非正常型直方图时，表明生产过程或搜集数据作图有问题。这就要求进一步分析判断，找出原因，从而采取措施加以纠正，如图 4-3 所示。

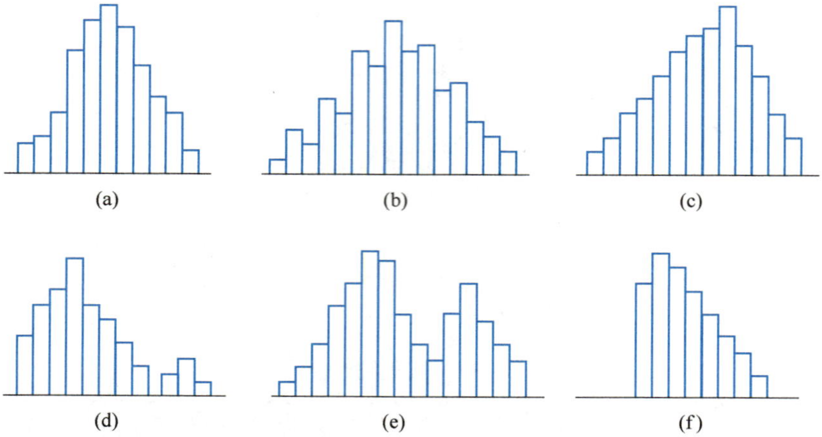

图 4-3 几种常见直方图形状

(a) 正常型；(b) 折齿型；(c) 左缓坡型；(d) 孤岛型；(e) 双峰型；(f) 绝壁型

(1) 折齿型，是由于分组不当或者组距确定不当出现的分布状态。

(2) 左（或右）缓坡型，是由于操作中对上限（或下限）控制太严造成的。

(3) 孤岛型，是原材料发生变化，或者临时他人顶班作业造成的。

(4) 双峰型，是由于用两种不同工艺或两台设备或两组工人进行生产，然后把两方面数据混在一起整理产生的。

(5) 绝壁型，是由于数据收集不正常，可能有意识地丢掉下限以下的数据，或是在检测过程中存在某种人为因素所造成的。

(五) 因果图

1. 因果图概念

因果图又称石川图、特性要因图、鱼骨图等。它是揭示质量特性波动与其潜在原因关系，即表达和分析因果关系的一种图表，如图 4-4 所示。

2. 因果图作用

产品质量是由质量形成过程许多因素作用的结果。质量有了问题，就要进一步找原因，并针对原因采取措施，才能解决问题。有些质量问题的原因明显，一目了然，有些质量问题的原因搞不清，比较复杂，这时可借助因果图来分析原因。因果图可用于：

(1) 分析因果关系；

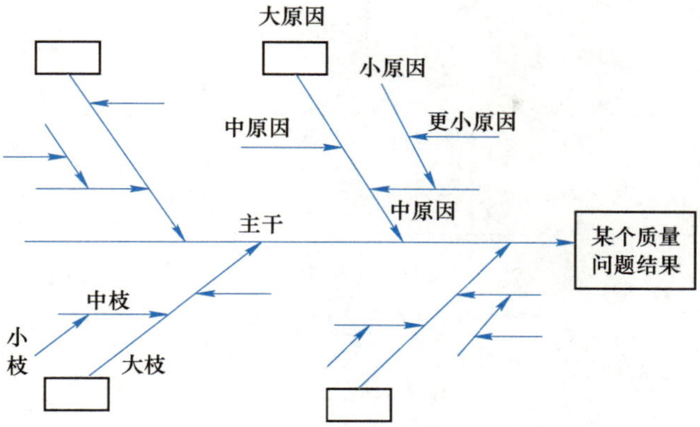

图 4-4　因果图的基本形式

（2）表达因果关系，积累经验；

（3）通过识别症状，分析原因，寻找措施以促进问题的解决。

因果图在质量管理活动中，尤其是在 QC 小组、质量分析和质量改进活动中有着广泛的用途。

3. 因果图的作法

（1）简明扼要地确定结果，即确定需要解决的质量问题。

（2）确定可能发生原因的主要类别，这时要考虑的类别因素主要有人员、机器设备、材料、方法、测量和环境等。

（3）开始画图，把“结果”画右边的矩形框中，然后把各类主要原因放在它的左边，作为“结果”框的输入。

（4）寻找所有下一个层次的原因，画在相应的主（因）枝上，并继续一层层地展开。一张完整的因果图展开的层次至少应有 2 层，许多情况下还可以有 3 层、4 层或更多的层。

（5）从最高层次（即最末一层）的原因（末端因素）中选取和识别少量（一般为 3~5 个）看起来对结果最大影响的原因（一般称重要因素，简称要因），并对它们做进一步的研究，如收集资料、论证、试验、控制等。

4. 因果图应用举例

复印机复印不清楚的因果图，如图 4-5 所示。

5. 制作因果图的注意事项

（1）画因果图时一般开“头脑风暴会”，充分发扬民主，畅所欲言，各抒己见，集思广益，把每个人的意见都一一记录在图上。

（2）确定要分析的主要质量问题（特性），不能笼统，要具体，不宜在一张因果图上分析若干个主要质量问题。换句话说，即一个主要问题只能画一张因果图；多个质量问题则画多张因果图。总之，因果图只能用于单一目的研究分析。

（3）因果关系的层次要分明。最高层次的原因应寻求到可以直接采取具体措施为止。

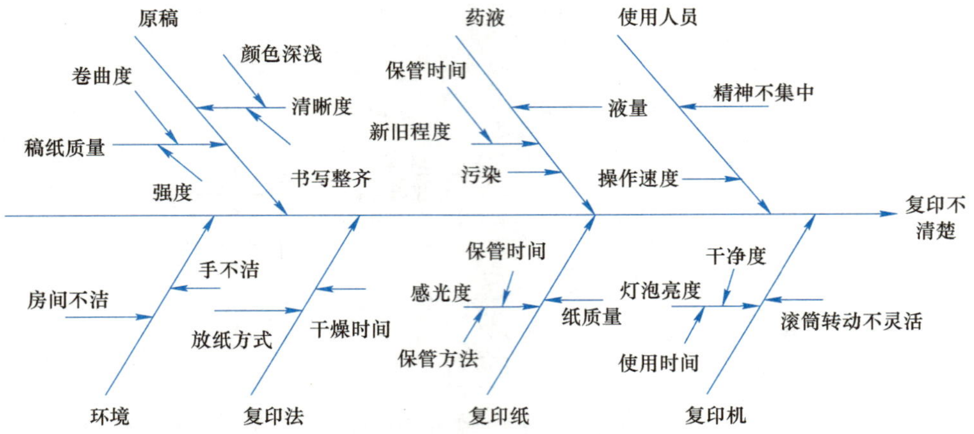

图 4-5 复印机复印不清楚的因果图

（4）“要因”一定要确定在末端因素（最深层次因素）上，而不应确定在中间过程上。

（5）对末端因素，特别是“要因”一定要在对策表上反映出来。

（6）论证合格的“要因”一定要在对策表上反映出来。

（7）绘制因果图并逐步完善可积累知识和经验。

（六）散布图

1. 散布图概念

在质量管理中通常是用来显示两种质量数据之间关系的一种图形。质量数据之间的关系多属相关关系。一般有三种类型：一是质量特性和影响因素之间的关系；二是质量特性和质量特性之间的关系；三是影响因素和影响因素之间的关系。

可以用 y 和 x 表示质量特性值和影响因素，通过绘制散布图，计算相关系数等，分析研究两个变量之间是否存在相关关系，以及这种关系密切程度如何，进而对相关程度密切的两个变量，通过对其中一个变量的观察控制，去估计控制另一个变量的数值，以达到保证产品质量的目的。

2. 散布图的绘制方法

（1）搜集数据。要成对地搜集两种质量数据，数据不得过少。

（2）绘制散布图。在直角坐标系中，一般 x 轴用来代表原因的量或较易控制的量，y 轴用来代表结果的量或不易控制的量，然后将数据在相应的坐标位置上描点，便得到散布图。

3. 散布图的观察与分析

散布图中点的集合，反映了两种数据之间的散布状况，根据散布状况可以分析两个变量之间的关系。归纳起来，有以下六种类型，如图 4-6 所示。

（1）正相关。散布点基本形成由左至右向上变化的一条直线带，即随 x 增加，y 值也相应增加，说明 x 与 y 有较强的制约关系。此时，可通过对 x 控制而有效控制 y 的变化。

（2）弱正相关。散布点形成向上较分散的直线带。随 x 值的增加，y 值也有增加趋势，但 x、y 的关系不像正相关那么明确。说明 y 除受 x 影响外，还受其他更重要的因素影响。需要进一步利用因果分析图法分析其他的影响因素。

（3）不相关。散布点形成一团或平行于 x 轴的直线带。说明 x 变化不会引起 y 的变化或其变化无规律，分析质量原因时可排除 x 因素。

（4）负相关。散布点形成由左向右向下的一条直线带。说明 x 对 y 的影响与正相关恰恰相反。

（5）弱负相关。散布点形成由左至右向下分布的较分散的直线带。说明 x 与 y 的相关关系较弱，且变化趋势相反，应考虑寻找影响 y 的其他更重要的因素。

（6）非线性相关。散布点呈一曲线带，即在一定范围内 x 增加，y 也增加，超过这个范围，x 增加，y 则有下降趋势。

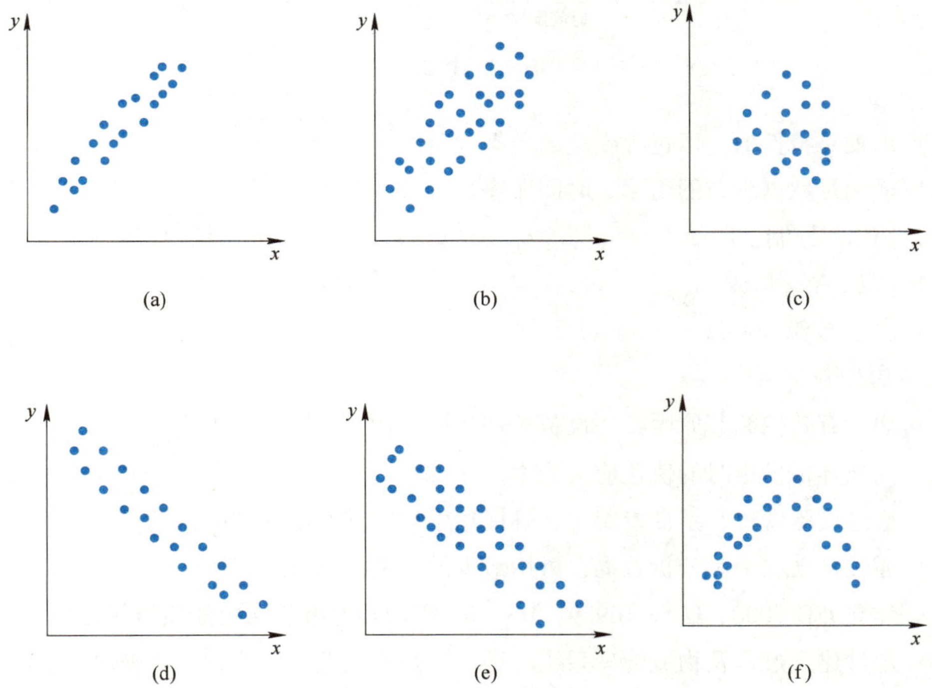

图 4-6　散布图的类型

（a）正相关；（b）弱正相关；（c）不相关；（d）负相关；（e）弱负相关；（f）非线性相关

4. 散布图的注意事项

（1）相关系数不等于因果关系。

（2）绘制散布图后进行判定结果为“无关”，指在该数据区间内不相关，无法进一步推断到区间外的结果。

（3）要善用层别法工具分析。

（七）控制图

1. 控制图概念

控制图，又称管理图，参照统计理论，根据作业过程的实际情况，求出中心线，并确定上下管理界线，作为管理依据的一种管理工具，如图 4-7 所示。

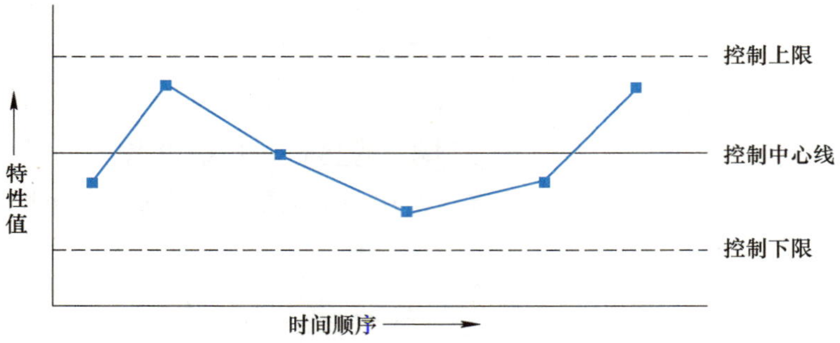

图 4-7 控制图

（1）纵轴是特性值，以过程变化的数据为分度。

（2）横轴是数据分组的组号、时间顺序。

（3）UCL：控制上限。

（4）LCL：控制下限。

（5）CL：控制中心线。

2. 控制图应用目的

（1）通过有效控制其原因，使设备条件及质量特性的波动最小化。

（2）加强异常发生时的快速应对能力。

（3）通过设备管理、不良控制等，确保集中控制其原因的基础数据。

（4）通过自动收集和分析数据，可用最少的人员控制该过程。

（5）建立 ISO 9000、IATF 16949、JIS、KS 等国际标准相接轨的质量保证体系。

（6）通过建立过程及物流管理系统，迅速、准确掌握过程信息，并确保发生不良时的不良原因的可追溯性。

3. 控制图分析的特点

（1）控制图可判断过程稳定或不稳定。

（2）稳定过程可利用控制图判断正常或异常。

（3）对不稳定的过程，利用控制图协助寻找原因的方向。

（4）可指出异常分析的方向。

（5）控制界限通常以$\pm 3\sigma$控制。

（6）透过控制图看出掌握过程能力。

4. 控制图的作用与原理

（1）用于分析过程。

1）要生产出满足客户质量要求的产品，就要做到充分的过程保障。如：重要特性的识别、关键指标、核心参数等，这些要素都可以通过控制图来加以识别。

2）围绕过程特性的要求，识别过程中可能出现什么问题或错误，一般情况下，需要进行做控制图项目都是最重要的过程特性，以免犯错或者失误。

3）通过图示显示，可以明确的看到整个过程是否受控，波动是大是小，是否符合现有的质量要求，出现的异常点是否进行了系统性的分析与制定相应的措施，这些都是其他管理方式不可比拟的。

4）控制图呈现往往也能体现一个过程、一个指标、一个管理的水平，稳定性代表了管理水平、质量控制的能力，因此，很多时候专业的人员看过一张图就能识别企业、工厂、作业区实际管控过程中的许多问题。

（2）用于维护过程。

1）监控过程性能，比如重要的温度、湿度、酸碱性等指标的变化对质量影响较大，通过持续的性能变化检测与反馈，使指标趋于稳定。

2）查找变异的特殊原因并采取措施。

（3）用于改进过程。实际生产过程中，常常用控制图来监控过程，从而更好地理解普通原因的变异，并通过切实地改善行为，减少普通原因的变异。

5. 控制图的制作流程

控制图通常包含以下几个步骤：

（1）选定质量特性，要求这些特性可以计量或计数，并且在技术上可以控制；

（2）收集数据；

（3）确定控制界限，求平均数→确定控制中心线（CL）、控制上限（UCL）、控制下限（LCL）；

（4）绘制控制图。

6. 控制图的观察与判异

《常规控制图》（GB/T 4091—2001）对控制图异常提供了两类8个检验模式，也就是8个判断准则。

其中：准则1属第一类；准则2~8均属第二类。

准则1：2个点子落在A区以外（点子越出控制界限）。

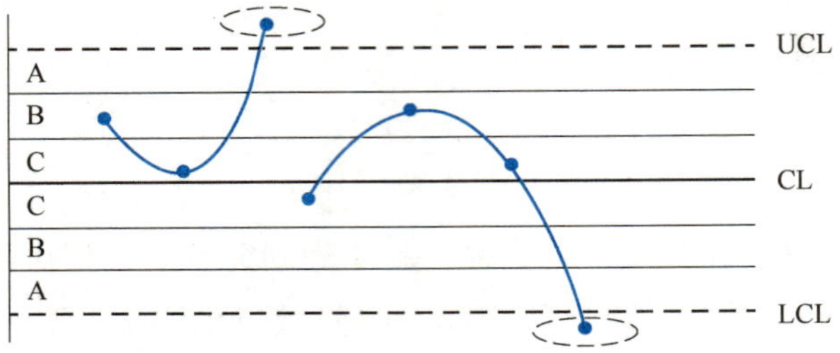

准则 2：连续 9 点落在中心线一侧。

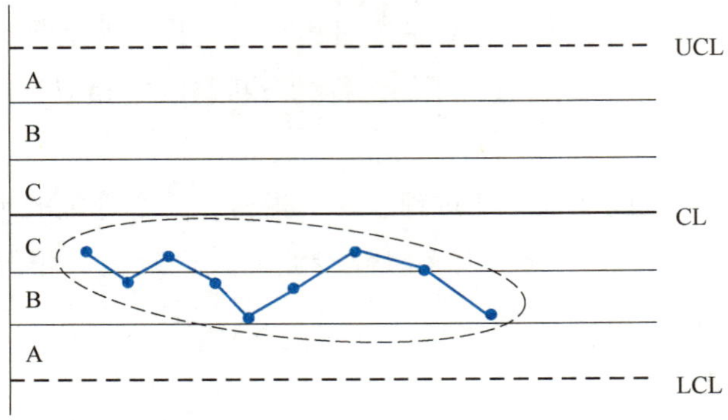

准则 3：连续 6 点递增或递减。

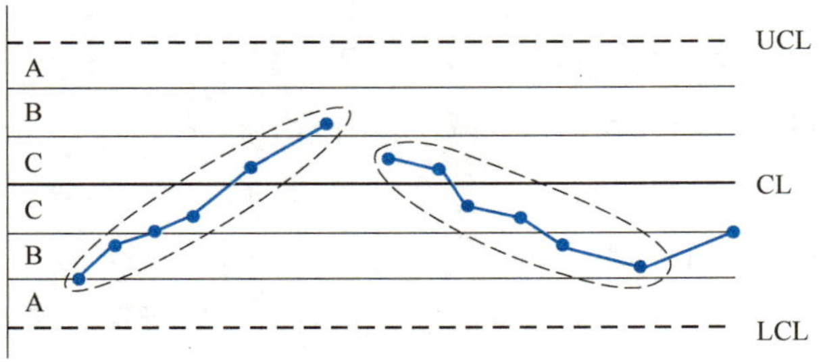

准则 4：连续 14 点中相邻点子总是上下交替。

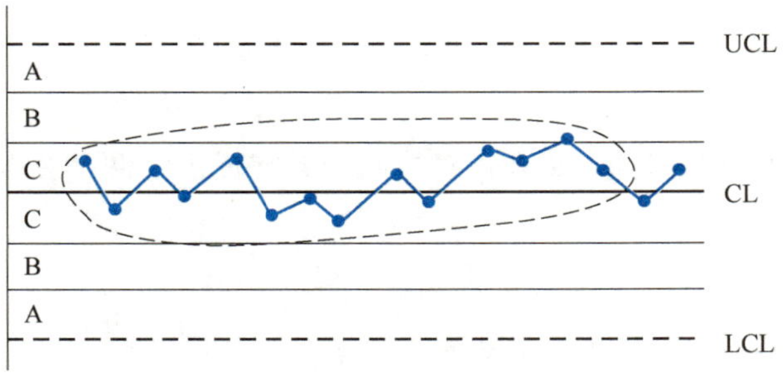

准则 5：连续 3 点中有 2 点落在中心线同一侧 B 区以外。

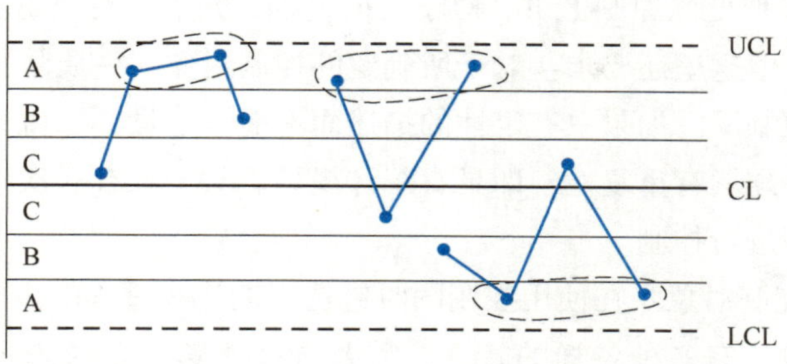

准则 6：连续 5 点中有 4 点子落在中心线同一侧 C 区以外。

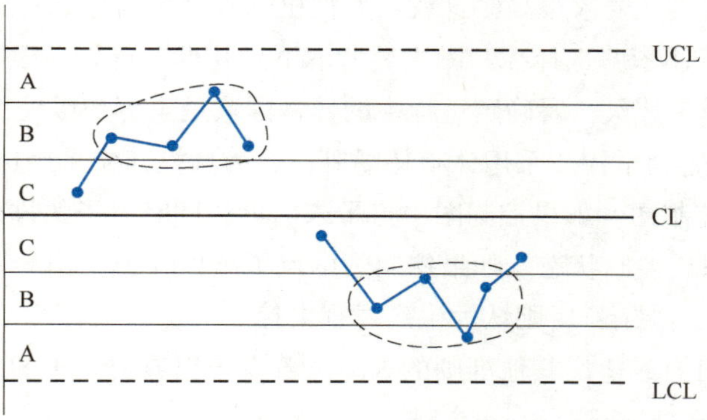

准则 7：连续 15 点落在中心线同两侧 C 区之内。

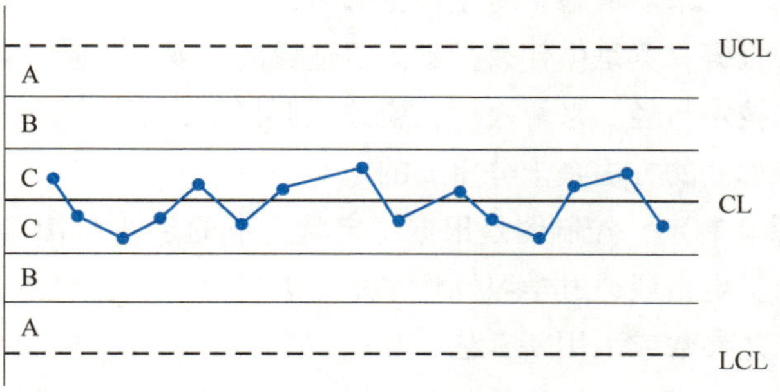

准则 8：连续 8 点落在中心线两侧且无点在 C 区中。

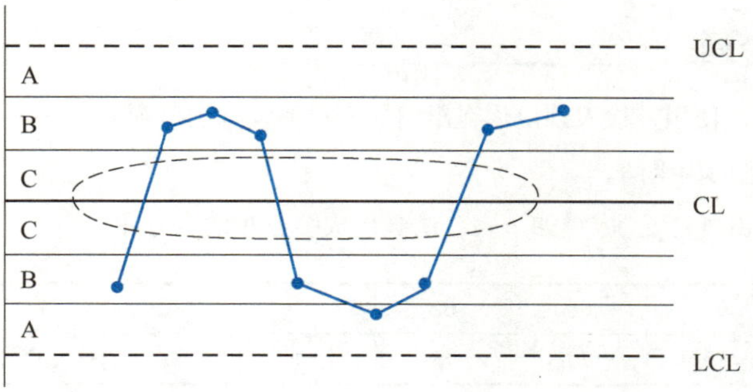

7. 应用控制图需要考虑的问题

(1) 控制图用于何处？原则上讲，对于任何过程，凡需要对质量进行控制管理的场合都可以应用控制图。但这里还要求：对于所确定的控制对象——质量指标应能够定量，这样才能应用计量值控制图。如果只有定性的描述而不能够定量，那就只能应用计数值控制图。所控制的过程必须具有重复性，即具有统计规律。对于只有一次性或少数几次的过程显然难以应用控制图进行控制。

(2) 如何选择控制对象？在使用控制图时应选择能代表过程的主要质量指标作为控制对象。一个过程往往具有各种各样的特性，需要选择能够真正代表过程情况的指标。例如，假定某产品在强度方面有问题，就应该选择强度作为控制对象。在电动机装配车间，如果对于电动机轴的尺寸要求很高，这就需要把机轴直径作为控制对象。

(3) 怎样选择控制图？选择控制图主要考虑下列几点：首先，根据所控制质量指标的数据性质来进行选择；其次，要确定过程中的异常因素是全部加以控制（全控）还是部分加以控制（选控），若为全控应采用休哈特图等；若为选控，应采用选控图。

(4) 如何分析控制图？如果控制图中点子未出界，同时点子的排列也是随机的，则认为生产过程处于稳态或控制状态。如果控制图中点子出界（或不出界）而点子的排列是非随机的（也称为排列有缺陷），则认为生产过程失控。

(5) 对于点子出界或违反其他准则的处理。若点子出界或点子的排列是非随机的，则应立即追查原因并采取措施防止它再出现。

(6) 对于过程而言，控制图起着报警铃的作用，控制图点子出界就好比报警铃响，告诉是应该进行查找原因、采取措施、防止再犯的时刻。一般来说，控制图只起报警铃的作用，而不能告诉这种报警究竟是由什么异常因素造成的。要找出造成异常的原因，除去根据生产和管理方面的技术与经验来解决外，应该强调指出，应用两种质量诊断理论和两种质量多元诊断理论来诊断的方法是十分重要的。

(7) 控制图的重新制定。控制图是根据稳定状态下的条件 5MIE 来制定的。如果上述条件变化，如操作人员更换或通过学习操作水平显著提高，设备更新，采用新型原材料或其他原材料，改变工艺参数或采用新工艺，环境改变等，这时，控制图也必须重新加以制定。由于控制图是科学管理生产过程的重要依据，所以经过相当时间的使用后应重新抽取数据，进行计算，加以检验。

? 课后思考题

(1) 假如你要出远门，试使用查检表列出你在出门前家里要检查的事项。

(2) 画出上学/上班迟到的因果图。

(3) 某次考试中，班级共 60 人，成绩如下表，试画出成绩分布的直方图。

72	80	94	66	62	63	82	71	65	95
76	64	83	70	48	50	73	63	64	67

续表

56	66	68	71	60	57	68	57	60	61
73	85	97	58	86	59	81	49	49	60
64	67	85	69	82	69	71	80	50	56
82	53	37	74	54	84	82	76	72	96

4. 以下是某公司一周内 XLY 型产品不良的记录，根据统计的数据，运用柏拉图进行分析。

项目	周一	周二	周三	周四	周五	合计
作业元技术不足	10	11	8	12	9	50
作业员经常不在	15	18	16	14	17	80
原材料不良	4	5	5	6	2	18
机器故障	4	5	3	4	3	18
作业流程不当	3	2	2	3	4	14
其他	3	3	4	3	3	16
不良数	39	43	38	42	38	200
检查数	800	800	800	800	800	800

任务五 价值流图（VSM）

任务目标

知识目标：

（1）了解价值和浪费的含义；

（2）掌握区分增值和非增值活动的标准；

（3）熟悉浪费的类型，掌握消除浪费的方法；

（4）掌握绘制价值流图的步骤。

能力目标：

（1）通过对增值与非增值活动的区别的理解，提升生产现场识别浪费的能力；

（2）具备运用工具方法分析浪费产生的原因的能力；

（3）具备绘制价值流图并能提出有效改进方案的能力。

素养目标：

（1）通过实践案例的讲解分析，培养学生创新思维和解决问题的能力；

（2）培养学生互相配合，团结协作能力和沟通能力；

（3）通过对企业运营流程中浪费的识别，培养学生优化意识和持续改进的精神；

（4）通过了解价值流图在企业管理中的重要性，使学生清晰自己在未来职场中的责任，增强职业责任感。

知识准备

在企业生产经营过程中，将原材料转变为成品、并给它赋予价值的全部活动称为价值流，包括从供应商处购买的原材料到达企业，企业对其进行加工后转变为成品再交付客户的全过程，企业内以及企业与供应商、客户之间的信息沟通形成的信息流也是价值流的一部分。一个完整的价值流包括增值和非增值活动，并不直接显示在整个供应链的运作过程中，需要流程规划、生产制造、客户等相关方去挖掘，体现了隐蔽性；价值流在供应链上是环环相扣，连续不断地进行并随时发生变化，体现了连续性；因为产品有其生存周期和生命周期，产品的生产、销售随着季节不同也有其周期性，价值流显示出其运作的周期性。为了将完整的生产过程的价值流表现出来，经常借助价值流图展现。

一、价值流图概述

（一）价值流图的定义

价值流图（Value Stream Mapping，VSM）是丰田精益制造生产系统框架下的一种用来描述物流和信息流的形象化工具。它描绘产品价值的流动过程，用文字符号和图形表示产品从订单到供应商，以及中间加工工序的物料流和信息流。价值流图通常包括对“当前状态”和“未来状态”两个状态的描述与展示，从而作为变革管理、精益制造战略的基础。绘制当前状态产品价值流图，表示当前的生产状态；未来状态产品价值流图是基于当前状态价值流图进行改进，以消除浪费，提高精益生产水平。

（二）价值流图的作用

价值流图作为精益管理的基础工具，帮助企业理解和精简生产流程，它的目的是辨识和减少生产过程中的浪费，浪费在这里被定义为不能够为终端产品提供增值的任何活动，并经常用于说明生产过程中所减少的“浪费”总量。

价值流图对生产制造过程中的周期时间、宕机时间、在制品库存、原材料流动、信息流动等情况进行描摹和记录，有助于形象化当前流程的活动状态，并有利于对生产流程进行指导，向理想化方向发展。

缩短产品的生产周期是迅速适应市场需求的关键，而价值流图正是了解产品生产周期的有效工具，是一种能系统改善信息（情报）流程、实物流程的工具。

信息（情报）流程，是从市场部接到客户订单或市场部预测客户的需求开始，到使之变成采购计划和生产计划的过程；实物流程，是从供应商供应原材料入库开始，随后出库制造、成品入库、产品出库，直至产品送达客户手中的过程。此外，实物流程中还包括产品的检验、停放等环节。企业在进行价值流图分析时，首先要挑选出典型的产品作为深入调查分析的对象，从而绘制出信息（情报）流程和实物流程的现状图，然后将现状图与信息（情报）和实物流程的理想状况图相比较，发现当前组织生产过程中存在的问题点，进而针对问题点提出改进措施。

价值流图可以作为管理人员、工程师、生产制造人员、流程规划人员、供应商以及顾客发现浪费、寻找浪费根源的起点。从这点来说，价值流图还是一项沟通工具。从原材料购进的那一刻起，价值流图就开始工作了，它贯穿于生产制造的所有流程、步骤，直到终端产品离开仓储。

二、价值流图在精益管理中的应用

企业只有掌握价值流真正的状况，才能够保证持续改进，这对企业实施精益管理来说是十分重要的。价值流图作为价值流管理的沟通工具，建立起价值流分析框架，用于在团队成员间交流共享。在价值流图的制作过程中，通过系统地收集、整理和分析数据，以精益思想指导生产计划制订并组织实施，因此，基于价值流图为基础的价值流分析、价值流管理是实施精益生产的基础。

价值流可以定义在企业产品开发或者经营层次上，也可以定义在车间生产操作层次上（从原材料到发货）。价值流管理不仅是一种管理工具，也是精益生产变革与规划的过程，价值流管理是企业实施精益生产的第一步。

（一）定义价值

1. 价值的含义

对于企业而言，价值是通过系统的生产活动创造的，从用户的角度讲，价值就是由对用户有用的生产活动所创造的。提高产品价值，既是用户的要求也是企业追求的目标。企业运用提高价值的途径，探索一切可以提高价值的方法，以满足用户的实际需要，同时提高企业的经济效益。但是，我们发现，对于同样的生产活动，站在企业与用户的不同角度，对于其价值的理解是有差异的，例如生产过程中工艺设计，每一个工艺流程对设计者而言都是必要且有价值的，但对用户而言，可能却是没有创造所需的价值；再如，把粗制的钢材毛坯加工成精密的零件，对用户是有意义的，而坯料在各道工序间的搬运或储存，对用户就是无价值的。就制造业企业来说，增值活动更多的是改变加工物的物理状态，使其满足用户需求，且能对用户产生吸引力的活动。

企业的生产过程是一个由原材料到用户认可的产品的转化过程，企业只有了解用户需求才能定义产品价值。生产过程中各工序间也是这样，下道工序是上道工序的用户，因此工序间就要彼此多沟通，熟悉对方的情况，以满足用户为目标审视工作目的，对现有生产工艺流程、产品规格等做检查分析，区分哪些是增值（VA）活动，哪些是非增值（NVA）活动。

2. 企业生产中的增值与非增值活动

精益管理是通过持续改进措施，识别和消除所有产品和服务中的浪费、非增值型活动的系统方法。通过识别和消除非增值活动，并优化增值活动，企业可以显著提高效率和盈利能力。

增值活动是指那些直接为客户创造价值的活动，客户愿意付费的，在产品或服务生产过程中不可缺少，这些活动通常改变了产品或服务的外观、结构或状态，或者为满足客户需求而增加了新的方式或特色，或者提高了服务质量，确保了准时交货，或在价格竞争中有正面影响，包括物料变形、组装、改变性能、部分包装等。例如，生产线上的组装过程，机械加工过程等，在制造业中，增值活动通常占企业生产和经营活动的5%。

非增值活动是指，在客户眼中只增加成本不增加价值的活动。非增值活动包括必要但非增值的活动和不必要的非增值活动（即浪费）两大类。必要但非增值的活动，是指到目前为止还必须伴随着增值活动一起实施而不产生任何附加价值的活动，简单说就是不得不做，但不直接创造价值的活动，虽然对客户没有直接价值，但为了完成生产任务、满足客户需求，企业仍然必须执行的活动，多发生于支援部门的非增值行为，有些是必要的，但更多是看似必要，如设备维护、来料/制品/成品的检验、物料运输，以及由于变更导致的额外工作如产品/工艺设计更改、计划变更、人员流动、繁杂的审批过程、冗长的会议、更换作业程序、为取工件走动、打开零件包装等，这些活动通常占企业生产和经营活动的60%。不必要的非增值活动，则是指在生产过程中无用的活动，只增加成本而不产生任何附加价值的活动，简单说就是可以不做的活动，也就是浪费，它是精益管理优先改善的内容，例如重复性工作、等待、寻找、空闲、返修、延误以及无用动作等，这些活动没有增加价值，对生产、财务、法律和商业都没有需要，而在现实生产活动中，浪费通常占企业生产和经营活动的35%。

判断一个活动是否增值的简单方法，就是让客户来评判，假设取消这个活动，如果用户认为产品价值降低了，那么这个活动就是增值的，否则就是非增值的。例如，返工和等待时间，用户是不会认为其有任何价值的。生产过程中，从用户的角度看，花费在增加产品价值活动上的投入是增值活动，其他为非增值投入，也就是浪费。

产品生产过程中，增值活动比例越高，生产效益就越高。但当仔细分析整个生产过程和操作之间的关系，就能发现实际有效增值活动惊人地少，而浪费或不增值活动占绝大多数比例。精益管理要求不断消除生产过程中的浪费，并持续不断地改善工作过程，这是保持企业竞争力的基本要求。

（二）消除浪费

1. 浪费的含义

精益生产观念认为，浪费是对最终产品不增加任何价值或对产品转化不起作用的活动，它不能为企业带来任何经济效益，只能增加生产成本，降低利润率，降低质量，甚至降低员工满意度，进而影响企业的市场竞争力。价值和浪费是对应的，在重新认识了价值后，就要设法把用户不需要的浪费消除或减少到最小，以增加产品的利润空间。优化流程消除浪费，对企业的成功至关重要。

2. 造成浪费的主要原因

（1）超负荷。人和机器设备超过能力界限，进入超负荷状态，超负荷运转将会导致设备故障，质量低下，人员不安全，带来安全和质量方面的问题，进而导致生产浪费。企业经常遇到为了赶工期、缩短生产时间而超负荷运转的情况，因此，必须分析超负荷会带来怎样的后果，从全局的角度权衡利弊得失。

（2）不饱和。人和机器设备有能力，但未给予充足的工作量的未饱和状态，人员工作量不饱满，设备稼动率低。如由于订单不饱和不均衡，淡季订单无法匹配产能，预测订单准确率低，影响物料采购和生产计划安排，生产员工安排不合理，存在人和机器设备工作不饱和。

（3）不均衡。人和机器设备有时超负荷，有时又不饱和的状态。由于编制生产计划不均衡，或生产计划执行不力，导致产量波动，将带来不必要的物料移动、过量生产和额外库存浪费；同时还会导致机器设备负荷量、工人劳动强度、原材料供应和产品产出的波动。

3. 浪费的类型

超出创造产品价值所必需的绝对最少的资源都归为浪费。浪费有多种，最典型的包括以下七种。

（1）搬运物流的浪费。企业生产过程中，成品、在制品、原材料、零部件等物品因流程中的两点距离不合理，造成在搬运过程中出现不必要的放置、堆积、移动以及整理动作等，产生人力、设备、时间、空间、能源等资源的浪费统称为搬运物流的浪费。

搬运物流贯穿于企业运营生产活动中的各个流程，统计表明：总作业时间中有80%是搬运物流与滞留时间，加工费用中的25%~40%是搬运物流费用，但它们不是生产过程中所必需的物料或产品搬运物流，也不能产生附加价值。从精益生产的角度来说，物料移动不对产品转换起直接作用，不产生附加价值的动作都属于浪费，但又是生产过程中不可缺少的一部分，是工序间交流联系的有效方式，予以正确利用可促进物料的合理流动，应用不当可能造成过量生产，增加不必要的搬运库存工作，过度的材料移动会带来额外的成本投入，并对质量造成损害。运输物流会带来时间、空间和机械支付额外的费用，设计不良的生产系统导致后期的浪费。

（2）过量生产的浪费。过量生产的浪费是指先于下个工序或客户实际需求而生产的产品。包括生产过多和生产过早两个方面。生产过早是由于未按工单需求生产、提前订单需求生产等原因，使生产过多或过快，超出客户或下游工序实际需要的量，导致产品不能在最短生产周期成为商品，不仅没有任何价值，而且会造成更多的浪费；生产过多主要是由于生产不均衡所造成，如果产品出现问题应该停线探究原因及时解决，但过早生产有可能使原因无从查起，并产生额外的库存成本。这种情况下，生产速度快不能说明生产效率高，反而说明生产管理混乱缺失、劳动定额不合理和生产不均衡等问题。设备使用率高也并非一定是降低成本，还有可能会使成本增加。生产过量必然导致相应的仓库空间、搬运、维护、管理人员、物料和设备额外投入。因此，必须控制和避免生产过量，企业应遵循准时化生产的原则，把需要的产品，在需要的时候，按需要的量生产出来。

（3）无效动作的浪费。无效动作的浪费是指在生产操作过程中，由于动作上的不合理而导致的时间、效率、场地、人员、设备等方面的浪费，也就是指对生产或服务不产生任何附加价值的人员和设备的动作。常见的几种浪费动作包括：生产作业时两手或单手空闲，作业动作停止，不连贯、停顿，不明等待，动作幅度过大，左右手交换，走动频繁，转身角度大，伸展弯腰动作，抬头、调整，寻找、翻转、取放、对准等不必要的动作。

（4）制造不良的浪费。制造不良的浪费是指在生产过程中，因来料或制造不良造成产品达不到顾客要求，从而对产品或服务增加的报废、检验或返工返修等补救措施所产生的人力、设备、材料、时间等资源的浪费。分为材料不良、加工不良、检查、市场不良等。只要有不良品产生，就一定意味着重新排产、客户索赔、产能降低等一系列的问题。

（5）闲置等待的浪费。闲置等待的浪费是等待人、材料、设备、信息等，即非满负荷的浪费。在加工、搬运、检查过程中随处可见，等着下一个动作或指令的来临，或上一个动作或指令的结束，从而造成人力、设备、物料等资源处于相互等待的状态，如临时性闲置、停止或无事可做的状态。

实际上，在生产过程中，很多情况下，物料或者半成品都是处于等待被加工的状态中，从而造成一定的浪费。

（6）过多库存的浪费。过多库存的浪费是指材料、零件、组合件等物品的停滞状态，包括库存及再制品不良、半成品所造成的库存、制造过多所造成的库存。主要是由于前后工序产能不均衡，或是由于原材料、零部件、在制品、成品的库存超过了顾客或后工序作业所需求的数量和安全库存所必需的数量，从而造成大量的不必要的堆积、维护、搬运、找寻等浪费。“库存是万恶之源"，消除库存浪费，把库存“尽量减到最少的必要程度”，实现“零库存”是企业的目标。

（7）加工本身的浪费。加工本身的浪费是指因设计、加工等技术不足造成加工上的浪费。在品质、精度及加工过程中的主动投入超过下道工序或客户的需求，且不产生价值的产品或服务，因此也称为过度加工浪费。首先是指多余的不必要的加工，其次是指超过工艺要求或者顾客要求过分精细地加工，从而造成企业资源浪费的情况。企业中被认为是理所当然的作业中存在着过度加工的浪费。

（三）价值流管理的目标及实施要点

1. 价值流管理的目标

企业用价值流图把生产各环节的生产过程、物料流和信息流展示出来，组织全体成员以价值流图为依据共同实施生产经营活动。未来状态的价值流图描绘出了精益生产的努力方向目标及有效措施，从全局分析各生产环节之间的关系，避免零散、不系统地解决问题。通过价值流图的制作，实施有效的价值流管理，不仅描绘出单个的工艺过程，更重要的是呈现了整个流动的生产过程，价值流管理是将精益思想和管理技术有效结合，通过价值流管理发现浪费，并消除浪费产生的根源。实施价值流管理的目标在于：站在用户的立场，定义生产过程中的价值，并识别生产过程中的价值流；用图形符号形象、准确描绘产品的物料流和信息流，分辨生产过程中的增值或非增值活动；从源头上识别浪费，把不产生价值、却占用企业资源的业务（情报）流程环节、实物流程环节全部删除，依据流程分析改善措施，促进消除七种浪费；以价值流图为依据，在组织成员之间达成共识；为制定生产过程空间布局规划提供参考；用数据对照说明改善前后的绩效差别；通过对价值流循环运作与分析，不断设置更高的目标以求达成，实现企业的持续改进，追求完美。

2. 价值流图分析要点

精益生产管理的着眼点之一是创造价值，通过解决重复、停顿现象去发现问题，使得管理流程的价值最大化；另一个着眼点是缩短时间，从市场需求开始，一直到生产计划制订、采购计划制订、生产的组织、仓储以及生产制造和成品出货的全部过程生产周期的缩短，从而降低成本，提高反应速度。因此，应在不增加资源投入的情况下，以缩短信息/作业时间为改善的着眼点，寻找快速完成业务和生产的办法，始终把降低成本、缩短生产周期作为改善变革的驱动力。

在通过价值流图进行生产过程分析的时候，如果遇到没有实际生产产品的情况下去做价值流图，如某些产品并非经常生产，或者碰巧一段时间没有生产，或者生产周期太长，但又需要分析其价值流，在此情况下，如果依靠现有的作业数据和工程标准（如生产部或IE部门提供的数据）完成价值流图，没有实际考察流程中的各种库存，那么实际得到的是流程图，而非价值流图；此外，没有观察到价值流图中的各项时间测量值是怎样来的，也就无法确定其中存在的浪费以及改善的机会，通常会忽略实际操作中一些细节，跟实际的操作差别会导致一线操作人员非常迷惑，价值流图就失去了应有的指导价值。因此，利用价值流图进行分析，应观察不同情况下的实际状况，并作比较。

在制作价值流图时过程中，必须深入到车间第一线观察，掌握实际流程有多少工序，有多少个操作工人，仓库库存有多少，车间的布局如何，走动的距离有多少，价值流图的数据来源只有深入车间现场，才能最终观察到浪费的实际根源。

3. 价值流图制作实施要点

价值流图制作分析框架如图 5-1 所示。

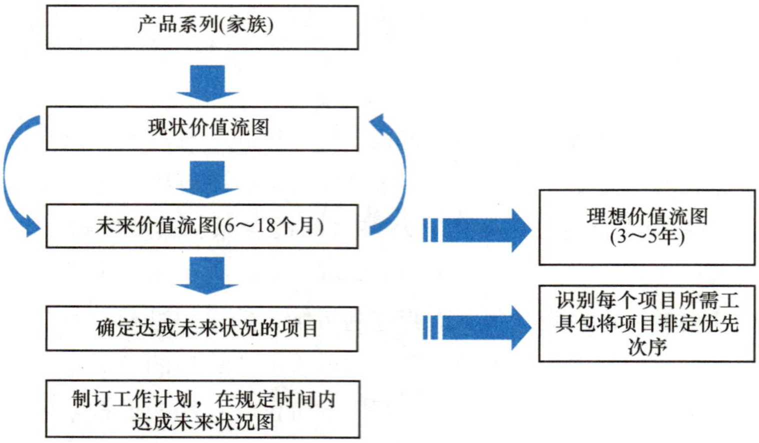

图 5-1 价值流图制作分析框架

（1）物料流和信息流的描绘。在精益生产中，物料流包括原材料、在制品、半成品、产品，以及物料箱、废弃物和回收物等在企业内外部的流动；信息流包括产品结构、产品数量和种类、原材料供应商、生产工艺流程、设备与设施布置、用户需求等信息。价值流图描绘产品从原材料采购、生产直至用户的物料生产和运输信息，并以时间连接这个过程中的各个环节。

（2）价值流图分析改进。价值流改进伴随生产流程的改进，价值流改进的重点在于物料流和信息流，而流程改进的重点在于人和过程的流动。在拉动生产状况下，物料流和信息流一般是反向的，价值流改进范围可以不断向上游和下游延伸。

（3）部门配合协调一致。如果企业按职能和生产流程管理，就会造成更多关注局部改进，而不考虑是否适合整个价值流的需要；而追踪一个产品系列的价值流通常要跨越几个部门，这就需要各部分按照产品价值流的要求统一协调配合。

（4）选择产品系列。制作价值流图，首先要选择一个产品系列。由于时间和资源限制，不可能对所有产品做价值流分析，应该首先选择具有代表性的产品系列（或单个产品），以此为示范逐步向其他产品扩展。要找出具有相同生产工艺的产品系列，明确产品的种类、数量、生产频率、需要的原材料和零部件等信息。如果企业按批量生产思维，则无法改进价值流。

（5）绘制价值流图。价值流图用于在部门和员工之间进行交流，是制订和实施改进计划的工具，要在实践中反复练习使用，直到形成使用价值流图分析和解决问题的习惯。绘制价值流图分确定产品系列（或单个产品）、绘制当前状态图、绘制未来状态图、制订实施计划四个步骤。

首先是通过收集生产信息画出当前状态图，当前状态图和未来状态图相互关联，表明对当前生产状态的改进。未来状态图尤为重要，这是因为价值流管理的目标是设计精益生产价值流，当前状态图是为未来状态图做准备的。未来状态图可以有多个方案，经过筛选找出最佳方案。未来状态图的设想基于当前状态图。因此，绘制未来状态图要涉及当前状态图的主要信息。最后一步是按照价值流图制订改进计划，把当前状态转化为未来状态，这个过程是在当前价值流分析基础上持续改进的过程。

（6）逐层深入消除浪费。浪费不能为用户创造价值却消耗资源的活动，是精益生产管理改进的核心。在实际生产过程及生产现场中，浪费可以划分成三个层次：第一个层次是显著浪费，相对容易发现，处理后能取得很大成果；第二个层次是加工或管理的浪费，相对不容易发现，处理起来比较复杂；第三个层次是加工过程中的微小浪费，一般不会被注意，但也造成微小浪费。浪费可以从产品生产过程的每个环节发现，然后从显著浪费开始消除，逐步使不明显浪费暴露出来，进行改善的深入。

三、价值流图的制作步骤

用价值流图描绘当前状态以及未来状态。价值流管理从分析当前状态开始，然后提出未来的改进状态。价值流图提供容易理解的可视图，表达什么是顾客所需的价值，并将提供价值的过程的流动细节展现出来。价值流图便于识别价值流中浪费的源头；从顾客角度看待外部流程；了解上游对下游工序的内部影响；把信息流和物料流联系起来；使整体流程目视化；提供流程观察的通用语言。据统计，典型的价值流改善收益可达的水平，生产周期缩短 30%；生产效率提升 30%；质量问题改善 50%；库存下降 30%~50%；降低运营成本 5%~20%；员工技能提升 100%。

在开始绘图之前首先要明白的是需集中于哪个产品进行绘制，每次价值流分析应该集中在一个产品系列（或一个产品）上，需要关注的是顾客需求量最大，最成熟的关键产品，而不必要将所有的产品都进行价值流图绘制，这样价值流图绘制简单、容易观察，也容易对其进行价值流优化。企业按照工艺专业化或对象专业化原则对设备布局，价值流管理特别适宜具有相同加工工艺的相似产品系列。一般选择成熟的产品系列，并且以工厂的主要产品作为价值流分析对象，范围可以根据需要扩大或缩小。价值流图可以手工绘制，也可以借助计算机专用软件绘制。绘制价值流图一般分为两个阶段，15 个步骤。

价值流图标如图 5-2 所示。

（一）绘制当前状态

1. 调查并记录当前生产状态信息

从订单开始到供货商，分析当前生产状态下的生产加工工艺、物料流和信息流。这个过程是对当前生产状态的真实反映，需要调查的是当前生产状态信息，包括：

（1）发货和供货时间；

（2）生产单元的标准包装数量；

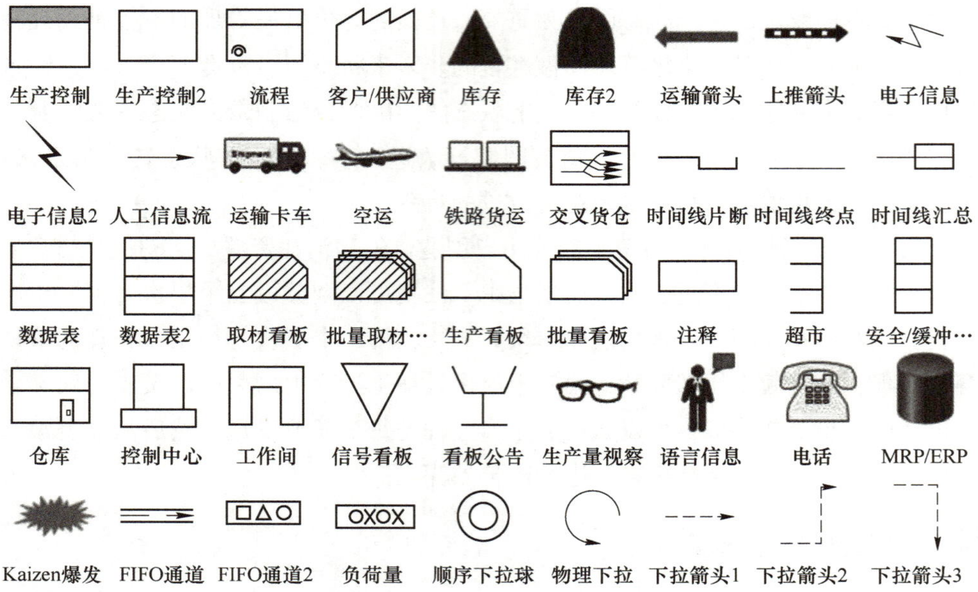

图 5-2 价值流图标

(3) 用户要求的生产节拍；
(4) 生产速度；
(5) 工作和休息时间；
(6) 生产停顿和库存方式；
(7) 计划生产量；
(8) 在制品库存量；
(9) 每周加班时间；
(10) 各生产单元（或工序）的节拍；
(11) 产品品种数；
(12) 生产批量；
(13) 换产调整时间；
(14) 专用设备；
(15) 废品、返修品数量和生产停顿时间；
(16) 原材料和零部件信息；
(17) 生产单元之间缓冲时间；
(18) 供货提前期。

安排对现场非常熟悉的人员进行调查，在熟悉过程中不要从原材料开始向后道工序走，而应当从最后一道工序开始往前走，以上数据应尽量采集准确，不能有太大偏差，否则将误导未来的改进。

2. 选择产品系列

选择某个产品系列（或单个产品）是制作价值流图的第一步，要从生产线的末端，即用户需求的产品中寻找。选择的产品一般加工工艺相同，使用相同的设备，把这些产品归为一个系列，按照价值流管理要求，列出产品系列的每一个零部件。

3. 组成价值流管理团队

价值流管理团队是制作价值流图并落实实施的组织保证。价值流管理团队由多个部门的成员组成，实施跨职能管理。每个成员应该在自己的工作领域有丰富的经验，并且接受过价值流管理培训。团队一般由以下成员构成：

（1）生产制造（操作工人、生产调度、部门主管等）人员；

（2）生产控制与物流中心人员；

（3）工业工程人员；

（4）其他相关部门人员。

团队一旦成立，就要指定价值流经理，由他负责向上级汇报工作，组织价值流的构建和实施。价值流经理的工作重点在于找出浪费，协调生产流动。价值流管理团队要提出价值流管理总体计划，用价值流图表述未来的工作，并组织培训相关人员。

4. 调查用户需求

通过各种渠道了解用户需求，这是绘制价值流图、明确改进目标的关键一步，如图 5-3 所示。

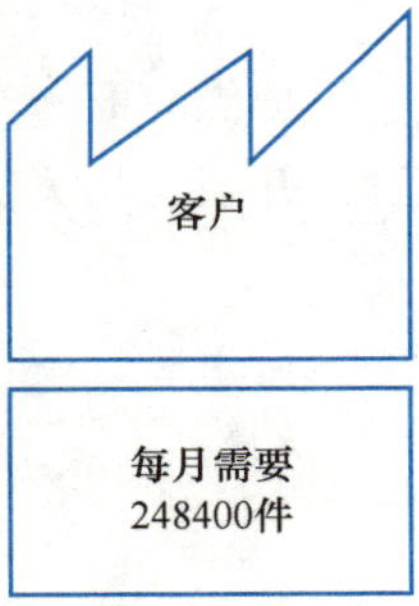

图 5-3　用户需求信息

5. 绘制工艺流程

以某实际工艺流程为例（见图 5-4），用描述当前状态的工艺流程图表示产品生产加工顺序，其中包含了部分生产信息。如果绘制单元生产过程，那么每个矩形框代表一道工序或设备；如果描绘产品生产全过程，那么每个矩形框代表一个生产单元的流动，如图 5-5 所示。

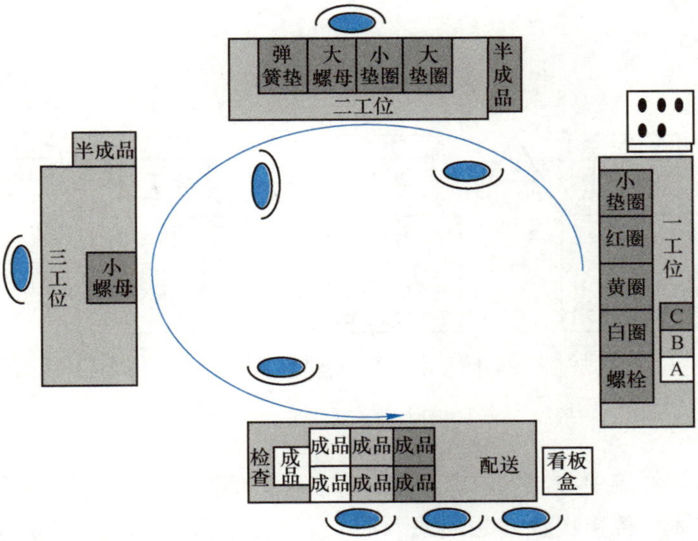

图 5-4　工艺流程实例

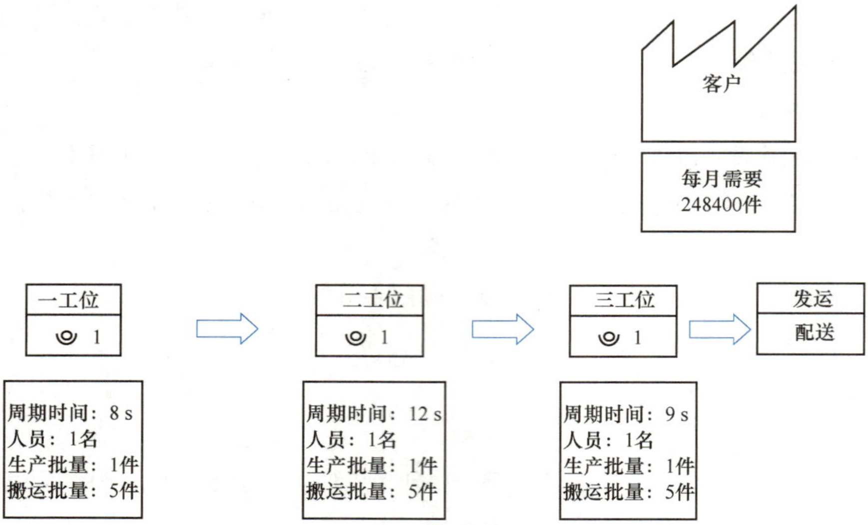

图 5-5 当前状态工艺流程图

6. 绘制物料流

把供应商和产品用户需求信息绘制在价值流图上，在图中标示出库存地点或缓冲位置，并填写相关信息，根据预测或生产需要用图标表示物料流，如图 5-6 所示。

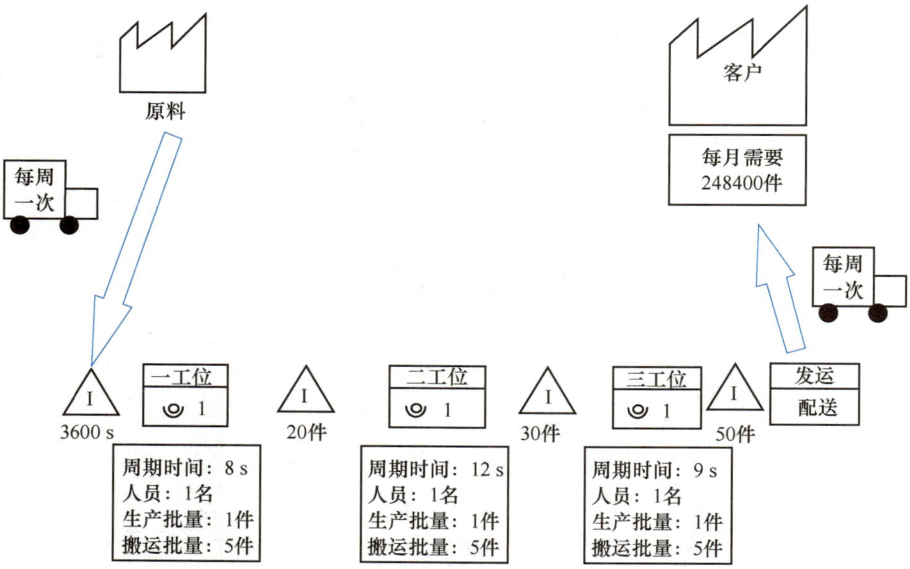

图 5-6 当前物料流图

7. 绘制信息流

绘制生产控制与物流中心与供应商、用户和各生产部门之间的信息流动，如图 5-7 所示。绘制信息流应体现传递次数（一周或六周）、传送方式（生产计划表传真、电子数据交换和采购单等），以及是预测还是订单等信息。

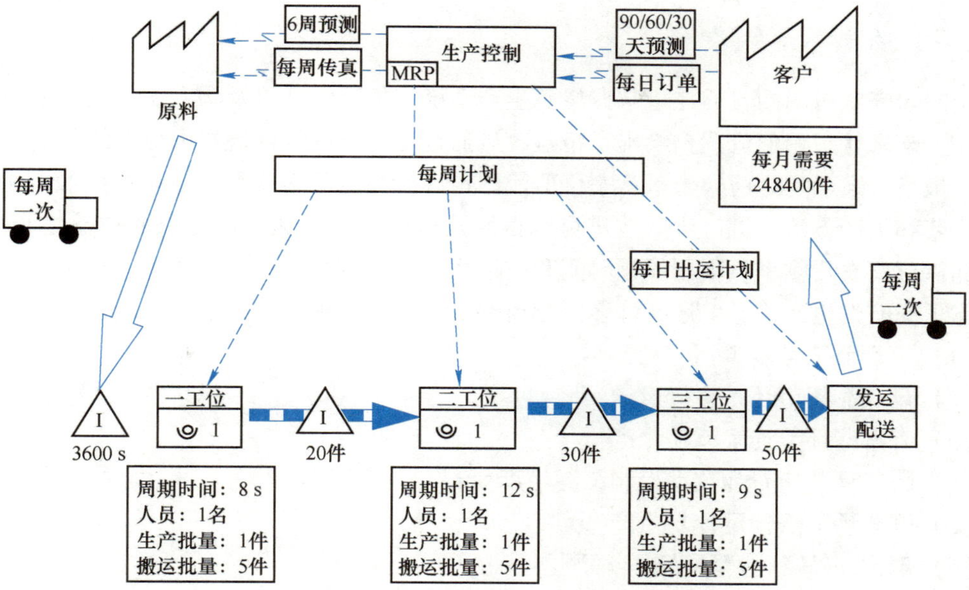

图 5-7　当前状态信息流图

8. 计算生产周期

沿着工艺流程绘制一条时间线，表示生产加工和库存时间。库存地点和关键点时间标注在线的上端，下端表示加工时间，每个库存点根据加工数量确定库存天数和库存量，时间线上的总和即产品生产周期，完成当前状态价值流图，如图 5-8 所示。

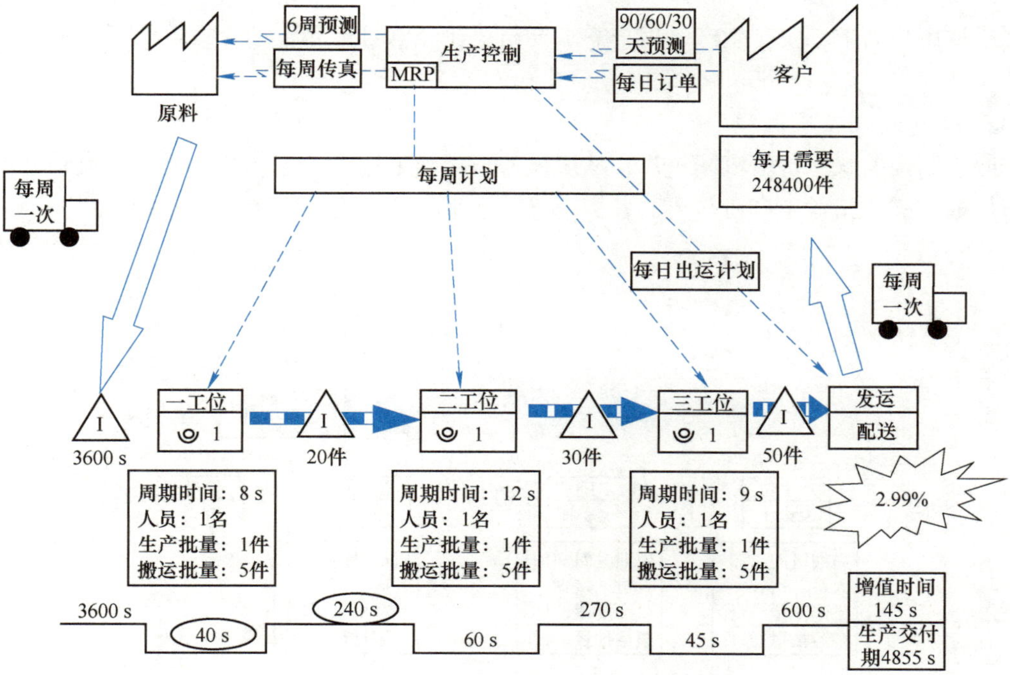

图 5-8　当前状态价值流图

（二）绘制未来状态

绘制未来状态图的目的在于掌握精益生产系统如何运作，以及项目实施前要做哪些准备工作。未来状态价值流图描绘出了精益改进的蓝图，是制订精益改进计划的基础。

在最终方案确定之前，未来状态价值流图也许要经过几次反复。开始可以假定采用现有的工艺和生产方法，进一步的改进可以摆脱这些限制，构建一个理想的精益生产状态。如增加供应商发货频率、限制停顿时间和改进产品设计等。

除了原有的生产信息，还有许多问题需要价值流团队确定，如以下问题：

（1）生产节拍是多少？

（2）设成品超市还是直接发送？

（3）有哪些环节连续流动生产？

（4）哪些环节用看板拉动控制上游生产？

（5）哪些环节按预定计划生产？

（6）怎样保持各生产环节的均衡性？

（7）增加工作量能维持生产节拍吗？

（8）根据未来状态图，哪些工艺改进是必须完成的？

绘制未来状态图的准则包括：按照节拍时间生产；生产线平衡的改善方法，也就是改善生产过程中的瓶颈；在连续流程无法向上游扩展时，建立一个超市来控制生产；下达订单到一个点（定拍工序）；在定拍工序，均衡地安排生产多种产品；尽可能建立连续流；持续地向定拍工序下达小批量的生产指令；在定拍工序的上游工序建立“每天生产每种零件”的能力。

1. 明确用户需求

确认用户需求，安排生产。用户需求要与企业经营目标尽量结合，以保证企业经营战略的实现。

2. 绘制未来工艺流程

同绘制当前状态价值流图一样，从用户的角度确定加工工艺，并按照实际流动方向画出矩形框，标注精益生产所需要的各类信息。未来状态工艺流程图如图 5-9 所示。

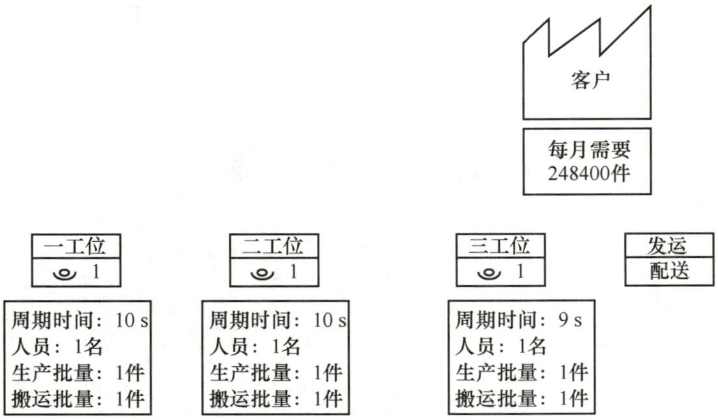

图 5-9 未来状态工艺流程图

3. 绘制改进的物料流

这一步重点关注不能连续流动的环节。如果生产不能连续流动，就要在整个系统中实施先进先出。绘制未来状态的物料流图，如图 5-10 所示。

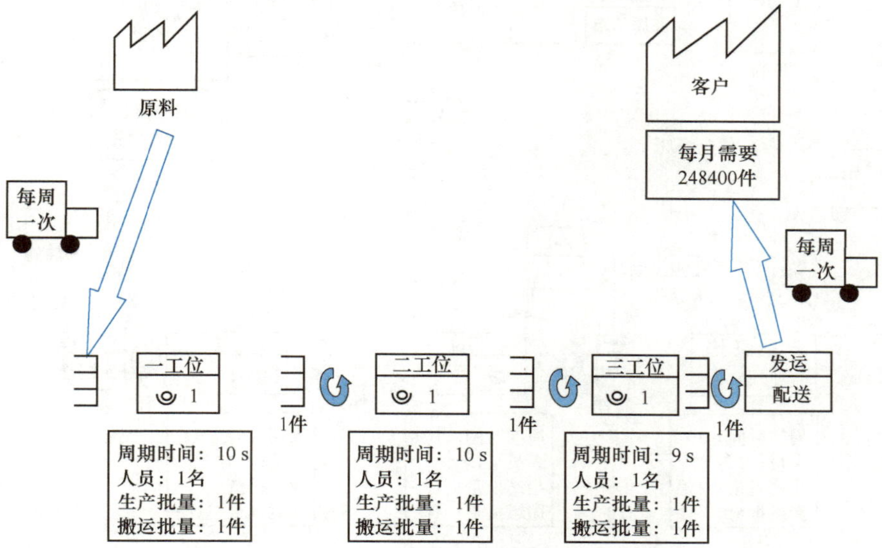

图 5-10　未来状态物料流图

4. 绘制改进的信息流

接下来绘制信息流图，信息流按照精益生产方式拉动物料流动。为此，需要建立信息系统向上游工序传递信息，信息传递方式可以用均衡箱或看板等多种方式，信息流图应该在广泛征求员工意见的基础上加以改进。绘制未来状态的信息流图，如图 5-11 所示。

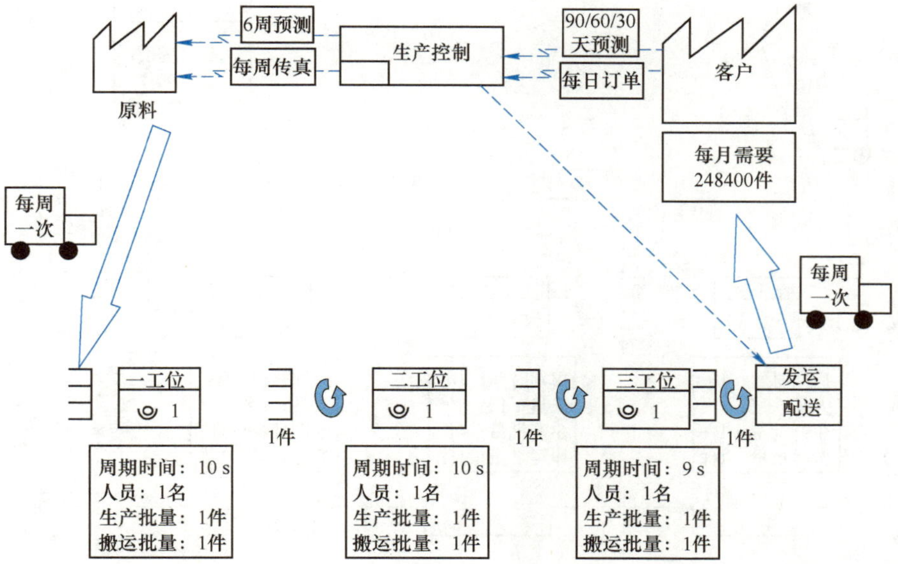

图 5-11　未来状态信息流图

5. 改进生产操作过程

这一步需要考虑对生产线上的活动做改进，从而实现对流动生产的改进，如图 5-12 所示。

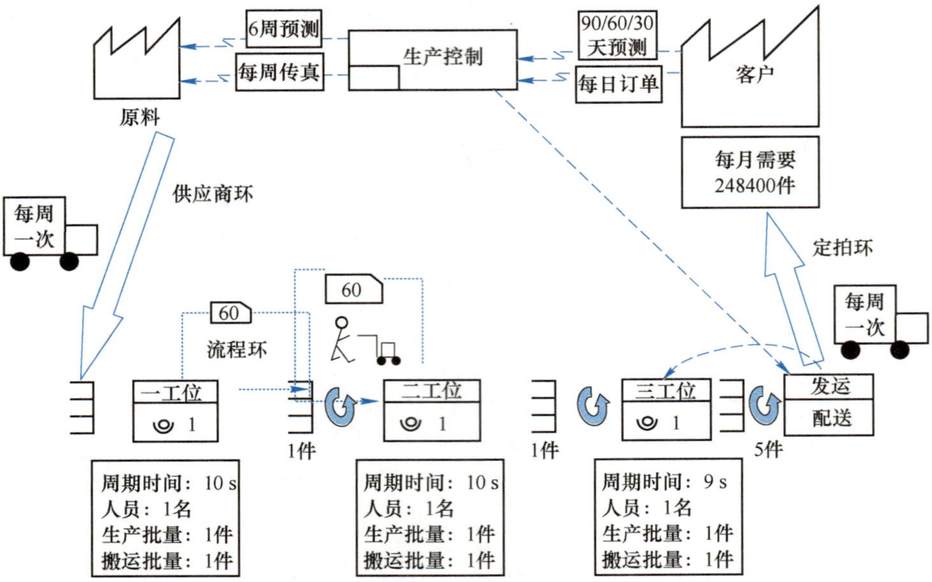

图 5-12　改进生产操作过程

6. 计算未来生产周期

用时间线计算未来状态的生产周期，绘制未来状态价值流图，如图 5-13 所示。

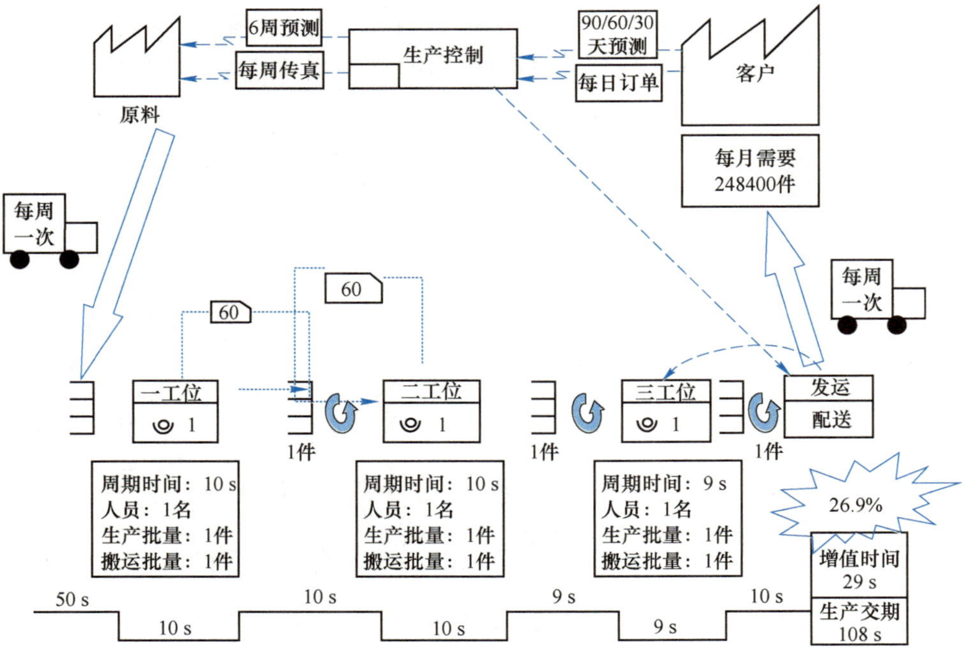

图 5-13　未来状态价值流图

7. 判定是否满足用户需求

完成未来状态价值流图的绘制后，要根据改进情况判定生产产品数量是过多、不足，还是正好满足用户需求，以及是否有足够的生产能力完成产品生产。如果不能达到目标，就要重新设计价值流图。

四、价值流改善的实施要点

（一）制订计划

未来状态价值流图描绘了精益生产所需要完成的工作，价值流实施计划规定了工作怎样开展。价值流经理负责计划的制订和实施，制订完成后应向全体成员公布，并且明确完成任务的责任人和时间。

价值流计划要做到确保满足用户需求，明确实施步骤及方法，保证生产过程的均衡性。

（二）组织实施

未来状态价值流图的重点在于上下游相关联的生产流动循环，每次循环都伴随着精益生产的物料流和信息流。循环过程由第一道工序开始，到最后一道工序终止，周而复始、反复循环。价值流管理的目标就是使这样的循环顺畅，不间断地进行下去。

当生产过程的所有环节都确定以后，团队成员就可以把重点放在每一个具体的价值流环的改进上，但这个过程必须围绕精益改造总体目标实施。

（三）持续改进

价值流管理需要科学分析、系统管理，根据环境变化持续改进。对外增强与供应商和用户的沟通，对内鼓励员工提出合理化建议，认真对待精益生产改进过程出现的每一个问题，鼓励员工追求卓越、不断进取是持续改进的有效措施。

综上所述，价值流图是一个简单却十分有效的可视化管理工具。它帮助我们寻找浪费，整体认识产品生产工艺、物料流和信息流。通过对当前生产状态的分析，暴露出生产过程存在的问题，而每一个问题既是浪费的源泉，也是持续改进的出发点。未来状态价值流图展示了解决问题的方法或备选方案，有助于实现从当前状态向未来状态的转变。对于价值流图没有涉及的领域，如设备维修和工具管理，则要借助目视管理、5S 管理等其他管理方法，围绕价值流目标实施。

在价值流图应用过程中，培养企业员工用消除浪费的观点审视自己的工作领域，形成用精益方法观察分析问题的习惯。

? 课后思考题

（1）什么是价值？

（2）如何区分增值和非增值活动，浪费有几种形式？

（3）简述绘制价值流图的步骤。
（4）简述绘制未来状态图要遵循的原则。

任务六 现场 5S 与目视化管理

任务六课件

任务目标

知识目标：

（1）了解现场 5S 管理基本理论；
（2）掌握现场 5S 在精益管理的应用方法；
（3）了解目视化管理基本理论；
（4）掌握目视化管理在精益管理中的应用。

能力目标：

（1）能够运用 5S 工具开展精益管理的能力；
（2）具备运用目视化开展精益管理的能力。

素养目标：

（1）培养学生良好的工作习惯；
（2）提高学生的职业素养。

知识准备

现场 5S 与目视管理的方法、手段，构筑了一个整洁、明朗、一目了然的工作现场，其最终目的是提升人的素养，让全体员工养成消除马虎之心、认真对待每一件小事、有规定按规定去做事的良好习惯，是追求完美的精益管理方式导入企业的基础。现场 5S 是管理合理化的前提，它不但可以强化组织规范运作，将一个混乱的企业整理得井然有序，使人感觉安全、美观，还能提高产品品质、降低生产成本。目视管理是利用形象直观、颜色适宜的各种视觉感知信息标识来指导、组织现场生产活动，达到提高现场效率的一种管理手段。实施现场 5S 与目视管理，可以让全体员工通过眼睛了解现在企业的生产状况如何、各部门为提高生产效率应该如何去做等。这是进行现场管理最行之有效的管理方法。

一、现场 5S 与目视化管理概述

（一）现场 5S 基本原理

1. 5S 管理的起源

5S 管理起源于日本，是指在生产现场中对人员、机器、材料、方法等生产要素进行有效的管理，这是日本企业独特的一种管理办法。

1955年，日本的5S的宣传口号为“安全始于整理，终于整理整顿”。当时只推行了前两个S，其目的仅确保作业空间和安全。后因生产和品质控制的需要而又逐步提出了3S，也就是清扫、清洁、修养，从而使应用空间及适用范围进一步拓展，到了1986年，日本的5S的著作逐渐问世，从而对整个现场管理模式起到了冲击的作用，并由此掀起了5S的热潮。

2. 5S管理的定义

所谓5S，是指对生产现场各生产要素（主要是物的要素）所处状态不断进行整理、整顿、清洁、清扫、提高素养及安全的活动。由于整理（Seiri）、整顿（Seiton）、清扫（Seiso）、清洁（Seiketsu）和素养（Shitsuke）这五个词在日语中罗马拼音或英语中的第一个字母是“S”，所以简称5S。

（1）整理。整理是指区分需要与不需要的事、物，再对不需要的事、物加以处理。在现场工作环境中，区分需要的和不需要的工具及文件等物品对于提高工作效率是很有必要的。

整理是改善生产现场的第一步。首先应对生产现场摆放和停置的各种物品进行分类，然后对于现场不需要的物品，诸如用剩的材料、多余的半成品、切下的料头、切屑、垃圾、废品、用完的工具、报废的设备、个人生活用品等，应坚决清理出现场。

（2）整顿。整顿是把需要的事、物加以定量和定位。通过上一步整理后，对生产现场需要留下的物品进行科学合理的布置和摆放，以便最快速地取得所要之物，在最简捷、有效的规章、制度、流程下完成工作。

生产现场物品的合理摆放使得工作场所一目了然，整齐的工作环境有利于提高工作效率，提高产品质量，保障生产安全。

（3）清扫。清扫是将工作场所内看得见和看不见的地方打扫干净，当设备出现异常时马上及时进行修理，使之恢复正常运转状态。清扫过程是根据整理、整顿的结果，将不需要的部分清除出去，或者标示出来放在仓库之中。

现场在生产过程中会产生灰尘、油污、铁屑、垃圾等，从而使现场变脏。脏的设备会使设备精度下降，故障多发，影响产品质量，使安全事故防不胜防；脏的现场更会影响人们的工作情绪。因此，必须通过清扫活动来清除那些杂物，创建一个明快、舒畅的工作环境，以保证安全、优质、高效率地工作。

（4）清洁。清洁是在整理、整顿、清扫等管理工作之后，将上面3S实施的做法制度化、规范化，认真维护已取得的成果，使其保持完美和最佳状态。因此，清洁的目的是坚持前3S几个管理环节的成果。“整理、整顿、清扫”一时做到并不难，但要长期维持就不容易了，若能经常保持3S的状态，也就做到达到了清洁管理的要求了。清洁并不是能单纯从字面上来理解，它是对前几项管理活动的坚持和深入，从而创造一个良好的工作环境，使员工能愉快地工作。这对帮助企业提高生产效率、改善整体的绩效是很有帮助的。

（5）素养。所谓素养，是指培养文明礼貌习惯，按规定行事，养成良好的工作习惯。

5S 管理始于素质，也终于素质，5S 管理的核心是提高参与者的品质。如果人的素养没有提高，5S 管理将无法长期坚持下去。因此，提高素养的目的是培养拥有良好习惯、遵守规则的员工，培养文明的人，营造团队精神。

3. 推进 5S 管理的目的

（1）改善和提高企业形象。整齐、清洁的工作环境，容易吸引顾客，让顾客有信心；同时，由于口碑相传，会成为其他公司的学习对象。

（2）促成效率的提高。良好的工作环境和工作气氛，有修养的工作伙伴，物品摆放有序，不用寻找，员工可以集中精神工作，工作兴趣高，效率自然会提高。

（3）改善零件在库周转率。整洁的工作环境，有效的保管和布局，彻底进行最低库存量管理，能够做到必要时能立即取出有用的物品。工序间物流通畅，能够减少甚至消除寻找、滞留时间，改善零件在库周转率。

（4）减少直至消除故障，保障品质。优良的品质来自优良的工作环境。通过经常性的清扫、点检，不断净化工作环境，避免污物损坏机器，维持设备的高效率，提高品质。

（5）保障企业安全生产。储存明确，物归原位，工作场所宽敞明亮，通道畅通，地上不会随意摆放不该放置的物品。如果工作场所有条不紊，意外的发生也会减少，当然安全就会有保障。

（6）降低生产成本。通过实施 5S，可以减少人员、设备、场所、时间等的浪费，从而降低生产成本。

（7）改善员工精神面貌，使组织活力化。人人都变成有修养的员工，有尊严和成就感，对自己的工作尽心尽力，并带动改善意识（可以实施合理化建议改善活动），增加组织的活力。

（8）缩短作业周期，确保交货期。由于实施了“一目了然”的管理，使异常现象明显化，减少人员、设备、场所、时间等的浪费，生产顺畅，提高了作业效率，缩短了作业周期，从而确保交货期。

（二）目视化管理基本原理

1. 目视化管理概念

目视化管理是现场管理的一部分，是将生产管理内容通过视觉影响，改变人的工作意识的一个管理工具、方法。即通过标准、图例、表单及绩效记录等将管理状态、现场状态清楚地展示出来，以便管理人员及操作人员，能通过反复记忆从而记住那些影响质量、成本的关键要素。因此，目视化管理为现场管理不可或缺的基础之一。

在日常活动中，我们通过“五感（视觉、嗅觉、听觉、触觉、味觉）来感知事物，其中最常用的是“视觉”。据统计，人的行动的 60% 是从“视觉”的感知开始的。因此，在企业管理中，强调各种管理状态、管理方法得清楚明了，达到“一目了然”，从而容易明白、易于遵守，让员工自主性地完全理解、接受、执行各项工作。其最终目的是：提高管理水平，优化组织结构，提高生产效率，并形成明快顺畅、具有活力的企业特色。

2. 目视化管理三原则

（1）无论是谁都能判明是好是坏。有异常发生时，无论是谁都能发现和判断。也就是说，现场要做到谁来看都能看见，过程看得见，结果看得见。并且简单，谁都能看得懂。

（2）能够迅速且准确判断。第一条是能够判断，但仅能够判断是不够的。生产现场目视化管理，还需要快速判断，准确判断。这就要求对生产现场的一些常规性问题，一些异常，大家都有能力，都能熟练地去进行判断，每个人都知道一些问题的判断标准。

（3）判断结果不会因人而异。这个又进了一步，是标准统一性的要求。一是要求大家对标准、对目视化内容的理解是一致的，二是要求大家有相互一致的判断方法与判断准则。

3. 推行目视化管理的要求

推行目视化管理，一定要从企业实际出发，有重点、有计划地逐步展开。在这个过程中，应做到的基本要求是统一、简约、鲜明、实用、严格。

（1）统一，即目视管理要实行标准化，消除五花八门的杂乱现象。

（2）简约，即各种视觉显示信号应简洁易懂，一目了然。

（3）鲜明，即各种视觉显示信号要清晰，位置适宜，现场人员都能看得见、看得清。

（4）实用，即不摆花架子，少花钱、多办事，讲求实效。

（5）严格，即现场所有人员都必须严格遵守和执行有关规定，有错必纠，赏罚分明。

4. 目视化管理的主要内容

（1）规章制度与工作标准的公开化。为了维护统一的组织和严格的纪律，保持企业生产所要求的连续性、比例性和节奏性，提高劳动生产率，实现安全生产和文明生产，凡是与现场工人密切相关的规章制度、标准、定额等，都需要公布于众；与岗位工人直接有关的，应分别展示在岗位上，如岗位责任制、操作程序图、工艺卡片等，并要始终保持完整、正确和洁净。

（2）生产任务与完成情况的图表化。现场是协作劳动的场所，因此，凡是需要大家共同完成的任务都应公布于众。计划指标要定期层层分解，落实到车间、班组和个人，并列表张贴在墙上；实际完成情况也要相应地按期公布，并用作图法，使大家看出各项计划指标完成中出现的问题和发展的趋势，以促使集体和个人都能按质、按量、按期地完成各自的任务。

（3）与定置管理相结合，实现视觉显示信息的标准化。在定置管理中，为了消除物品混放和误置，必须有完善而准确的资讯显示，包括标志线、标志牌和标志色。因此，目视管理在这便自然而然地与定置管理融为一体，按定置管理的要求，采用清晰的、标准化的资讯显示符号，将各种区域、通道，各种辅助工具（如料架、工具箱、工位器具、生活柜等）均应运用标准颜色，不得任意涂抹。

（4）生产作业控制手段的形象直观与使用方便化。为了有效地进行生产作业控制，使每个生产环节，每道工序能严格按照期量标准进行生产，杜绝过量生产、过量储备，要采用与现场工作状况相适应的、简便实用的信息传导信号，以便在后道工序发生故障或由于其他原因停止生产，不需要前道工序供应在制品时，操作人员看到信号，能及时停止投入。例如，“广告牌”就是一种能起到这种作用的资讯传导手段。

各生产环节和工种之间的联络，也要设立方便实用的资讯传导信号，以尽量减少工时损失，提高生产的连续性。例如，在机器设备上安装红灯，在流水线上配置工位单元故障显示幕，一旦发生停机，即可发出信号，巡回检修工看到后就会及时前来修理。

生产作业控制除了期量控制外，还要有质量和成本控制，也要实行目视管理。例如，质量控制，在各质量管理点（控制），要有质量控制图，以便清楚地显示质量波动情况，及时发现异常，及时处理。车间要利用板报形式，将“不良品统计日报”公布于众，当天出现的废品要陈列在展示台上，由有关人员会诊分析，确定改进措施，防止再度发生。

（5）物品的码放和运送的数量标准化。物品码放和运送实行标准化，可以充分发挥目视管理的长处。例如，各种物品实行“五五码放”，各类工位器具，包括箱、盒、盘、小车等，均应按规定的标准数量盛装，这样，操作、搬运和检验人员点数时既方便又准确。

（6）现场人员着装的统一化与实行挂牌制度。现场人员的着装不仅起劳动保护的作用，在机器生产条件下，也是正规化、标准化的内容之一。它可以体现职工队伍的优良素养，显示企业内部不同单位、工种和职务之间的区别，因而还具有一定的心理作用，使人产生归属感、荣誉感、责任心等，对于组织指挥生产，也可创造一定的方便条件。

挂牌制度包括单位挂牌和个人佩戴标志。按照企业内部各种检查评比制度，将那些与实现企业战略任务和目标有重要关系的考评专案的结果，以形象、直观的方式给单位元挂牌，能够激励先进单位更上一层楼，鞭策后进单位奋起直追。个人佩戴标志，如胸章、胸标、臂章等，其作用同着装类似。另外，还可同考评相结合，给人以压力和动力，达到催人进取、推动工作的目的。

（7）色彩的标准化管理。色彩是现场管理中常用的一种视觉信号，目视管理要求科学、合理、巧妙地运用色彩，并实现统一的标准化管理，不允许随意涂抹。这是因为色彩的运用受多种因素制约。

首先受技术因素的制约。不同色彩有不同的物理指标，如波长、反射系数等。强光照射的设备，多涂成蓝灰色，是因为其反射系数适度，不会过分刺激眼睛。危险信号多用红色，这既是传统习惯，也是因其穿透力强，信号鲜明的缘故。

其次受生理和心理因素的制约。不同色彩会给人以不同的重量感、空间感、冷暖感、软硬感、清洁感等情感效应。例如，高温车间的涂色应以浅蓝、蓝绿、白色等冷色为基调，可给人以清爽舒心之感；低温车间则相反，适宜用红、橙、黄等暖色，使人感觉温暖。

5. 目视化管理的类别

（1）红牌作战。红牌，适宜于5S中的整理，是改善的基础起点，用来区分日常生产活动中非必需品，挂红牌的活动又称为红牌作战。

（2）看板管理。用在 5S 的看板作战中，使用的物品放置场所等基本状况的表示板。它的具体位置在哪里，做什么，数量多少，谁负责，甚至是谁来管理等重要的项目，让人一看就明白。5S 的推动，它强调的是透明化、公开化，相同的是目视管理的一个先决条件，就是消除黑箱作业。

（3）信号灯或者异常信号灯。在生产现场，一线的管理人员必须随时知道，作业员或机器是否在正常地开动，是否在正常作业，信号灯是工序内发生异常时，用于通知管理人员的工具。信号灯的种类有如下几种。

1）发音信号灯：适用于物料请求通知，当工序内物料用完时，或者该供需的信号灯亮时，扩音器马上会通知搬送人员及时地供应，几乎所有的工厂主管都一定很了解，信号灯必须随时让它亮，信号灯也是在看板管理中的一个重要的项目。

2）异常信号灯：用于产品质量不良及作业异常等异常发生场合，通常安装在大型工厂的较长生产、装配流水线。一般设置红或黄这样两种信号灯，由员工来控制，当发生零部件用完，出现不良产品及机器的故障等异常时，往往影响到生产指标的完成，这时由员工马上按下红灯的按钮，等红灯一亮，生产管理人员都要停下手中的工作，马上前往现场，予以调查处理，异常被排除以后，管理人员就可以把这个信号灯关掉，然后继续维持作业和生产。

（4）运转指示灯、进度灯。

1）运转指示灯：检查显示设备状态的运转、机器开动、转换或停止的状况，停止时还显示它的停止原因。

2）进度灯：它是比较常见的，安装在手动或半自动生产线，它的每一道工序间隔是 1~2 min，用于组装节拍的控制，以保证产量。进度灯一般分为 10 分。对应于作业的步骤和顺序，标准化程序，它的要求也比较高。

（5）操作流程图。操作流程图本身是描述工序重点和作业顺序的简明指示书，也称为步骤图，用于指导生产作业。在一般的车间内，特别是工序比较复杂的车间，在看板管上一定要有个操作流程图。原材料进来后，第一个流程可能是签收，第二个工序可能是点料，第三个工序可能是转换，或者转制，这就称为操作流程图。

（6）反面教材。反面教材，一般它是结合现物和柏拉图的表示，就是让现场的作业人员明白，也知道他的不良现象及后果。一般是放在人多的显著位置，让人一看就明白，这是不能够正常使用，或不能违规操作。

（7）提醒板。提醒板，用于防止遗漏。健忘不可能杜绝，只有通过一些自主管理的方法来最大限度地减少遗漏或遗忘。比如有的车间内的进出口处，有一块板子，今天有多少产品要在何时送到何处，或者什么产品一定要在何时生产完毕。或者有领导来视察，下午两点钟有一个什么检查，这些都统称为提醒板。一般来说，提醒板用纵轴表示时间，横轴表示日期，纵轴的时间间隔通常为 1 h，一天用 8 h 来区分，每 1 h，就是每一个时间段记录正常、不良或者是次品的情况，让作业者自己记录。提醒板一个月统计一次，在每个月的例会中总结，与上个月进行比较，看是否有进步，并确定下个月的目录，这是提醒板的另一个作用。

（8）区域线。区域线就是对半成品放置的场所或通道等区域，用线条把它画出，主要用于整理与整顿、异常原因、停线故障等，用于看板管理。

（9）警示线。警示线就是在仓库或其他物品放置处等地方，用来表示最大或最小库存量的涂在地面上的彩色漆线，用于看板作战中。

（10）告示板。告示板，是一种及时管理的道具，也就是公告，或是一种让大家都知道，比方说今天下午两点钟开会，告示板就是书写这些内容。

（11）生产管理板。生产管理板，是揭示生产线的生产状况、进度的表示板，记入生产实绩、设备开动率、异常原因（停线、故障）等，用于看板管理。

二、现场5S与目视化管理在精益管理中的作用

（一）现场5S在精益管理中的作用

现场5S管理是企业管理的基础，现场5S管理水平的高低代表着企业管理水平的高低，制约了企业开展精益管理能否顺利地推动或推行。现场5S和精益管理都是起源于20世纪50年代日本企业独有的生产管理方法，开始之初的目的都是围绕对现场的“人员、机器、材料、方法、环境”等生产要素进行有效的管理。丰田公司开创了精益生产的先河，但同时又是50年代日本5S活动最有名的倡导者。随着社会经济和管理的发展，精益生产已由最初面向生产制造环节向企业各个范畴延伸，精益生产的知识理论构建也已形成一套比较成熟的方法工具体系和改善文化基因，其中5S作为一种管理方法也归纳于精益管理的模式体系中，并且通常视5S作为开展精益管理的基础。

1. 整理与库存

在精益管理中库存被认为是生产问题的万恶之源和最大浪费，并因此而诞生的后拉式生产、准时生产（JIT）等方式都是为了加快生产流转速度，避免库存的产生。而5S的第1个S就是整理，整理从字面的定义就是区分必需与非必需品，现场不放置非必需品。绝大部分企业把整理的“要与不要”做得太简单了，整理进行到把废品、呆滞物进行清理即止，但仍有相当部分企业对不要物的处理都下不了决心，很少会有管理者会把5S的整理和企业的库存联系起来，做到相提并论。在此我们先要认识库存产生的缘由：传统生产模式中为了避免可能造成的生产停顿，人为地生产比实际需求量多的物品或提前预备一定的库存，认为库存是理所当然。但到了微利时代，库存所带来的“不必要劳动力、过多设备投入、资金积压”的弊端日渐突显，库存成为有可能压垮企业的稻草。5S的整理不应只是处理不要物，更要去查找不要物产生的原因，弄清楚使用价值，使用量是多少，应该保持的合理量是多少。如果从这个角度去开展整理工作，你就会很容易对企业现场的物资发问，“这个东西摆在这里是否合适？摆这么多是否合理?”每个部门、每个工序、每个岗位的去整理“要与不要，区分必需与非必需”，那么企业的整体物资库存就能得到有效控制。在整理中不断减少库存，在降低库存过程中通过整理去发现导致库存发生的原因。实施彻

底的整理去重新梳理企业各类物资的库存量，清理显而易见能看见的不要物这只是初级的整理，通过整理得以实现库存下降这才是整理的真本领。

2. 整顿与看板

精益管理中的看板管理并不是生产制度，而是实现准时生产（JIT）的一种生产手段。通过以看板传递信息的方式达将独立的生产工序快速联动营运。最初的丰田看板主要是运用在取料指令与生产指令，取料看板标明了后道工序应领取物料的数量信息，生产看板则显示前工序应生产物品的数量信息，各工序依看板指令进行作业。现在看板的应用并不局限于领料和生产，例如现场质量看板、生产计划进度板、企业文化宣传板等各类信息展示板都可归看板的范畴。5S 管理的第 2 个 S 是整顿，整理的定义是将现场必要的物品按便于使用的目的摆放，做到其摆放方法和位置便于任何人取用，重点在于如何及时取得所需物品和高效使用空间，特别是其中的“三定原则”，即物品放置的场所、放置的容器和放置的数量更是考验大家对不同区域现场管理的理解，一个高水平的整顿现场是至少能提升 10%的工作效率。想要在企业的生产系统实施后拉式的生产方式，现场物品的 5S 的整顿水平就尤为关键，只有将各类物品、工序状态做到整整有序、一目了然、规则明确，各工序间的快速关联生产才能得以实现，现场的整顿为各工序的拉式生产提供环境保障基础。整顿不是随便简单的物品放置，而是门摆放的艺术，要研究不同场所每件物品的“放置地点、摆放方法、放置数量”，要结合用途和管理进行研究，只有人和物得到最佳结合，现场的安全、效率、质量才能展现出最佳状态。

3. 清扫与杜绝浪费

大多企业把 5S 的清扫做到“划分区域负责人、打扫现场卫生”的阶段，其实能把这些真正落实到位的企业也并不多，很多企业现场的脏乱是时好时坏，没有得到很好的维持。但对于“清扫”我们的追求应是什么？我们希望通过清扫解决什么？如果仅把清扫局限于保持现场的干净那只是最基本的清扫，有可能你雇佣专门的清洁员也会比让众多员工去清扫的成本更低。精益有句名言“降低成本的最好方式就是不让成本发生”，同样如果清扫是需要花大力气去维持，日复一日的不变，这称不上是好的 5S 清扫，对于 5S 的清扫要追求改善式的清扫作业，让清扫变得更有意义。

4. 清洁与标准化

标准化是企业实现标准化生产和保障作业稳定的前提，也是使问题浮现的法宝。标准流程、标准作业、标准布局、标准连锁经营无不显示标准化在各行各业的广泛应用，没有标准化就不要去谈质量始终如一和企业的良性发展。5S 的清洁是指将整理、整顿、清扫进行彻底，并且以制度的形式把前 3S 取得的成果持续下去。通过制度化对人员的做事行为和对事物的状态进行规范和约束达到维持成果的目的，因此清洁的本质就是标准化。标准化本身是一件平淡细微的工作，有些管理人员会以小而不为，但一道工序的操作、一件产品的制造、一家企业的稳健成长，标准化是其中的关键之一。当然，仅有标准和制度也不行，有了制度不等于执行，执行了不等于做到位。“制度化-定期检查-人员教育”是实施 5S 清洁的要领，通过彻底的检查和人员教育去落实每一项所制定的标准，使标准化成为企业稳健发展的有力保证。

5. 素养与持续改善

精益生产和六西格玛有个很大的区别：精益倡导每位员工都是改善者，走的是大众路线；而六西格玛是需要具备一定的专业统计知识和改善技术，走的是精英路线。精益首先强调的是理念，建立全员的改善意识，鼓励每位员工用自己的智慧为企业出谋划策，充满活力的企业特征之一是员工的合理化建议数量。5S 最后一个 S 是素养，这里的素养不是指员工文化程度的高低，而是强调员工要形成良好的做事习惯和积极主动的团队精神。员工只有在具备团队意识、热爱企业的前提之下才会对企业中的问题有改善的欲望，但如果想要做到持续改善这又需要员工的纪律性和团队性。推动员工素养形成的过程实质是在拉近员工和企业的距离，有素养的员工必定是位进取的员工，有进取心的员工才会有改善意念，这样改善就有可能成为员工们的日常行为。企业中所有的问题都是因人而异，解决问题关键也是在于人，如果能解决人的问题企业的事自然就能办好。当员工们都能按照制定的程序做事，都具有积极主动的精神，再结合他们改善的智慧，这就是学习型组织。持续改善决定着企业将来能到达的高度，而人员的素养又影响着改善的深度，两者相辅相成，相互促进。推行 5S 的素养要结合改善进行，以“遵守规则的员工、培养文明的员工、进取改善的员工、相互合作的团队”这四点为核心展开 5S 素养，使现场“形似向神似”和人员“被动向自动”转变，这样企业才能不断地蓬勃发展。

（二）目视化管理在精益管理中的作用

目视化管理是实现精益生产的基础工作，是实现自动化和准时生产的有力保证。目视化管理具体作用可以分为以下几个方面。

（1）目视化管理形象直观，有利于提高工作效率。现场管理人员组织指挥生产，实质是在发布各种信息。操作工人有秩序地进行生产作业，就是接收信息后采取行动的过程。在机器生产条件下，生产系统高速运转，要求信息传递和处理既快又准。如果与每个操作工人有关的信息都要由管理人员直接传达，那么不难想象，拥有成百上千工人的生产现场，将要配备多少管理人员。仪器、电视、信号灯、标识牌、图表等都可以发出可视信号。其特点是形象直观，容易认读和识别，简单方便。在有条件的岗位，充分利用视觉信号显示手段，可以迅速而准确地传递信息，无须管理人员现场指挥即可有效地组织生产。

（2）透明度高，发挥激励和协调作用，有利于提高自主管理、自我控制的能力。实行目视化管理，对生产作业的各种要求可以做到公开化。干什么、怎样干、干多少、什么时间干、在何处干等问题一目了然，这就有利于人们协契配合、互相监督，使违反劳动纪律的现象不容易隐藏。例如，根据不同车间和工种的特点，规定穿戴不同的工作服和工作帽，很容易使那些擅离职守、串岗聊天的人处于众目睽睽之下，促使其自我约束，逐渐养成良好习惯。又如，车间将对员工的考核数据记录在管理看板上，这样目视化管理就能起到鼓励先进、鞭策后进的激励作用。

（3）目视化管理有利于产生良好的生理和心理效应。对于改善生产条件和环境，人们往往比较注意从物质技术方面着手，而忽视现场人员生理、心理和社会特点。例如，控制机器设备和生产流程的仪器、仪表必须配齐，这是加强现场管理不可缺少的物质条件。比如，哪种形状的刻度表容易认读，数字和字母的线条粗细的比例多少才最好，白底黑字是否优于黑底白字等问题，人们对此一般考虑不多。然而这些却是降低误读率、减少事故必须予以认真考虑的生理和心理需要。目视化管理十分重视综合运用管理学、生理学、心理学和社会学等多学科的研究成果，能够比较科学地改善同现场人员视觉感知有关的各种环境因素，使之既符合现代技术要求，又适应人们的生理和心理特点。这样，就会产生良好的生理和心理效应，调动并保护工人的生产积极性。

（4）形象直观地将潜在的问题和浪费现象都显现出来。目视化管理依据人类的生理特征，充分利用信号灯、标识牌、符号颜色等方式来发出视觉信号，鲜明准确地刺激人的神经末梢，快速地传递信息，形象直观地将潜在的问题和浪费现象都显现出来。不管是新进的员工，还是新的操作手，都可以与其他员工一样，一看就明白问题出在哪里。

（5）促进企业文化的建立和形成。目视化管理通过对员工的合理化建议的展示、优秀事迹和先进的表彰、公开讨论栏、关怀温情专栏、企业宗旨、远景规划等各种健康向上的内容，能使所有员工形成一种非常强烈的凝聚力和向心力，这些都是建立优秀企业文化的重要组成部分。

（6）有利于实现自动化和准时生产。在目视化管理手段中，有指示灯、指示牌、警报器灯等各种各样的警示工具，在实施自动化的时候，可以采用各种各样的目视化管理手段来监控生产线的状态和生产的流动情况。当生产出现异常情况时，就可以通过这些工具及时显现出来，以达到自律控制的目的，并能预防其再发生。此外，在精益生产中采用看板和各种数字表示板作为组织生产的工具，可以有效地保证及时完成生产计划，实现准时化生产。

三、现场 5S 与目视化管理的实施

（一）现场 5S 在精益管理中的实施

1. 5S 管理推进步骤

（1）成立 5S 推进组织。成立 5S 管理推进组织——5S 推进小组，确定一名高层管理者为 5S 推行者，全面负责公司日常的规划与监督，由中层、基层管理者主导 5S 管理活动的开展，负责检查、清洁日常工作中 5S 管理的实施情况和效果。日常不良的工作及生活内容，由推行者进行记录，并组织各部门负责人进行会议讨论整改，做到及时、有效、快速的解决。

（2）拟定推进方针及目标。推行 5S 活动，将依据公司制定的方针和目标，制定各部门具体可行的 5S 方针，作为 5S 活动的准则。方针一旦制定，将广为宣传。例如，在员工餐厅、各区员工休息室张贴 5S 的标语海报等宣传品，增加全员的印象，让要实现的目标

更加明朗化。5S 活动推进时，将每年的目标分解为每月设定一个目标，作为活动努力的方向和便于活动过程中成果的评估。

（3）拟定推行计划及实施办法。活动实施办法制定方法是先对基层管理人员进行 5S 管理知识培训，由他们结合本区域现实状况，拟定本区域的 5S 执行规范，再收集起来，经 5S 推进小组采取文件会审的办法达成共识，经修订、审核后发布执行。5S 活动推行计划表见表 6-1。

表 6-1 5S 活动推行计划表

项目	推行计划												备注
	1 月	2 月	3 月	4 月	5 月	6 月	7 月	8 月	9 月	10 月	11 月	12 月	
5S 全员培训教育													
建立 5S 推进小组													
推进 5S 改善样板													
5S 日													
5S 评比与看板作战													
5S 之星													

（4）培训教育。为将 5S 推行工作做到实处，对各部门全员进行 5S 管理密切相关内容（理论、实际操作和检查评比）的培训。具体计划内容包括：5S 的内容及目的、5S 的实施办法和 5S 的评比办法。另外，新员工入职培训中加入以上 5S 的相关内容。

（5）宣传造势。

1）由部门经理和主管表达推行 5S 活动的决心。

2）领导以身作则，定期或不定期地巡视现场，让员工感受被重视。

3）利用企业内部刊物宣传介绍 5S 管理知识。

4）外购或制作 5S 海报及标语在员工餐厅、各区培训室、休息室张贴。

5）每月抽一天定为 5S 日/安全日，由经理亲自带头对各区的 5S 执行情况进行抽查，进行 5S 的加强及再教育。

6）举办各种活动及比赛。

（6）局部推进 5S。

1）选定样板区：由 5S 领导小组对部门所负责的各区域现场进行诊断，根据各区域的实际情况选定样板区。

2）实施改善：集中精锐力量，对各区域选定的样板区进行现场改善，对改善前后的状况摄影。

3）效果确认：由经理对各区样板区的效果进行确认。

4）经验交流：总结经验，克服缺点，各区参照经理确认后样板区的标准对区域现场进行整改并推广。

（7）5S 巡回诊断与评估。

1）5S 推进小组定期或不定期地巡视现场，了解各区域是否有计划、有组织地开展活动。

2）5S 问题点的质疑、解答。

3）了解各区域现场 5S 的实施状况，并针对问题点与区域负责人进行沟通后要求其限期整改。

4）每周值班经理值班巡查项目中需包含 5S 相关内容，对查出的问题在部门例会时指出由相关区域进行整改并做跟进。

5）对于部门经理及主管在巡察中发现的 5S 不合格项，按照《各部管理指标考核细则》中相应的评分标准执行。

6）对活动优秀区域加以表扬、奖励，对最差区域给予曝光并惩罚，具体以积分的形式列入区域季度、年度考核中。

7）员工的 5S 执行情况，将与员工每月奖金部分中的仪容仪表奖、安全与遵纪奖奖项级别挂钩。

2. 5S 管理实施要点

（1）整理的实施要点。整理的流程大致可分为分类、归类、制定基准、判断要与不要、处理以及改善 6 个步骤，如图 6-1 所示。对于 5S 管理来说，整理的流程中最为重要的步骤就是制定“要不要”“留不留”的判断基准。如果判断基准没有可操作性，那么整理就无从下手。

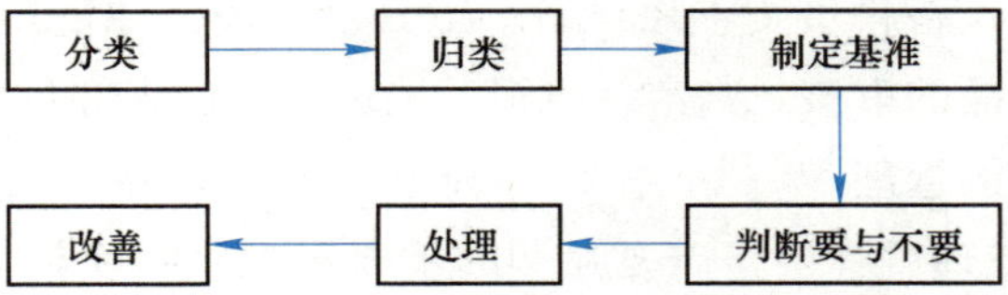

图 6-1　整理的流程

整理的实施要点就是对生产现场中摆放和停置的物品进行分类，然后按照判断基准区分出物品的使用等级。可见，整理的关键在于制定合理的判断基准。在整理中有三个非常重要的基准：第一，“要与不要”的判断基准；第二，场所的基准；第三，废弃处理的原则。

1）“要与不要”的判断基准。“要与不要”的判断基准应当非常明确。例如，办公桌的玻璃板下面不允许放置私人照片。表 6-2 中列出了实施 5S 管理后办公桌上允许及不允许摆放的物品，通过目视管理，进行有效的标识，就能找出差距，这样才能有利于改正。

表 6-2 办公桌上允许及不允许摆放的物品

要（允许放置）	不要（不允许放置）
1. 电话号码本 1 个	1. 照片（如玻璃板下）
2. 台历 1 个	2. 图片（如玻璃板下）
3. 三层文件架 1 个	3. 文件夹（工作时间除外）
4. 电话机	4. 工作服
5. 笔筒 1 个	5. 工作帽

2）场所的基准。所谓场所的基准，指的是到底在什么地方要与不要的判断。可以根据物品的使用次数、使用频率来判定物品应该放在什么地方才合适，见表 6-3。明确场所的标准，不应当按照个人的经验来判断，否则无法体现出 5S 管理的科学性。

表 6-3 明确场所的基准

使用次数	放置场所
一年不用一次的物品	废弃或特别处理
平均 2 个月到 1 年使用 1 次的物品	集中场所（如工具室、仓库）
平均 1~2 个月使用 1 次的物品	置于工作场所
1 周使用 1 次的物品	置于使用地点附近
1 周内多次使用的物品	置于工作区随手可得的地方

3）废弃处理的原则。工作失误、市场变化等因素，是企业或个人无法控制的。因此，不要物是永远存在的。对于不要物的处理方法，通常要按照两个原则来执行：第一，区分申请部门与判定部门；第二，由一个统一的部门来处理不要物。例如，质检科负责不用物料的档案管理和判定；设备科负责不用设备、工具、仪表、计量器具的档案管理和判定；工厂办公室负责不用物品的审核、判定、申报；采运部、销售部负责不要物的处置；财务部负责不要物处置资金的管理。

在 5S 管理活动的整理过程中，需要强调的重要意识之一就是：看重的是物品的使用价值，而不是原来的购买价值。物品的原购买价格再高，如果企业在相当长的时间没有使用该物品的需要，那么这件物品的使用价值就不高，应该处理的就要及时处理掉。很多企业认为有些物品几年以后可能还会用到，舍不得处理掉，结果导致无用品过多的堆积，既不利于现场的规范、整洁和高效率，又需要付出不菲的存储费用，最为重要的是妨碍了管理人员科学管理意识的树立。因此，现场管理者一定要认识到，规范的现场管理带来的效益远远大于物品的残值处理可能造成的损失。

（2）整顿的实施要点。

1）整顿的三要素。所谓整顿的三要素，指的是场所、方法和标识。判断整顿三要素是否合理的依据在于是否能够形成物品容易放回原地的状态。当寻找某一件物品时，能够通过定位、标识迅速找到，并且很方便将物品归位。

①场所。物品的放置场所原则上要 100%设定，物品的保管要做到“定点、定容、定

量”。场所的区分，通常是通过不同颜色的油漆和胶带来加以明确：黄色往往代表通道，白色代表半成品，绿色代表合格品，红色代表不合格品。

5S 管理强调尽量细化，对物品的放置场所要求有明确的区分方法。如图 6-2 所示，使用胶带和隔板将物料架划分为若干区域，这样使得每种零件的放置都有明确的区域，从而避免零件之间的混乱堆放。

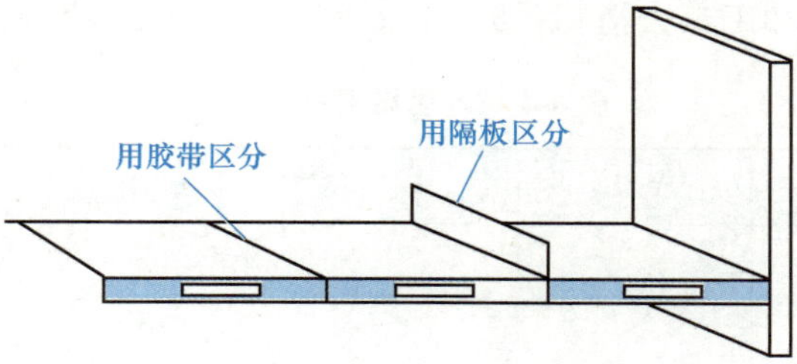

图 6-2　物料架的划分

②方法。整顿的第二个要素是方法。最佳方法必须符合容易拿取的原则。例如，图 6-3 给出了两种将锤子挂在墙上的方法：显然第 1 种方法要好得多；第 2 种方法要使钉子对准小孔后才能挂上，取的时候并不方便。因此，现场管理人员应在物品的放置方法上多下功夫，用最好的放置方法保证物品的拿取既快又方便。

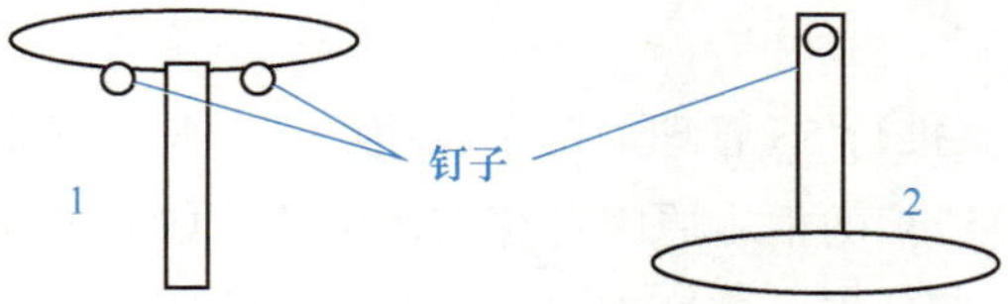

图 6-3　锤子挂法比较

③标识。整顿的第三个要素是标识。很多管理人员认为标识非常简单，但实施起来效果却不佳，其根本原因就在于没有掌握标识的要点。一般说来，要使标识清楚明了，就必须注意以下几点：要考虑标识位置及方向的合理性，公司应统一（定点、定量）标识，并在表示方法上多下功夫，如充分利用颜色来表示等。

2）整顿的三定原则。

①定点。定点也称为定位，是根据物品的使用频率和使用便利性，决定物品所应放置的场所。一般说来，使用频率越低的物品，应该放置在距离工作场地越远的地方。通过对物品的定点，能够维持现场的整齐，提高工作效率。

②定容。定容是为了解决用什么容器与颜色的问题。在生产现场中，容器的变化往往能使现场发生较大的变化。通过采用合适的容器，并在容器上加上相应的标识，不但能使杂乱的现场变得有条不紊，还有助于管理人员树立科学的管理意识。

③定量。定量就是确定保留在工作场所或其附近的物品的数量。按照市场经营的观点，在必要的时候提供必要的数量，这才是正确的。因此，物品数量的确定应该以不影响

工作为前提，数量越少越好。通过定量控制，能够使生产有序，明显降低浪费。

（3）清扫的实施要点。清扫的实施要点包括责任化、标准化和污染源改善处理。

1）责任化。所谓责任化，就是要明确责任和要求。在5S管理中，经常采用5S区域清扫责任表来确保责任化。在责任表中，对清扫区域、清扫部位、清扫周期、责任人、完成目标情况都应有明确的要求，提醒现场操作人员和责任人员需要做哪些事情，有些什么要求，明确用什么方法和工具去清扫，5S区域清扫责任表见表6-4。

表6-4 5S区域清扫责任表

项目	1日	2日	3日	4日	5日	6日
目标要求						
实际评估						
情况确认						

2）标准化。当不小心把一杯鲜奶洒在桌子上时，有人会先用干毛巾擦后再用湿毛巾擦，而有人会先用湿毛巾擦后再用干毛巾擦。对于如此简单的一个问题，竟然有两种完全不同的答案。而现场管理遇到的问题则要复杂得多，如果不能够实现标准化，同样的错误可能不同的人会重复犯。因此，清扫一定要标准化，共同采用不容易造成安全隐患的、效率高的方法。

3）污染源处理改善。推行5S管理一定不能让员工们觉得只是不停地擦洗设备、搞卫生，每天都在付出。需要清扫的根本原因是存在污染源。如果不对污染发生源进行改善处理，仅仅是不断的扫地，那员工一定会对5S管理产生抵触情绪。因此，必须引导员工对在污染源发生方面做出一些有效的处理改善措施，很多污染源只需要采取一些简单的措施和较少的投入，就能予以有效杜绝。

清扫主要是为了指将工作场所彻底清扫，杜绝污染源，及时维修异常的设备，以最快的速度使其恢复到正常的工作状态。通过整理和整顿两个步骤，将物品区分开来，把没有使用价值的物品清除掉。

（4）清洁的实施要点。在工业生产过程中，总会伴随着不断有没用的物品产生，这就需要不断对其进行整理、整顿、清扫等管理工作。需要注意的是，清洁还是对整理、整顿和清扫的制度化，通过标准化来保持前面的3S。此外，清洁还应注重定期检查和对新人的教育。目前，推行5S管理的企业在清洁时常采用的运作方法主要包括：红牌作战、目视管理以及查检表等，这些方法和工具能够有效推动5S管理的顺利开展。

（5）素养的实施要点。素养的实施要点有三项。

1）形似且神似。形似且神似指的是做任何事情都必须做到位。国内很多企业以前也学习日本和欧美企业的管理体系，也推行过TQC等管理方法，但大多数是以失败告终，根本原因在于没有做到神似。

2）领导表率。榜样的力量是无穷的，企业在推行任何政策的过程中都需要领导层的表率作用。例如，在 5S 管理的推行过程中，如果总经理主动捡起地上的垃圾，对周围下属的影响是“此时无声胜有声”的效果，促使其他员工效仿。

3）长期坚持。5S 管理需要长期的坚持实施。5S 管理通过整理、整顿、清扫、清洁等一系列活动来培养员工良好的工作习惯，最终内化为优良的素质。如果连 5S 管理都做不好、不能坚持下去的话，其他的先进管理都是空话。目前，日本企业已经推行了几十年的 5S 管理，依旧在坚持，因而为企业带来了巨大的利益。

（二）目视化管理在精益管理中的实施

1. 目视化管理实施步骤

（1）目视化管理的导入步骤。目视管理的必备条件：让人看一下，就立刻知道是否异常。亦即，不仅是文章或数字而已，对于现场方面的管理界限要诉之于视觉化的工具，诸如线、颜色、高度、面积等表达方式。

导入要点如下：

1）首先明确必须管理的对象与管理点；

2）毅然舍弃以往的管理模式；

3）彻底让全体作业员参与修订的工作；

4）创出符合本身需求的做法；

5）试用时就要求有关人员严守目视管理的规定及办法，以免成为表面功夫。

（2）目视化管理活动实施步骤。

1）建立组织。成立临时性的领导小组。工厂最高负责人担任组长，再成立不同的工作小组，组长由部门责任人兼任。可再成立由技术骨干、外聘专家组成的顾问小组，解决技术难题，进行现场辅导。

2）宣传教育。

①战前动员：专家专题讲座、组长发布动员令。

②照片秀：用摄影记者的眼光发现不足，暴露缺点，强化需改善和推进目视管理的必要性。

③海报竞赛：根据各自理解，制作宣传海报，可以评比。

④强化宣传：动员、宣传和讨论，增加大家对目视管理的理解。

3）工厂诊断。到各单位进行全方位的了解与拍摄，将需要进行目视管理的地方拍摄下来。

①照片秀。

②宣传教育、上课讨论时的教材。

③改善前后对照的“前”。

4）教育训练。

①课堂讲解：说明何为目视管理、作用、如何推进、公司现状以及如何改善。

②分组讨论：课程后，各单位组织讨论，重心放在心得体会上，要能找到适合本单位的目视管理的方法。该阶段主要增强大家的参与感和积极性。

③心得报告：讨论后，每组报告心得体会，其他组可以点评。提高参与感、认同感和积极性。

5）现场辅导（弥补前期教育训练实操的不足）。辅导员先到每个单位去和员工一起回顾目视管理的理论与实际操作程序，做出改善计划表，交管理领导小组批准后执行。执行计划中，辅导员要不断和员工一起检讨并解决大家提出的问题，要记录改善过程。

6）成果发表。活动进行一段落后，将大家召集起来，由每一组针对自己开展活动的情况进行总结，展现改善成果及心得体会，旨在交流，共同提高。特别再次强化大家认同目视管理活动，增强把这项工作做好的信心和决心。

7）成果巩固。这个过程是对于目视管理推进中好的方法、措施要用《作业指导书》《安全操作规程》等文件固化下来，形成标准，用于指导、培训等。

2. 目视化管理实施要点

在目视化管理实施中，常用工具一般有警示灯、图表、管理视板、样本、热压标贴、标示牌、各种颜色纸/带/油漆等等。其管理内容包括以下几种。

（1）目视化的物品管理及其要点。日常工作中，需要对工具、计量仪器、设备的备用零件、消耗品、材料等各种各样的物品进行管理。通常对这些物品的存放、保管有四种基本形式：

1）随身携带；

2）放置在伸手可及之处；

3）物品定位于方便取放的架子、抽屉内；

4）指定的储物室、货架中。

此时，什么物品、在哪里、有多少及“必要的时候、必要的物品、无论何时都能快速取出放入”成为物品管理目标。其目视化的要点有以下几种。

1）明确物品的名称及用途。方法：采用分类标识牌、颜色区分。

2）物品的放置场所要容易分辨。方法：采用不同颜色区域线、标识加以区分。

3）物品的存放遵循先入先出原则。

4）选择按类别、危险性，甚至形状、大小、存贮要求的不同等分别存放。

（2）目视化的操作管理及其要点。操作工作是通过各种各样的工艺和班组组合而成的，各工艺序的作业是否按操作标准范围进行、是否按正确的步骤实施，通过目视化的操作管理，能很容易地获知各操作及工艺、班组的组合状况、是否有异常发生等情况。

1）目视化的操作管理要点就是检查：是否按要求的那样正确地实施、是否按标准在进行、是否有异常状况发生、如果有异常发生如何处理和排除等四个方面；

2）明确操作标准，以快速地核查实际操作与标准是否一致；

3）能够及时、清楚地检验和评判操作的正确性；

4）完善预防措施和加强应变能力，防患于未然。

（3）目视化的设备管理及其要点。近几年来，随着机械化、自动化工艺、设备的大量使用，在生产管理中，仅靠一些设备维护人员进行设备管理已很难保持设备的正常运作，现场的设备操作人员也被要求加入设备的日常维护工作中去。因此，操作工的工作不仅仅是操作设备，还包括简单的清扫、点检、加油、紧固等日常保养工作。

目视化的设备管理是以能够正确地、高效率地实施清扫、点检、加油、紧固等日常保养工作为目的，以期达成设备运行的“0”故障目标。其管理要点如下。

1）清楚明了地标示需要进行维持保养的机械部位。方法：色别加油标贴，管道、阀门的色别标志等。

2）能迅速发现异常状况。方法：设备异常反应检查表及异常情况判断标准。

3）清楚明确各环节是否正常供给、运转。方法：液位标尺、流量计、最低高限保护。

4）标识出计量类仪器的正常范围、异常范围、管理限界。方法：用颜色表示出范围（如：绿色表示正常范围、红色表示异常范围）。

5）设备是否按出厂的性能、速度运转。方法：揭示应有的周期、速度。

（4）目视化的质量管理及其要点。目视化管理能尽量有效防止“人的失误”的产生，从而减少质量问题的发生的可能性。其管理要点如下。

1）防止因人的失误导致的质量问题。方法：检查检验周期的设定、操作的标准化程序化、自控设施的设置。

2）设备异常问题的及时暴露。方法：重要部位明确点检线路，防止点检遗漏。

3）能正确地实施点检。方法：计量仪器按点检表逐项实施定期点检。

（5）目视化的安全管理及其要点。目视化管理的安全管理是要将危险的事物予以“显露化”，刺激人的视觉，唤醒人们的安全意识，防止事故、灾难的发生。其管理要点如下。

1）重视安全生产注意有高低、突起之处。方法：使用油漆或荧光色刺激视觉。

2）设置设备的紧急停止按钮。方法：设置在容易触及的地方，且有醒目标识。

3）严格按照法律规定实施危险物品的保管、使用。方法：法律的有关规定醒目地提示出来。

？课后思考题

（1）如何保证5S的实施效果？

（2）目视化主要的分类有哪些？

（3）请举例说明目视化管理在工作、生活中的应用。

（4）请分析5S管理与精益管理的联系。

任务七 企业全员设备维护（TPM）活动

任务七课件

任务目标

知识目标：

（1）了解 TPM 的概念、起源发展历程；

（2）了解 TPM 与精益管理的关系；

（3）掌握 TPM 推进的组织结构和实施要点。

能力目标：

（1）能够协同建立 TPM 推进的三级组织；

（2）具备组织日常推进 TPM 的能力。

素养目标：

建立全局角度思考设备维护重要性的思维模式。

知识准备

一、全员设备维护（TPM）概述

（一）TPM 的概念和起源发展历程

1. TPM 的概念

TPM 全员生产性维护（Total Productive Maintenance），是一种源自日本的生产性维护方法论和管理体系，其目标是通过全员参与和主动参与设备维护，提高设备的可靠性、稳定性和生产效率。

TPM 全员生产性维护的核心理念是将设备的维护责任从专门的维修人员扩展到所有生产人员，使每个人都成为设备维护的责任人。它不仅关注设备的修复和保养，还强调预防性维护和改进活动，以消除设备故障的根本原因，并提高设备的性能和可靠性。

2. TPM 的主要内容

（1）设备维护标准化：建立设备维护的标准化工作流程和操作规范，确保维护活动的一致性和可靠性。

（2）故障预防：通过设备的定期检查、保养和维修，及时发现并解决潜在问题，以避免故障的发生。

（3）保养计划：制订设备的保养计划，包括定期保养、计划维修和预防性维护等，以保证设备的正常运行和寿命。

（4）操作者参与：培养操作人员的设备维护意识，使其能够进行日常的设备巡检、清洁和简单的维护工作。

（5）设备改善：鼓励员工提出设备改善的建议，并实施相应的改进措施，以提高设备的效率、可靠性和安全性。

（6）培训和教育：为员工提供相关的培训和教育，使其掌握设备维护的知识和技能，增强其维护能力和责任心。

3. TPM 管理要义

TPM 全员生产性维护的实施需要全面的组织变革和文化转变，涉及管理层、生产人员和维修人员等各个层面的参与和合作。通过全员的积极参与和协作，TPM 全员生产性维护可以帮助企业实现设备的持续改进和优化，提高生产效率和质量水平，增强竞争力。

因此，TPM 的管理要义可以总结为它的三个字母 T、P、M，掌握这三个字母的要义，对于 TPM 就建立了自主维护的意识，观念意识的转变是行动的前置关键，如图 7-1 所示。

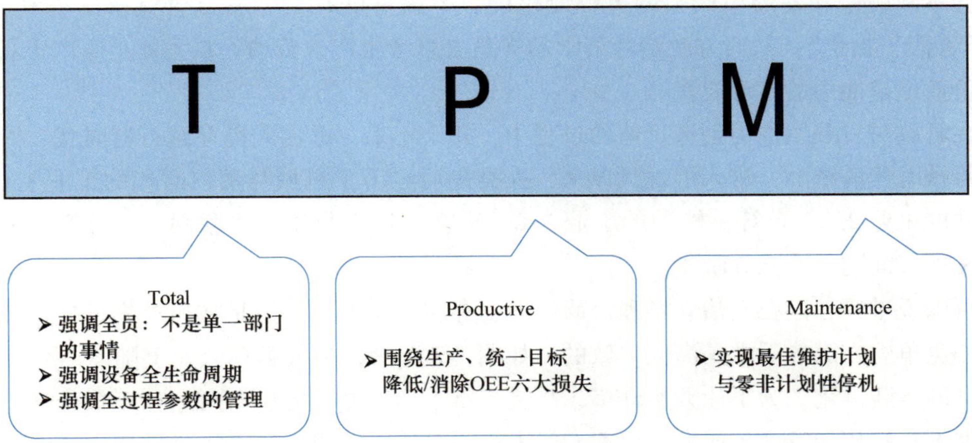

图 7-1 TPM 要义解读

T—Total，全员。强调设备管理的全员、全生命周期（全面）、全过程参数管理。

（1）全员：所有涉及设备规划、研究、设计、制造、使用、维修、供应等部门的人员，从企业管理者到第一线操作工人，都参与设备管理，并分别承担相应的职责，并不是单一部门的责任。

（2）全生命周期（全面）：对设备从采购、部署、使用、维护，到报废的全过程进行管理和控制。这个过程涉及设备的各个方面，包括硬件、软件、安全、数据等，目的是确保设备在整个生命周期内都能够高效、安全地运行，同时实现价值。在现代管理理念中，设备管理的范围已经扩展到设备的各个流程和环节，包括前期规划、设计、制造到设备的选型、购买、运输、安装，再到正常使用、维护、报废等。

（3）全过程参数管理：在整个设备使用过程中，对设备的各种参数进行全面、实时、系统的管理和监控。具体来说，它包括设备选型、安装调试、运行维护、故障诊断、报废处理等各个阶段的所有相关参数，如性能参数、质量参数、经济参数、安全参数等。通过对这些参数的跟踪和分析，可以有效地掌握设备的运行状态和性能状况，及时发现和解决问题，确保设备的稳定性和可靠性，提高设备的综合效率和企业的经济效益。同时，参数管理也是实现设备预防性维护和预测性维护的重要手段之一。

P—Productive，生产性。强调设备维护的焦点是围绕生产开展，以生产交付为中心，并在交付过程中实现“三个零”，即零事故、零缺陷、零故障。通过开展对设备效率损失的分析，识别设备效率的浪费，在保障安全和质量的前提下不断提升生产效率。

M—Maintenance，维护。维护的目的是实现生产的“三个零”，但是要从基础的自主维护与小组改善开始，离不开深度清洁 5S 与点检定修的严格履职。

（二）TPM 的发展

1. 设备维护学科的产生

设备维护作为一门专业技术学科，它的诞生具有历史必然性，这种必然性是伴随着人类社会不断解放和发展生产力的过程诞生的。中国古语有云“工欲善其事必先利其器”“君子善假于物也”；从西方政治经济学的视角去思考生产，劳动资料尤其是生产工具的创新是价值创造能力的核心要素。

在解放与发展生产力创造价值的过程中，几千年来，远古人类穿越石器时代、青铜时代、黑铁时代的密林，进入近现代以来，人类先后经历了机械与蒸汽时代的工业 1.0、电力驱动的工业 2.0、计算机辅助的工业 3.0，正在向以大数据、物联网、云计算、人工智能为发展方向的工业 4.0 阶段。

可以说世界各国在政治立场和民族信仰上存在广泛差异，但是在追求先进生产装备建立核心竞争力方面的诉求是高度一致的。如图 7-2 所示，是人类在农业上随着时代发展而对工具的不断进化。为了让数量众多、品类丰富、功能复杂的设备时刻处于最佳状态，支持人类不断解放和发展生产力，培养专门人员，组建专业团队，采用科学的方法统筹开展设备管理成为一门专业的技术学科的现实必要与迫切性就日益凸显出来。

图 7-2 人类在追求生产解放的过程中劳动工具不断进化

设备维护学科基于大量的实践，后续在精益生产和国际标准化组织的两块沃土中被快速总结并建立起来。

2. 设备维护理念的发展历程

设备维护的理念并不是一开始就到了 TPM 这个阶段，在人类借助工具改造自然的过程中，对于设备维护的重视程度和理念经历了如下典型阶段，如图 7-3 所示。

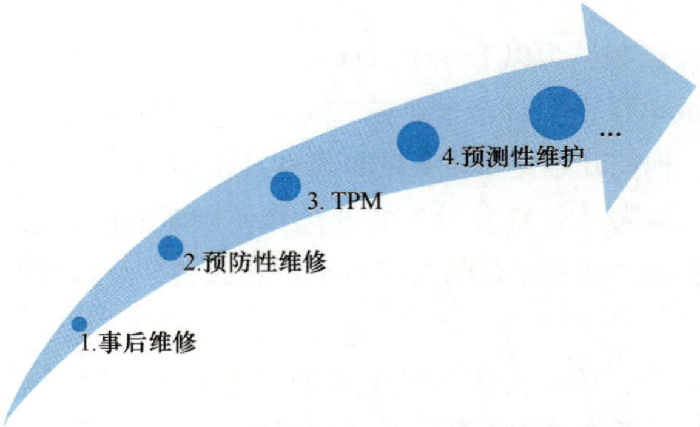

图 7-3　设备维护理念的发展历程

第 1 阶段，事后维修。在没有停机前没有维修意识，这一阶段面对不可预知的突然停机，总是匆忙应对，时间和成本的浪费很明显。事后维修是一种设备维修方式，它是在设备发生故障后再进行修理。由于事后维修无法提前知道故障何时发生，以及在哪个零件上出现，因此往往缺乏修理前的准备，导致设备停工修理时间较长。同时，这种无计划的修理容易打乱生产计划，影响产品质量和交货期，给企业带来较大损失。尽管事后维修已逐渐被先进的维修制度所淘汰，但作为一种维修方式，在某些情况下（如突发故障）仍然会被采用。

第 2 阶段，预防性维修。预防性维修是一种设备维修方式，主要是指在机械设备没有发生故障或尚未造成损坏的前提下即展开一系列维修的维修方式。通过系统性检查、设备测试和更换以防止功能故障发生，使其保持在规定状态所进行的全部活动。

第 3 阶段，TPM。全面的组织变革和观念转变，涉及管理层、生产人员和维修人员等各个层面的参与和合作。通过全员的积极参与和协作，TPM 全员生产性维护可以帮助企业实现设备的持续改进和优化，提高生产效率和质量水平，增强竞争力。

第 4 阶段，预测性维护。TPM 也未能解决设备点巡检的两种缺陷——冗余、欠缺。冗余反映了点检如防空，十点九空，大多数情况发现不了问题；欠缺反映了点检的安全性不足，上次点检正常甚至无劣化趋势，但下次点检到来前，设备突发故障。因此，一种及时准确的设备维护方法也需要被开发，尤其是从技术层面。预测性维护的理念就应运而生。让设备开口说话，在物联网大数据模型的基础上实施诊断当前运行状态，给出自诊断的连续时域监控与分析指导，给出精准的设备维护动作指令和策略。

3. TPM 的兴起

纵观设备维护理念发展历程，可以看出 TPM 的兴起是有历史必然性的，它能够帮助企业打造制造环节的稳定性、节约运营成本，帮助企业在安全、质量、成本、交期稳定方面建立核心竞争力。

TPM 的兴起背景主要源于日本企业在 20 世纪 50 年代开始推行的一项管理活动。在当时，日本企业面临着资源有限、设备老化以及劳动力成本上升等问题，为了提高生产效率和竞争力，他们开始关注设备的可靠性和稳定性，这一现实与今天的传统钢铁企业所面临的问题几乎一致。

TPM 的兴起背景可以归结为以下几个方面。

（1）资源有限和成本压力：日本企业在二战后重建时期资源相对有限，为了更有效地利用资源和减少浪费，他们开始注重设备的可靠性和维护。

（2）设备老化和故障频发：随着设备的老化和使用时间的增长，设备故障频繁发生，给生产带来了很大的影响。通过全员参与设备维护和改善，可以减少故障发生的概率，提高设备的可靠性。

（3）劳动力成本上升：劳动力成本的上升使得企业需要更高效地利用现有的人力资源。通过培训员工参与设备维护和管理，可以减轻专职维修人员的负担，提高整体效率。

（4）竞争压力和质量要求：为了在激烈的市场竞争中脱颖而出，日本企业开始关注产品质量的提高。TPM 通过强调预防性维护和故障预测，可以减少生产过程中的品质问题，提高产品质量。

综上所述，20 世纪日本企业面临的挑战，今天我国的传统钢铁企业也在经历，只不过产生的历史背景来自需求端低迷、成本居高、采购和销售两头承压等因素。

二、全员设备维护（TPM）与精益管理

（一）TPM 在精益管理体系中的作用

TPM 在精益管理体系的众多模块中起着非常关键的作用，搭建了稳定性的基础。运行良好的 TPM 管理体系可以起到如下作用。

（1）降低设备故障率：减少设备停机时间和维修成本，提高设备的稳定性和可靠性，从而提高生产效率和产品质量。

（2）提高设备利用率：TPM 通过优化设备布局、提高设备可维护性和可靠性，降低设备故障后等待时间等措施，提高设备利用率，从而提高企业的生产效率和效益。

（3）提升员工技能水平：TPM 通过培训和实践，让员工学习自主保养能力、保养人员学习高度专业的保养技巧、专业技术人员掌握设备先期规划能力等，提升员工的技能水平和自信心、成就感和满足感，为企业培养专业的维修人才。

（4）促进团队合作：TPM 强调全员参与和团队合作，让员工更加关注生产过程中的问题，促进团队合作和交流，增强员工的责任感和归属感，从而提高企业的凝聚力和竞争力。

（5）降低成本：TPM 通过降低设备故障率、提高设备利用率、降低维修成本、提高员工技能水平和促进团队合作等措施，降低企业的生产成本和管理成本，提高企业的竞争力和盈利能力。

TPM 是精益管理中的重要组成部分，对于提高企业的生产效率和质量、降低成本和减少浪费、提高员工满意度和企业绩效等方面都具有重要的意义。精益管理致力于帮助企业降本（消除浪费），增效（打通堵点，实现流动）。设备如果管理不善，出现异常故障频发、节拍不均衡、次品率高，随之而来的就是流动出现了堵点、断点，库存就不得不被建立起来。拉动式生产无从谈起，库存被基于安全考虑而广泛建立。因此，TPM 是确保流动、拉动原则能够建立的稳定性基础，也是品质保障的关键。

（二）TPM 与设备体系化建设的联系

设备体系化建设与 TPM 管理，二者首先有着很强的关联关系，其次两者各自有管理侧重点，同时存在差异特色。围绕设备管理这一主题，通过两种管理方式的优势互补，可以实现设备管理的更优发展。

（1）设备管理体系化建设是从体系模块和管理职能框架结构的完整性、准确性、符合性上给予企业自上而下指导，帮助企业对现状进行把握，进而在组织结构、流程制度、管理实施、效果验证、组织保障、资源配置等方面进行制度标准的建立健全。

（2）精益设备 TPM 管理是精益管理体系的一个模块，TPM 强调以从生产第一现场解决设备问题为出发点，通过全员、全设备生命周期、全过程参数地开展设备维护与改善，最终实现设备的零停机运行目标，进而提升生产系统的稳定性，以消除制造不良浪费、等待浪费。实施的关键核心问题是建立“三位一体”的设备维护组织，开展设备保全，以实现设备的最高开动率与稳定加工输出。

二者都是关注设备管理的实现设备管理最佳模式的管理体系，前者更关心自上而下的制度保障与管理框架规划以实现专业最优，后者以“三现”为实践原则更关心自下而上的现场问题解决与全员改善以实现系统最优。两个系统在交融的过程中，实现了设备管理组织保障、资源配置与现场问题解决、持续改善的双优，最终在“一流的设备带来一流的效率，一流的品质，一流的技术”上达到同频共振。

三、全员设备维护（TPM）推进模式

（一）建立 TPM 三级推进组织

如前文所述，TPM 全员生产性维护的实施组织变革、文化转变，涉及管理层、生产人员和维修人员等各个层面的参与和合作。因此，需要一个强有力的三级组织建设，即管理组、推进组、实施组，才能够推进 TPM 的实施。

组织建设的目标是建立一个高效的生产维护体系，以确保设备的可靠性、稳定性和持续性改进。具体来说，组织建设涉及以下几个方面。

（1）角色定义：确定不同岗位的职责和角色，明确各级管理人员和操作人员的任务和职责。

（2）培训和技能发展：提供必要的培训和技术支持，使员工能够熟练掌握设备维护和

故障排除技能，并不断提升自己的能力。

（3）跨功能团队合作：建立跨部门的团队，促进不同职能之间的合作和沟通，以共同解决设备故障和改进机会。

（4）持续改进文化：树立全员参与的改进意识和文化，鼓励员工积极提出改进建议，并进行持续改进活动。

（5）绩效评估和激励机制：建立与 TPM 目标和绩效相关的评估和激励机制，激励员工积极参与并取得优异成绩。

通过这些组织建设的措施，企业可以构建一个高效的生产维护团队，提高设备的稳定性和可靠性，降低故障率，提升生产效率和产品质量。同时，也为持续改善和创新提供了良好的基础。

三级推进组织的职责职能分工要清晰：领导组确定方向方针；推进组制定标准流程制度文件；实施组保证执行与改善。

推进的策略：共同愿景、模式探索、试点展开、全面推进、评比考核、持续改进。

（二）建立适用于企业自身特点的 TPM 体系与模块内容

TPM 起源于日本丰田，通过对实践经验的总结提炼而成，经典的 TPM 体系由“两大基石”“八大支柱”组成，在“三大管理思想”的指导下，沿着“七个推进步骤”，实现有形的“四个零”与无形的“育人”目标，最终实现设备的“三全”管理的最优模式，如图 7-4 所示。

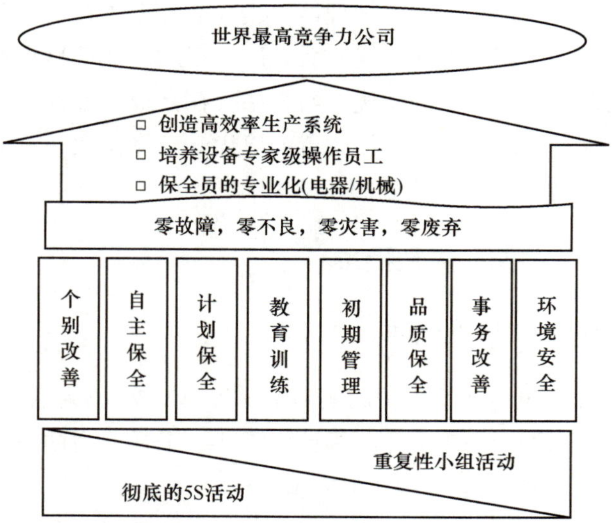

图 7-4 丰田 TPM 体系结构写实案例

1. TPM 的两大基石

“彻底的 5S 活动”与“重复性小组活动”是 TPM 的两大基石：前者强调循序渐进从基础做起；后者强调全员参与从基层做起。

5S 属于耳熟能详的基础管理，它对现场管理、质量管理、物料管理都是基础基石的工作。在设备管理范畴更是基石，本节着重强调彻底的 5S 活动是 TPM 的基础体现在：

（1）深度清洁为点检建立基础，使之可靠可信；

（2）深度清洁后便于第一时间发现设备的污染源，便于及时治理；

（3）深度清洁可以避免设备处于不利的工作条件（灰尘、油污、潮湿等），减缓劣化趋；

（4）5S 养成的纪律性和自觉性素养是设备维护的软实力保障。

重复性小组活动是 TPM 活动的另一个重要基石，如图 7-5 所示。小组活动是实施改善项目或革新项目的基本单位。企业应当在其组织内部构建起重复性小组活动机制，创造全员改善的氛围，倡导员工参与到一个或多个改善团队中去。如果缺乏这种小组活动机制，企业的 TPM 活动也就失去了活动基础，这是很难成功的。在实际操作上，重复性小组活动应该是结构化分层级有重点地去设计展开的。

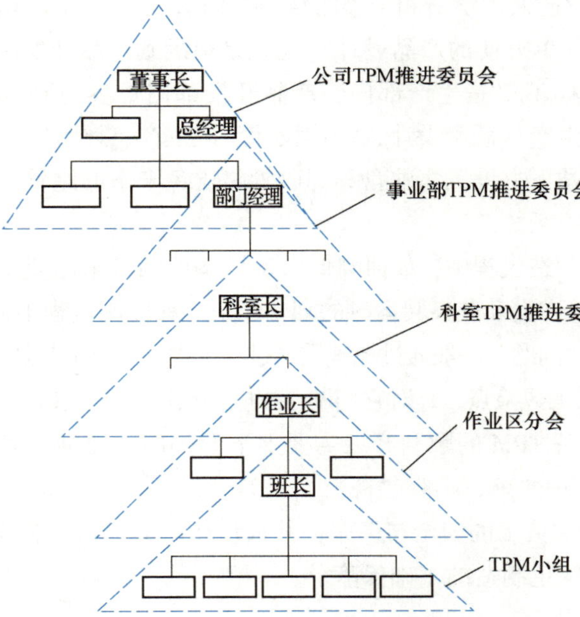

图 7-5　结构化的重复性小组活动组织示意图

2. TPM 的八大支柱

在“彻底的 5S 活动”与“重复性小组活动”的基础上，建立 TPM 的八大支柱，让 TPM 的实践内容得以实施。TPM 的八大支柱实现了 TPM 在全员全部门全系统的横向展开。

（1）个别改善：迅速找到设备管理的短板，并实施改善，这样做能够用最小的投入，产生最大的效果，既可以改善现状，又能够最大限度给员工良好的示范及为活动热身，同时建立 TPM 推进的信心。TPM 导入初期，大家对其将来所能产生的效果是有疑虑的，不同的人对 TPM 的接受程度是有差异的。选择支持 TPM 的某个模块或者某个项目推进，就能够集中有限的力量给予局部突破，既为推行人员积累第一手经验，也给企业上下增添信心。一般我们会选择现状恶劣、投入资源不多、短期可见效的试点设备。

（2）自主保全：自主保全是设备使用部门在设备管理部门的指导和支持下，自行对设备实施日常管理和维护，实施自主保全是自主管理最基本的要求。

（3）计划保全：建立专业技能队伍，专门解决设备问题，提高设备维护能力，以五大步骤来建立完整的计划保养体制：

1）日常保养：如给油、点检、调整、清扫等；

2）巡回点检：保养部门的点检（约每月一次）；

3）定期整备：调整、换油、零件交换等；

4）预防修理：异常发现之修理；

5）更新修理：劣化恢复的修理。

完成这些动作后，需要召开封闭会议，定期对执行过程中的问题进行总结优化。

（4）教育训练：精益管理秉承造物先育人的理念。时刻关注员工在“能力”“意愿”“岗位”的匹配。不断营造人才学习和培养的氛围，创造人才辈出的局面。

（5）初期改善：“简单方便的产品设计”也就是追溯到产品开发阶段，已经开始了防患于未然的活动了。这样不仅是生产部门，产品开发部门也参与到 TPM 的开展中去了。初期改善是指对设备及生产从概念设计、结构设计、试生产、评价等一系列量产前期的控制活动。比如，在液压站下方设置集油盘和回收管路避免未来的跑冒滴漏外溢；在高温环境下对电气柜设计出水冷系统等。

（6）品质保养：在制造过程中，如何降低由于设备原因带来的质量损失在自动化生产线中已经成为重要课题。在自动装夹转运时的划伤压痕、在轧制过程中的擦痕、夹杂等，都是设备品质保养要面临的问题，一般通过梳理质量过程要素，筛分出与加工过程中的设备、夹具、量具、辅助工装相关的风险点，针对它们制订相应的点检与监控要求以及异常相应计划。

（7）事务改善：设备 TPM 的顺利开展需要上下游部门的协助，对于关联的流程制度效率直接影响 TPM 的管理效率，不容忽视。

（8）环境安全：关注员工的安全与健康，并推动环保意识和节能减排，创造良好的工作和运行环境，是实现绿色制造的基础保障。

（三）结构化导入 TPM 的推进步骤

1. TPM 总体推进步骤

TPM 的推进步骤根据企业的实际情况可以不同，但是管理方法推进的标准环节大同小异，见表 7-1。TPM 推进过程中应从以下几个方面落实。

（1）建立设备管理网络：企业应结合自身实际，建立企业、车间的设备管理网络，健全设备管理机构，明确职责，并做好设备管理工作。

（2）对设备进行定期保养：设备是企业生产的重要基础，要定期进行保养，使设备经常保持润滑清洁，并及时排除设备故障。

（3）对设备进行改造和更新：为了提高生产率，企业需要对设备进行改造和更新。在进行设备改造时，应坚持科学的态度，尽可能地把设备修理与改造结合起来进行。

（4）设备管理方式上实行全员管理和全程管理：现代的设备管理是综合性的，可以概括为设备的全员管理和全程管理。这样可以有效保证设备的技术性能和正常工作，提高其使用寿命和利用率。

（5）严格进行设备检修维护工作：企业应严格执行检修计划和检修规程，有计划、有准备地进行设备的检查和维护。同时，严格把好备品备件质量关，确保既保证质量，又经济节约。另外，还要严格抓好检修质量和技改检修完工验收关，确保检修质量和技改质量。

TPM 的推进需要企业各方的积极参与和共同努力，从多方面提高设备的维护水平和管理效率，从而实现企业的可持续发展。

表 7-1　TPM 推进的一般步骤

阶段	步骤	主要内容
准备阶段	1. 领导层宣传引进 TPM 的决心	以领导讲演宣布 TPM 开始，表示决心，公司报纸刊登
	2. TPM 引进宣传和人员培训	按不同层次组织培训，宣传教育
	3. 建立 TPM 推进机构	成立各级 TPM 推进委员会和专业组织
	4. 制定 TPM 基本方针和目标	找出基准点和设定目标结果
	5. 制订 TPM 推进总计划	计划从 TPM 引进开始到最后评估为止
开始阶段	6. TPM 正式起步	举行仪式，开大会请顾客、协作等相关公司参加，宣布 TPM 正式开始
实施推进阶段	7. 提高设备综合效率措施	选定典型设备，由专业指导小组协助攻关
	8. 建立自主维修体制	步骤、方式及诊断方法
	9. 维修部门建立维修计划	定期维修、预知维修、备品、工具、图纸及施工管理
	10. 提高操作和维修技能的培训	分层次进行各种技能培训
	11. 建立前期设备管理体制	维修预防设计，早期管理程序，寿命周期费用评估
巩固阶段	12. 总结提高，全面推行 TPM	总结评估，接受 PM 奖审查，制定更高目标

2. TPM 自主维护推进七步法与专业维护五个核心内容

自主维护的推进步骤一般分为七步进行（见图 7-6），但是推行成功的关键来自于坚持和绩效引导，通过在文化营造和激励制度的优化上做出调整，让操作岗位接手一部分点检维护工作，让点检维护人员增加一部分专业维护的任务，是自主维护不断努力的方向之一。自主维护七步法中对设备的清洁、点检、润滑是核心任务，在此基础上要持续以小组活动开展设备的劣化复原以及持续改善。

（1）初始清洁：清理灰尘，搞好润滑，紧固螺钉。

（2）制定对策：防止灰尘、油泥污染，改进难以清理部位的状况，减少清洁困难。

（3）建立清洁润滑标准：逐台设备、逐点建立合理的清洁润滑标准。主要是提倡员工对设备的维护和保养负责，通过发现和解决潜在的问题，提高设备的效率和可靠性，从而提升企业的整体效益。

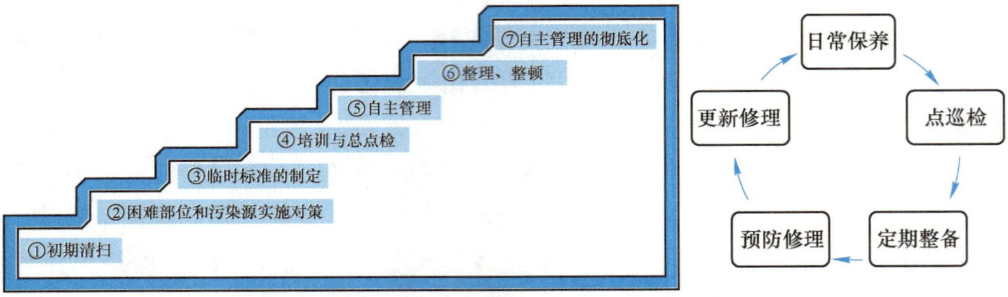

图 7-6 TPM 自主维护推进七步法与专业维护五个核心

设备专业维护包含日常保养、点巡检、定期整备、预防修理、更新修理五个核心内容。其中定期整备和更新修理两个核心，需要更加关注。

定期整备是指按计划对设备进行全面的检查、维护和修理，以保持设备的良好状态，预防设备故障，提高设备的效能。定期整备的主要内容包括：检查设备的所有部件和系统，包括机械、液压、电气、电子和控制系统等，查找存在的问题和隐患。维护和修理设备的关键部件，例如发动机、液压马达、减速器、轴承等，进行必要的更换和修复。检查和维护设备的各种传感器、开关、阀门、线路等，确保设备的各项功能正常。对设备进行必要的润滑、清洁、防腐、防锈等处理，以提高设备的效率和寿命。对设备的控制系统进行校准和调试，确保设备的动作准确可靠。定期整备还包括对设备进行安全检查、调整和测试，确保设备的安全性能符合标准。此外，定期整备还包括对设备的运行参数、维修记录进行检查和分析，发现问题及时进行处理和改进。通过定期整备可以有效地提高设备的工作效率和寿命，降低设备的故障率，提高设备的工作性能。

更新修理包括对设备进行大修、更新和技术改造，以使其更加安全、有效、经济和可行。例如，设备及物业本体部分的大修、更新和技术改造费用，可以从维修资金中支出。对于大修改造的项目，由各项目主任提出申请，工程主管签字，经公司讨论形成“年度维修计划申请报告”，报经业主委员会批准后方可实施。项目实施按照“谁主管，谁负责”的原则，在工程主管指导下进行。

（四）常态化实施 TPM 推进效果评价

按照 PDCA 的管理逻辑，在企业实施一段时间的 TPM 管理之后，需要对实施效果进行检验，既能够对推进策略和重点进行动态有依据的调整，又能检验当期的成绩与不足。对 TPM 体系推进的效果评价通常从两个维度来衡量，一个是定量（见图 7-7）：与设备维护相关的 KPI 指标，OEE、TA、MTTR、MTBF；另一个是 TPM 系统推进的过程成熟度（见表 7-2）打分：确保各项举措是否落地，且不断深入推进。

以上是设备 TPM 推进过程中的评价标准与细则，实施企业通过三级组织的管理，开展定期的推进效果检查是推进能够成功的关键举措之一。

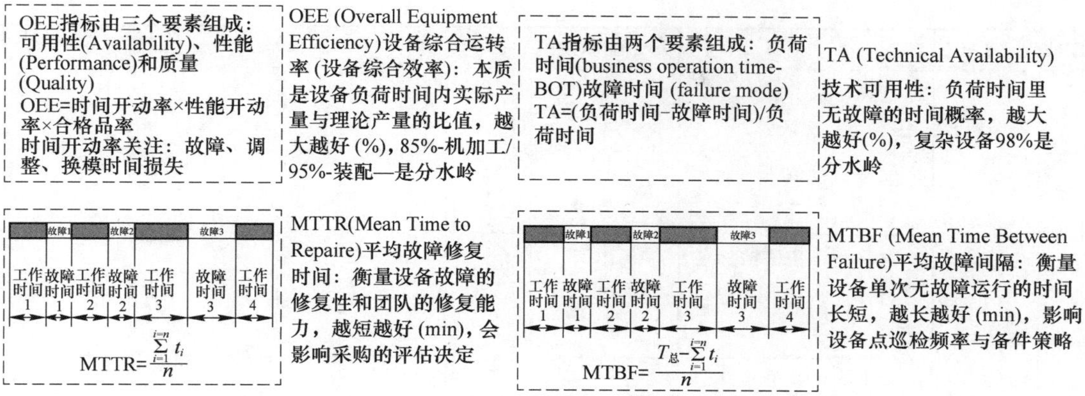

图 7-7 TPM 插图 TPM 量化评估指标矩阵

表 7-2 TPM 自主维护过程成熟度评估打分表

序号	模块	评估条目	关联项	收益项	过程评估打分				
					1	2	3	4	5
TPM 自主保全基础能力评估表打分说明： * 打分为过程成熟度的方式，只有前阶段完全满足后才能向下一阶段打分，不能跨越前向打分 * 所有最佳案例均需有详细材料与数据作为支撑 * 打分时直接在相应位置写分数即可					现场未开始	现场有管理迹象，仅处于朴素自发的状态	组织内有明确管理标准，覆盖50%以上的属地范围	管理标准被每一位员工熟知，在现场全覆盖，且不断 PDCA	管理活动已经能够支撑业绩指标不断提升
1	基础架构	三位一体的 TPM 小组建立，且职责职能定义清晰	人	M					
2		小组间开展日常与定期沟通	人	M					
3		定量与定性的设备管理例会平台聚焦设备运营状态的提升	法	D					
4		设备属地划分清晰且可视化	环	S					
5	管理标准与实施计划	可视化的设备点检作业指导书	法	Q					
6		可视化的设备点检路线图	法	C					

续表 7-2

序号	模块	评估条目	关联项	收益项	过程评估打分				
7	管理标准与实施计划	严谨的设备点检（问题/隐患）记录	法	D					
8		完整的设备故障记录台账	法	D					
9		测量类设备清洁标定放行作业指导书（记录表）	测	Q					
10		专业人员技能矩阵定义清晰并不断被赋能	人	M					
11		设备年检定修计划与完工记录	法	D					
12		现场设备目视化管理标准	环	C					
13		清晰的设备分级标准	法	D					
14		设备停机上报流程	人	D					

（五）TPM 推进模式四要素的逻辑关系

TPM 推进组织、TPM 体系与模块架构、TPM 推进步骤、TPM 评估策略是 TPM 推进模式的四个不可或缺的要素（见图 7-8）。四者之间有严谨的逻辑关系：

（1）组织制定方针，确保方向和阶段性策略；

（2）体系与模块架构聚焦了本期推进的重点；

（3）推进步骤能够确保在正确的方向上发力；

（4）评估策略在不断地检验结果和调整当期工作内容。

图 7-8 TPM 推进四要素的逻辑关系

如同一辆汽车驾驶在高速上，需要司机掌握方向、车身承载乘客、车轮的驱动和道路标识的指引。

四、钢铁行业 TPM 推进方法

（一）TPM 推进的路径

TPM 的深入推进需要全员参与在设备全生命周期开展全过程参数的管理，需要分阶段实施，逐步建立模式。结合钢铁行业的实际情况，可以按照“三步走”的路径实现模式建立。

（1）自主维护：关键词“严格履职”，靠管理要素的导入去实现基础的搭建，让自主维护小组按照严格、可视、高效的标准严格落实点检与定修计划。

（2）效能管理：关键词“高效履职”，基于三个主要抓手（设备与人员绩效指标管理的正确导向、瓶颈工位重点改善、设备产能挖潜提升）助力设备又“快”又“稳”的运行。

（3）全面管理：关键词“联动改善”，从两个维度展开工作（TPM 系统架构与 TPM 人才培养），建立企业内部 TPM 成熟度与指标评价体系，并开展定期内部联赛式评价机制，找出管理弱项重点提升；同时对 TPM 人才队伍进行深化打造，建立技能型人才和通用及专用工艺技术型人才池。

（二）TPM 自主维护十步导入法

1. 十步法总体设计

基于钢铁行业的实际情况与挑战，按照传统七步法推进自主维护的效果会忽略自主维护小组弱、设备深度清洁难、效果不能保持的挑战。结合钢铁企业的特殊性，本节总结实践经验实施十步法推进自主维护，建立设备 TPM 的牢固基础是适合钢铁企业 TPM 有效实施的一种方法。总体设计上要弄清楚以下五个问题，才能够确保实施效果达到预期设计，如图 7-9 所示。

和谁推进？	推进什么内容？	怎么推进？	推进多久？	推成什么效果？
• 管理小组 • 推进小组 • 实施小组	• 一期：自主维护（严格履职-4要素） • 二期：效能管理（高效履职-3板斧） • 三期：全面管理（联动改善-2维度）	• 管理路径+技术路径 • 推进十步：建小组-做调研-发方案-强培训抓试点-做红牌-全面看-回头看-写手册-再规划	• 一二期各按一年周期推进 • 三期持续开展	• 一期实现：点检高效、准确、目视化、规范→异常捕获率提升；自主维护意识养成→三位一体TPM小组的建立与运行；建立技能培训知识库→育人基础；设备6源红牌作战→现场改善；设备单点PSP+改善→人员能力与TA提升 • 点检≈防空

图 7-9　十步法推进的设计逻辑

十步法步骤如下。

第一步 建小组：不能忽略，重视推进小组的搭建，并找到企业内部有能力和有推进责任的部门，并获得企业高层管理者的支持。

第二步 做调研：虽然推进的内容会有一些标准的步骤和格式，但是针对企业当前设备管理的现状调研会帮助我们选择更合适的工具和步幅前进。

第三步 发方案：针对调研现状要对本期推进的组织、内容、预期输出成果进行设计并发布实施方案，即使对现有组织的尊重也是引起各相关部门的重视。

第四步 强培训：钢铁行业多以宝钢“五制配套”中“点检定修制”来指导设备维护，对点检与定修有很深刻的认知，但是设备管理不仅局限于点检加定修，对于目视化、“六源”、设备劣化修复、OEE 管理、备件管理、小组活动等在钢铁行业同样适用，因此通过培训让员工看到设备管理的全貌才能够做得深刻与彻底。

第五步 抓试点：首先选择试点的机台对其导入设备自主管理的四个焦点任务，建立起大家对设备管理的认同感和信心。

第六步 做红牌：在完成设备的基础 2S 之后，通过开展固定频率的红牌作战，帮助对设备的污染源、困难源、危险源进行重点关注和解决，并在管理层现场诊断时可以提出红牌问题的资源需求。

第七步 全面看：在试点机台完成导入后，除了方法论成熟，人员信心建立，也具备了推广的基础，这时可以按照全面推广的模式开展，争取管理效果的最大化。

第八步 回头看：按照 PDCA 的原则，在推进末期，需要对工作进行检查和优化，确保运行机制最优。

第九步 写手册：通过推进手册的编写和发布，可以把一些好的做法和最佳实践分享给全员，再结合建立管理层的现场诊断活动，可以保证运行的稳定性，不出现效果反复。

第十步 再规划：第一阶段获得成功实施后，管理层到基层都会建立急需推进 TPM 的信心，这时需要按照三步走的路径规划第二阶段工作。

十步法的实施计划如图 7-10 所示。

2. 十步法四个焦点任务

任务一：建立三位一体自主维护小组，提升自主维护意识，将操、检部门紧密联合在一起。自主维护小组的建立过程中，需要从设备的使用者、维护者、管理者部门中选出技术精干、意愿强烈的员工组建。同时要明确三者的职责，确保各部门能切实发挥作用，在一起以团队的形式工作。除了职责清晰以外，小组的工作机制也要进行明确设计，通过每周开展一次设备 TPM 看板管理的红牌作战，既能够对现有设备问题进行梳理，又能对过往的劣化改善进行效果复盘，建立闭环管理，如图 7-11 所示。

任务二：目视化点检作业指导与路线图建立，提升点检能力和有效性，降低技能对点检效果的影响。基于设备的平面布局图设计出设备的点巡检路线图，同时对设备的点巡检作业进行目视化和标准化升级，确保点检人员制定自己作业时的内容、标准、频率、位置，实现高效与精准的点检。

任务三：设备目视化管理提高点检效率和稳定性，降低作业环境对基础点检的影响。

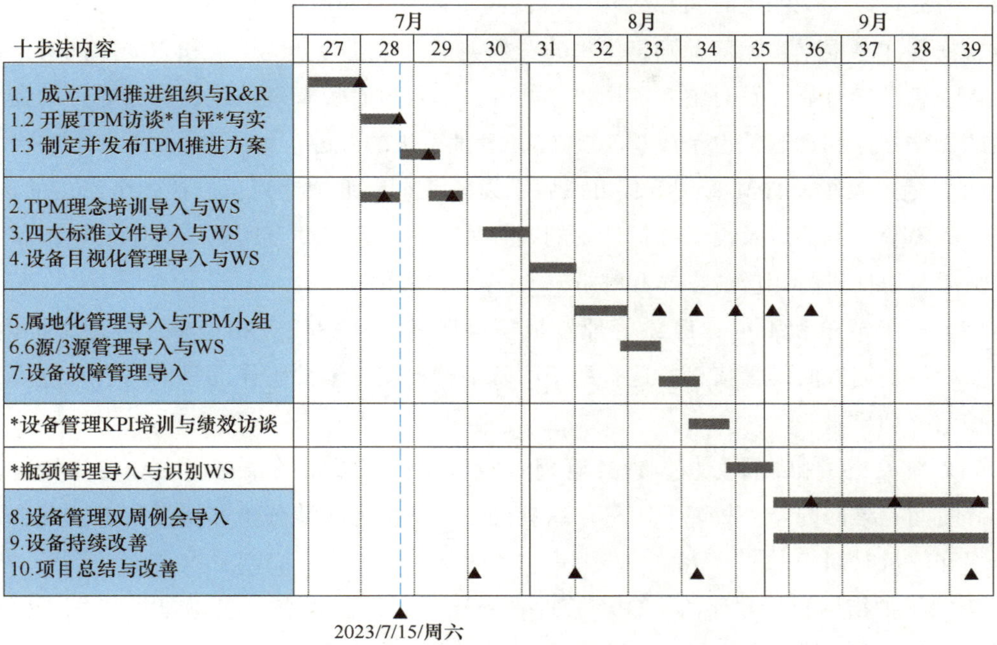

图 7-10　十步法推进实施时间规划图举例

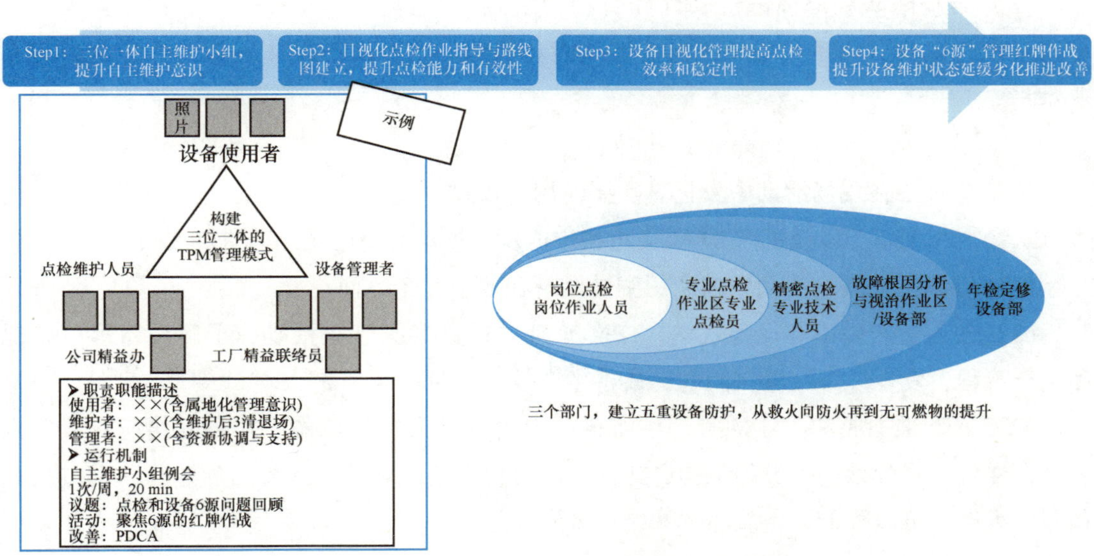

图 7-11　小组建立的举例

任务四：开展设备“六源”管理红牌作战提升设备维护状态延缓劣化。

3. TPM 自主维护看板的建立

TPM 管理看板是一种有效的管理工具，通过可视化设备维护相关的信息和数据，帮助团队实时了解设备状态、维护计划和维修情况。它有助于提高团队的维护效率、维护质量和设备可靠性，降低停机时间和故障率，提高生产效率和产品质量。在实施 TPM 管理看板时，需要注意根据实际情况确定使用的看板类型，并进行合理设置和布局。同时，要确保看板信息准确可靠，及时更新和调整。此外，加强对看板管理的培训和指导，增强相关人员的操作技能和意识，也是成功实施 TPM 管理看板的关键。

（1）信息展示。TPM 管理看板可以展示设备状态和维护计划，包括各个设备的运行、待机、故障等状态，以及设备维护计划的内容和时间。这有助于团队及时了解设备状况和维护需求，以便进行相应的操作和维护。

（2）任务清单和工单。TPM 管理看板还可以展示维护任务和工单，包括维护内容、负责人、计划完成时间等信息。这有助于团队了解和安排维护工作的具体内容和进度，提高维护效率和质量。

（3）维修记录和故障分析。TPM 管理看板可以记录设备的维修历史和故障情况，包括维修时间、维修内容、故障原因等。这有助于团队进行故障分析和持续改进，减少设备故障率和停机时间。

（4）维护指标和绩效评估。TPM 管理看板还可以展示设备的关键维护指标，如维修时间、维护频率、维护成本等，以便评估维护绩效和设备可靠性。这有助于团队识别和改善潜在问题，提高设备的运行效率和生产效率。

（5）维护团队和培训记录。TPM 管理看板还可以展示参与维护工作的团队成员和培训记录，以确保团队具备维护所需的技能和知识。这有助于提高团队的维护能力和专业水平。

4. 实施 TPM 管理层现场诊断活动

TPM 管理层在现场活动中发挥着重要作用，通过解决问题、提高效率、降低成本、促进员工参与和创新，以及推广 TPM 文化和价值观，推动组织的持续改进和发展。

TPM 管理层在现场活动中的作用主要体现在以下几个方面。

（1）改善生产效率和设备效率。TPM 管理层通过参与现场活动，了解设备运行状况和生产流程，发现并解决潜在问题，改善生产效率和设备效率。

（2）降低维护成本。TPM 管理层将传统上由维护人员完成的工作分配给所有工厂人员，这样可以减少维护人员的负担，让他们执行更多增值任务。此外，通过预防性维护和预测性维护，可以降低设备故障率和维修成本。

（3）提高员工参与意识和团队合作精神。TPM 管理层通过小组会议和培训，提高员工参与意识和团队合作精神，鼓励员工提出建议和解决问题，促进持续改进和创新。

（4）确保安全和环境质量。TPM 管理层确保所有工作空间始终进行分类、清洁和标准化，关注机械连续保养，创造一个安全、整洁的工作环境，同时遵守环保法规和政策。

（5）推广 TPM 文化和价值观。TPM 管理层通过自己的行为和领导，推广 TPM 文化和价值观，如尊重、沟通和合作等，推动 TPM 管理在组织中的有效实施。

五、TPM推进过程中的常见问题与解决对策

（一）TPM推进过程中的常见问题

1. 自主维护意识缺失与技能不足

自主维护意识与技能的普遍不足，TPM改善小组组织与改善活动的缺失是自主维护意识薄弱的重要诱因。70%~80%的故障是由于人为因素造成（操作不当、维护不当等）。由于钢铁企业生产现场“六源”问题庞大、作业环境相对艰苦、厂区面积广阔，有限的员工对润滑不良、灰尘沾污、螺栓松弛、受热、潮湿等现象缺乏敏感性和严肃履职的意识，如图7-12所示。一直处于救火状态的运营模式，让组织和员工很少能够开展有效的教育培训，这样设备劣化、隐患多，点检任务重，没时间培训提升技能与系统解决问题三者间就形成了死循环。

图7-12 蒙尘的高价值电机（缺乏自主维护的意识）

在设备维护TPM推进的过程中，自主维护意识是非常重要的。自主维护活动可以促进个人的成长与发展。通过自主维护活动，个人能够主动学习和掌握各种技能，提高自己的能力水平。此外，自主维护活动还可以培养个人的责任心和自信心，使个体在面对困难和挑战时能够积极应对、主动解决问题。总之，自主维护意识对于个人有重要的意义，它可以帮助个人提升技能和素质，增强自信心、责任心、凝聚力和归属感。

2. 目视化点巡检标准指导性不足

目视化技术在点巡检工作设计中缺乏重视是标准指导性差的一个重要原因，有效的目视技术能够提升点巡检人员现场点检的可靠性与效率（见图7-13），同时也是知识和技能传承的载体，对轮岗与新入职点检人员来说结合目视化点巡检文件与现场实际演练可以保障基础点巡检能力的稳定输出。

设备目视化管理对于提高企业的生产效率和产品质量、降低设备故障率和安全隐患、提升员工的工作责任感等方面都有着重要的作用。

3. 点巡检形式大于实效

由于TPM推进组织的缺失、标准的指导性不足，再加上人员的技能水平薄弱，点巡

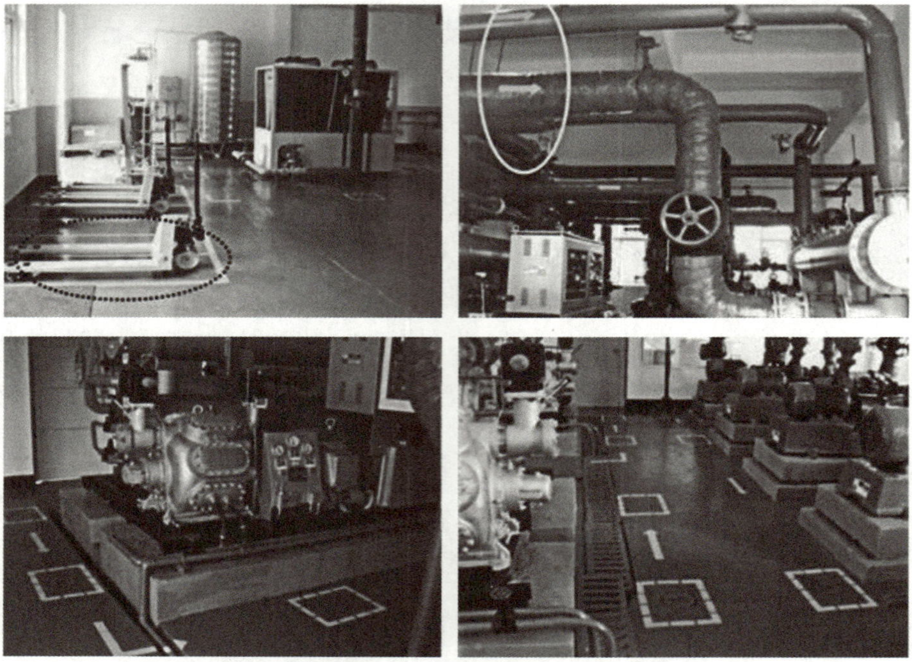

图 7-13 目视化管理能够提高点检效率

检质量保障的第一环多为最后一环，因此出现了点巡检形式大于实效的现象，上线的数字化点巡检系统只能解决信息记录上传的无纸化和量化识别，但是在数据来源的现场落实环节是无法通过数字化系统保障的。

很多企业期待数字化技术能给设备点巡检插上效率的翅膀，但是效果却仍旧停留在现场实际落实上，一套数字化点巡检系统，可以做到点检记录的无纸化上传，但是做不到点检员的严格履职督导，由于缺乏分层的管理审核，导致一线点检员的履职质量监管缺失，存在数字化系统记录结果与现场实际设备维护状态差距甚大的现象。

4. 点巡检工作缺乏管理干预

管理层要建立普遍的现场共识，点巡检质量需要管理层在基层进行红牌作战抽检，发现并给予履职困难和失责的管理干预。比如设备室主任每周随机抽查一台机台，基于建立的目视化点检标准，检查点检员本周点检质量，按照标准重复点检一遍，观察发现不同班次点检员与点检员的差异。

5. 设备维护绩效管理导向失灵

设备维护绩效管理的目的并不是进行处罚，是要对照标准检查作业人员的实际表现与标准差距，对其制订个人发展计划。对于绩效不达标的员工要进行培训再上岗，而非通报批评和扣罚奖金。培训后仍然不能胜任的需要进行调岗重新分配工作，岗位与薪酬结构挂钩，技能矩阵与岗位要求挂钩，这样能够解决工作低效和不胜任问题。

（二）TPM 推进常见问题的解决对策

在三项制度改革、人口老龄化、钢铁企业利润偏低的三大挑战下，如何解决以上五个普遍问题，是企业都要面对的现实。

1. 专职管理与全员推动相结合

各企业应当按照上级规定，根据本单位生产规模与实际需要，建立一支强有力的设备专门管理系统。建立优化组合的组织机构及专业 TPM 设备管理队伍，制定切实可行的管理制度。公司经理和生产厂长等主要领导干部要把 TPM 设备管理工作列入主要议事日程，对 TPM 设备管理的方针、目标做出决策。形成一个 TPM 设备管理网，并建立相应的管理制度和规程，以使工作有章可循。

在工厂企业中，直接操纵设备、维修设备的是广大生产工人和检修工人。他们对设备的性能、工作状态及存在的问题最熟悉了解。他们是设备的主人，而且他们对自己操纵的设备日常维护负有具体责任。因此，完全应当发挥他们管理设备的积极性。在 TPM 设备管理工作中要强调人的因素，要充分调动生产工人和维修工人的积极性。

2. 技术管理与运行成本管理相结合

技术管理与运行成本管理二者必须紧密结合，以求获得设备寿命周期费用最低、设备综合效能最高。设备从规划到设计、制造阶段，费用是递增的；安装阶段以后费用开始下降；运转阶段的费用大体保持稳定的水平，而且历时较长；最后费用再上升，说明设备已到了应进行修理、改造或更新的阶段。对使用单位，购置新设备时不仅要考虑购置时的购置费（即生产费），还要考虑设备在运转阶段的使用费（或维持费）。

传统的设备管理多注重于设备的技术管理。在设备管理的考核指标中也突出了考核设备的技术指标，满足于把设备管好、用好、修好，而对运行成本不那么重视。我们运用设备周期费用的概念，就可以克服在 TPM 设备管理上只看技术成果、不看费用消耗，在设备使用上只重工艺需要、不讲合理使用和发挥设备潜力的现象。

3. TPM 设备管理与生产相结合

TPM 设备管理工作，必须适应企业经营方向的变化，为生产服务。随着企业产品结构的变更、市场需求的变化和用户在不同时期的不同要求，企业的经营方向在不同时期会有不同的侧重点。当企业经营方向转变的时候，企业的 TPM 设备管理工作也应及时调整、改善和提高，以适应变化了的经营方向对 TPM 设备管理工作的要求。应当树立重视 TPM 设备管理、加强 TPM 设备管理为生产服务的思想。要根据企业的生产任务、品种质量、设备修理工作的难度，确定重点设备。对重点设备实行维护、修理、备件供应、改造、更新五优先，确保企业生产任务的完成。

4. 设备维护保养与计划检修相结合

生产实践证明，TPM 设备管理工作应执行以“维修为主，检修为辅”的原则。没有正确的维护保养，就不可能有周到的计划检修。

设备的维护保养和计划检修之间常会出现一些矛盾。如果计划检修只是抢进度，忽视检修质量而遗留下设备隐患，就会加大维护保养的工作量。反之，如果维护保养不精心，发现问题不及时处理，操作人员不严格执行规章制度，就不仅会带来“小洞不补，大洞吃苦”的后果，而且会加大检修工作量，打乱正常计划，甚至会造成严重后果。

5. 设备维修与技术改造相结合

要求集中力量对现有企业进行设备更新与技术改造工作，只有把设备的更新与改造工作做好，才能克服现有企业耗费高、能耗大、质量差等弊端。另外，设备的更新与改造也是科学技术迅速发展的客观要求。在 TPM 设备管理工作中，延长设备寿命和保持设备良好状态无疑是正确的。但是不能无止境地延长“寿命”，不能不惜成本地保持良好的技术状态。这是因为设备使用时间过长，技术性能日益落后，能源、原材料消耗逐渐增多，修理费用一次比一次高，修理周期愈来愈短。在设备维修中，应通过技术经济分析，正确处理设备维修与改造关系，把维修与改造结合起来。一方面利用检修的机会采用新技术、新材料、新工艺来代替技术落后、能耗大、效率低的设备和零部件。一方面对陈旧落后、进一步维修价值不大的设备，按手续进行报废，更换先进的设备。

课后思考题

(1) 在 TPM 起源和发展的过程中，经历了哪几个重要阶段？

(2) TPM 与精益管理体系联系有哪些？

(3) 以自己的理解简述 TPM 三级组织的特点。

(4) TPM 八大支柱的基础是什么？

(5) 钢铁行业中，TPM 的推进更应关注的内容是什么？

模块三 精益管理推进实务

任务八 精益管理项目推进

任务八课件

任务目标

知识目标：

（1）了解精益管理项目推进的基本步骤；
（2）掌握精益管理项目的推进特点。

能力目标：

初步具备精益项目的推进能力。

素养目标：

具备精益项目高效推进的思维。

知识准备

一、精益管理项目推进逻辑

精益管理项目要遵循专业诊断、系统规划、全面培训、试点先行、总结推广、固化模式、人才育成的逻辑来系统性推进。

（一）专业诊断

对于企业经营管理的现状，每个企业都有自己的认知，但是大多数企业缺少专业的诊断分析，无论是从行业经济技术指标还是精益管理水平的诊断。从管理能力提升角度，精益管理水平的诊断更加重要。精益管理的诊断分为经营绩效水平诊断、运营管理水平诊断、生产管理水平诊断、人才育成水平诊断和精益数字化水平诊断五个方面。

1. 经营绩效水平诊断

经营绩效水平诊断，包括企业的“一利五率”的水平调研和分析，“一利”是指利润总额。利润总额就是税前利润，一定时间内企业通过生产经营所获得的全部利润，等于营业利润+营业外收入−营业外支出。“五率”指的是资产负债率、净资产收益率、全员劳动生产率、研发投入强度、营业现金比率。

（1）从利润总额分析，可以看出企业的盈利能力，即国有资产的盈利能力，是衡量企业是否把国有资产进行增值的最重要的指标，也是衡量国有企业经营管理者的经营绩效水平的重要参照指标。企业的经营管理者有责任和义务来提高企业的利润总额，这是国有企业经营的中长期战略目标，也是企业的愿景和使命的具体体现。从资产负债率分析，可以看出企业面临的经营风险和现金流情况，通过财务三表分析（资产负债表、损益表、现金流量表），可以从长期的资产负债情况看到企业偿还长期资产负债的能力。当企业资产负债率高于企业盈利能力，即偿债能力的时候，企业就会产生经营风险。

（2）从净资产收益率分析，可以看出企业资产变现的能力，即投入的资金，经过从原材料采购、生产制造到产品销售的全过程中，资产的变现能力，企业净资产收益率越高，企业的资产变现能力越强，企业就具备了持续发展的动力。如图 8-1 所示，通常用杜邦公

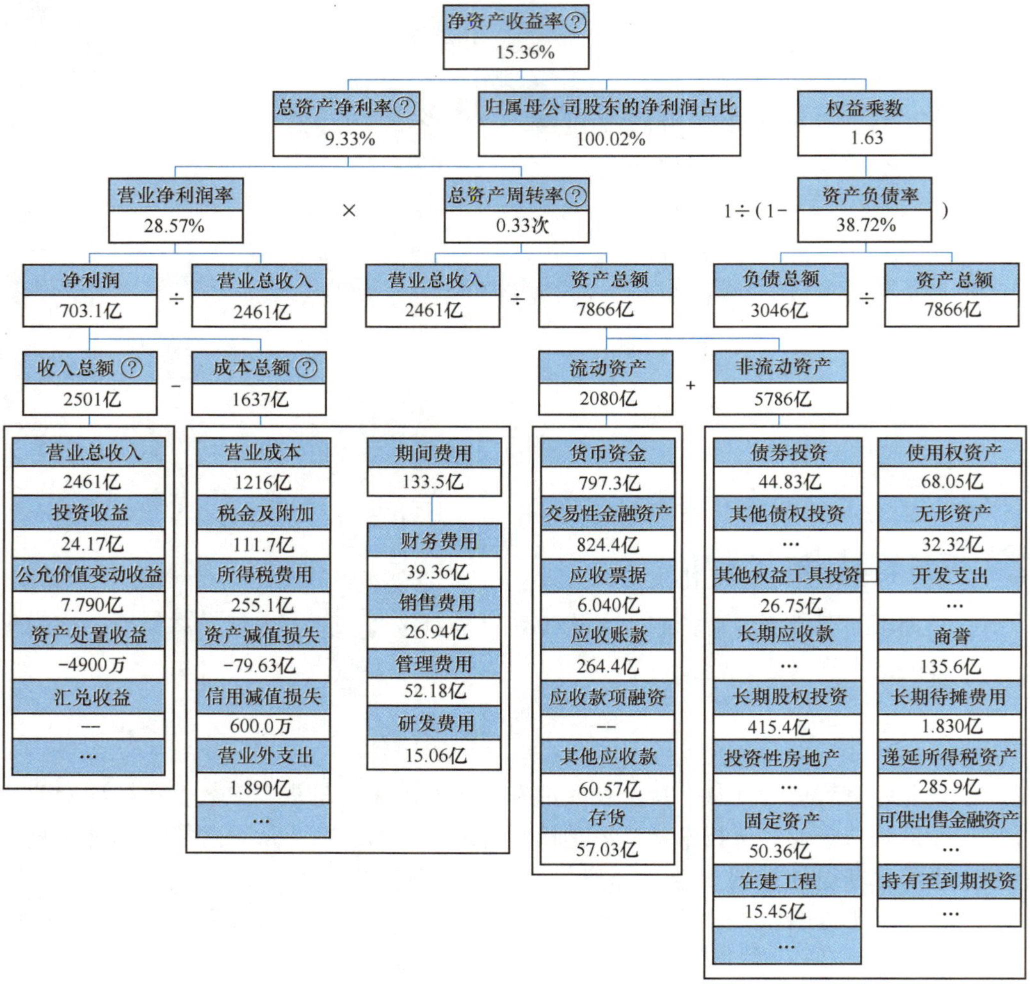

图 8-1 某公司杜邦公式分析图（单位：元）

式来进行企业的净资产收益率的分析，可以看出这个指标是一个综合型指标，体现了企业精益管理的核心竞争力。

（3）从全员劳动生产率分析，可以看出企业的员工创造价值的能力。企业的产品是通过全体员工的共同努力生产制造出来的，在企业销售收入一定的前提下，企业投入的员工越少，全员劳动生产率越高。该指标不仅反映出企业参与生产的劳动人员的多少，更能反映出企业的设备、工艺、质量、自动化等方面的水平高低。全员劳动生产率也反映出企业精益管理的水平，投入的劳动人员也是一种企业资本的投入，需要参照精益管理的价值创造原则，尽量去优化，这就需要企业管理者要充分识别员工的劳动负荷和价值创造比例。试想一下，一个企业有 100 名员工，这些员工的平均劳动负荷只有 50%，那就意味着该企业应该可以用 50 名员工就能进行生产制造活动（这里是理论数据，需要考虑企业实际工艺、设备、装备水平等因素）。因此，全员劳动生产率是企业管理水平的直观体现。

（4）从研发投入强度分析，不仅仅看出企业对于研发投入的力度和能力，更可以看出企业可持续发展的能力。很多企业的高层管理者都意识到了增加研发投入的重要性，但是，企业在经营过程中，缺少足够的利润支撑，没有资金投入或者投入的资金不足，严重制约了研发水平的提升，反过来，研发水平的降低必然会导致企业产品盈利能力的下降，这样是一个恶性循环。因此，要增加企业研发投入，重要的是企业要从原材料采购、生产制造和销售的全部环节进行精益管理的变革，通过减少全过程的成本浪费、效率损失来提升企业的盈利能力。这样才有足够的资金投入到研发项目中，提高高附加值产品的比例，进而更好地支撑企业盈利。加大研发投入是必要举措，但前提是企业有盈利能力能够实现这一必要举措。

（5）从营业现金比例分析，可以看出来企业的盈利质量的高低。盈利质量的高低，取决于企业经营现金流的流入速率。该比例越高，说明营业收入质量越高，营业活动的风险越小；该比例越低，企业的经营风险越大，收益越不稳定，现金含量就越少，收益质量就越低。

2. 运营管理水平诊断

运营管理水平诊断，从精益管理的角度，包括企业的“研、产、供、销、服”的全价值链诊断，对于此项诊断，不能单单对生产制造过程进行诊断，否则就会片面地强调生产制造本身的问题，而忽略了全价值链的整体协同和系统运作的本质。精益管理的运营管理水平诊断是站在全价值链的视角去做分析，但是要聚焦生产制造环节，这是因为生产制造是生产产品而盈利的最直接的单元，无论研发、供应链、销售还是服务都要基于精益的价值创造的原则，分析对于生产制造环节的支持和服务。当生产制造能力不足的时候，会产生质量、成本和效率方面的各种问题，都直接或者间接地影响了企业的研发、供应链、销售和服务的水平。企业运营管理水平的提升，首先要提升企业的生产制造能力，而生产制造能力的提升，必然要得到从研发、供应链、销售和服务方面的配合和支持，这是因为生产制造过程中的质量、成本、效率问题，也是由于研发能力不足、供应链供应不及时、销售和生产的联动不足甚至是服务方面的客户认可度不足造成的。这些方面要相互协同、互相支撑，才能得到整体能力的提升。从生产制造过程进行调研诊断，能够发现整个价值链的协同问题，这是精益管理诊断的先进性的体现。如图 8-2 所示，全价值链的管理包括企业运营管理过程中的全部因素。

（1）从销售角度，市场调研与分析，营销策略、策划，商机管理与开发执行，销售费用控制，售后服务体系搭建等方面，都需要进行精益管理的诊断分析，是否与生产制造过程进行协同，是否支撑到了生产制造过程中的问题解决。

（2）从研发角度，产品规划、研发资源管理、研发知识管理、研发绩效管理、研发项目管理等维度，都会对生产制造过程产生影响。

（3）从供应链角度，供应商管理，采购成本分析与控制，计划协同、准时化，采购协同（含战采），物流协同（收储发）等维度，对生产制造过程的影响是巨大的。

（4）从服务角度，全生命周期服务管理、备件管理、快速换产（SMED）、异常维护、快速异常响应等维度，对于生产制造过程的支撑，也是非常重要的。

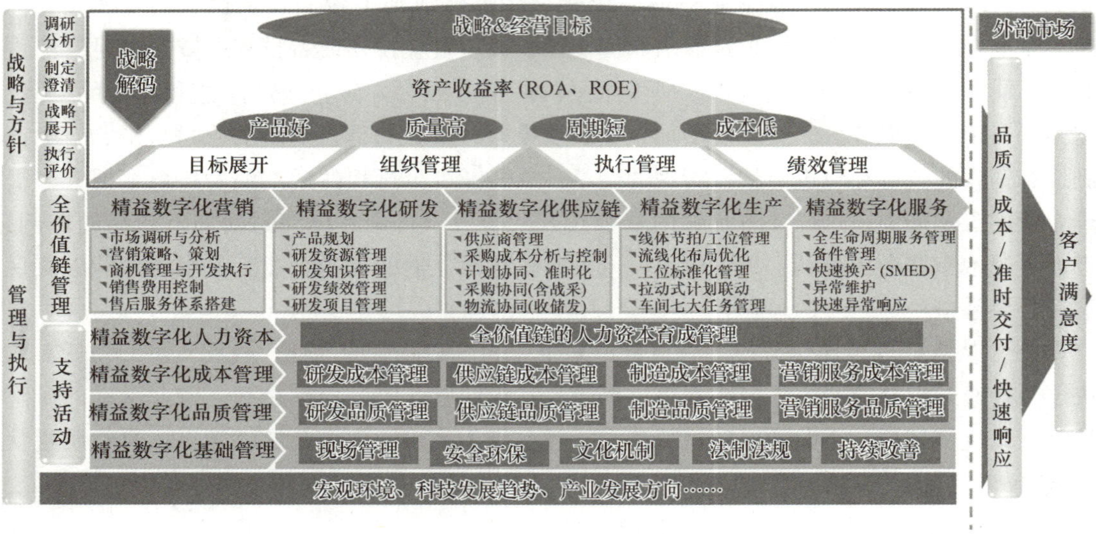

图 8-2 某咨询公司精益全价值链管理模型

3. 生产管理水平诊断

生产管理水平诊断，主要应用精益生产的理论和方法进行生产现场的调研写实，对于生产制造现场的 5S 和目视化管理、设备管理、质量过程控制、标准化管理、异常问题处理、拉动式联动计划、基层班组的七大任务管理等方面进行诊断。诊断过程中，在标准对比、数据分析、现场浪费识别、问题解决流程、价值流分析、生产计划达成问题分析、班组七大任务的标准化管理等方面，综合应用精益管理的工具和方法，从价值、价值流、流动、拉动方面进行全面调研诊断。另外，重点要对企业精益改善方面进行深入的调研诊断，企业面临的各种问题的解决，需要企业建立完善的精益改善体系，发动企业全体员工参与到问题解决和改善活动中来，如果企业的精益改善活动开展的力度不足，员工的参与度不足，创新创效的效果差，则很容易判断，该企业的运营管理水平不高，且存在巨大的问题隐藏于生产制造过程中。

4. 人才育成水平诊断

人才育成水平诊断，主要关注在企业人才的育成体系的建设。人力资源建设方面：确定人力资源发展目标，制定人力资源总体规划，合理安排人力资源整体布局，建立完善编制管理制度，对人力资源建设情况进行定期评估等因素的调研。人力资源引进：确定年度人力资源需求计划，选聘员工的过程，签订劳动合同，人员选聘、试用、培训上岗工作的规范性等因素的调研。员工培训方面：人才培训管理系统，包括培训需求分析、培训计划制订、培训课程运营、培训效果评估、培训改进计划等；人才培养体系，包括培训组织、培训课程体系、内训师体系、培训支持系统和培训道场建设等。人力资源激励约束机制方面：业绩考核指标体系，与业绩考核挂钩的薪酬制度，定期轮岗制度等。人力资源退出方面：建立退出机制，不能胜任岗位要求的员工等。

5. 精益数字化水平诊断

精益数字化水平诊断，是把精益管理与数字化应用相结合一种角度，对企业的数字化、信息化、智能化水平进行综合诊断。如图 8-3 所示，是国内某知名咨询公司的精益数字化模型。该模型以精益贯通、数字驱动、智能引领、价值创造为方针，建立了标准化的精益数字化管理的实现路径。企业的诊断过程，可以参照这样的模型进行系统诊断。

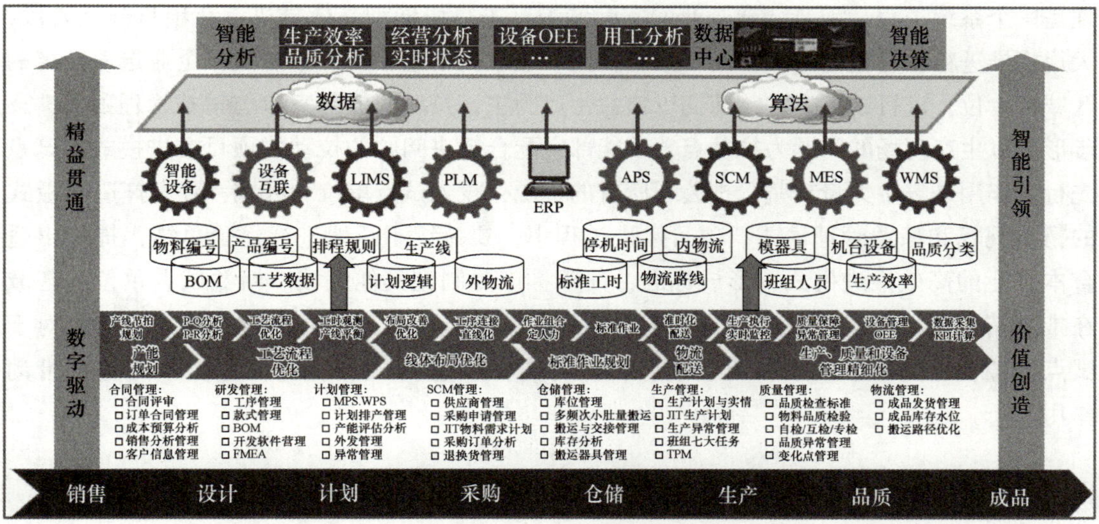

图 8-3 某精益咨询公司精益数字化模型

（二）系统规划

精益管理项目的顺利实施离不开系统规划，系统规划是精益管理项目实施成功的基础和保障。精益管理系统规划包含精益战略规划、组织制度保障、项目推进过程管控机制、项目成果复盘总结和分享等多个部分。其中最为重要的是，精益管理项目需要企业高层领导的全力支持。企业要把精益管理工作纳入公司发展战略规划中，明确精益管理是实现企业高质量发展的重要抓手。企业高层领导要理解精益管理的实质，要求企业运用“精益思维”，通过系统管理创新，实现企业投入最少、产出最多。明确精益管理的核心思想是建立以客户为中心、全员进行创造价值和消除浪费的精益求精的生产与管理理念，并通过实践探索，逐渐摸索出一套符合企业自身发展的、行之有效的全价值链体系化精益管理方法。

（三）全面培训

精益管理需要进行全面的培训，覆盖企业的高中基层员工，通过多种途径培训，包括特训营、对标游学、道场培训、精益大讲堂、教练式辅导等。精益管理需要学习才能掌握其理念和方法，通过全面培训可以启发员工对于精益管理的思考，培养员工学习精益的兴趣，进而形成全员学习精益的氛围。精益管理的培训分为外部咨询顾问培训、企业“一把手”培训、企业内训师培训、基层作业长/班组长培训。从外部培训到内部转训，全面覆盖企业所有员工，并且针对不同层级的员工采取针对性培训策略，确保培训质量。

（四）试点先行

试点先行是指企业选取主线生产单位，管理基础好的生产区域进行试点推进。精益管理是一个系统工程，需要结合企业的实际情况，进行协同型高效推进，在项目开始阶段，大规模推进精益管理是不明智的举措，因此，通常在精益项目开始阶段，企业选取特定的区域和单位，进行试点推进，前期以精益生产为主，拉动职能部室参与精益管理项目，逐步形成以生产现场的问题为拉动点，职能部室配合解决问题的拉动式项目推进模式。试点先行的作用是集中力量攻坚，把公司所有的资源，投入试点单位和区域，着力打造样板式的精益现场和精益管理模式。项目推进过程中，要持续不断地进行经验总结，提炼出适合本企业的高效推进模式，形成标准，便于推广复制到其他区域。精益试点单位和区域在推进精益项目的过程中，会遇到各种各样的难点，需要公司高层给予大力支持，对于试点单位，也要给予政策和资金倾斜，让首先做精益的人先收益，这样才能起到带动作用。

（五）总结推广

总结推广是在试点单位和作业区精益项目推进的基础上，提炼出标准化的推进模式，通过学习分享互动，由非试点单位尝试在试点单位的经验基础上，独立自主推广。在推广过程中，注意提炼共性问题并总结问题的系统性解决方案。

（六）固化模式

固化模式是在全面推广工作展开后，精益办进行精益管理成果的固化工作，通过成果评价、过程点检、重点辅导等方式，固化推进成果。固化成果阶段，需要职能部室的积极主动参与，制定标准化的文件或者形成各种规范制度等。

（七）人才育成

人才育成是精益管理项目推进的重点。精益人才培养成功后，能够把精益管理的理念进行传播；能够把精益管理工具和方法进行转训；能够作为精益改善的主体，通过降本增效的精益课题和全员参与的精益改善活动，帮助企业消除浪费、创造效益；精益人才还是企业变革管理的生力军，通过精益思维的转变，应用精益工具和方法，推进日常工作和各种业务流程的优化。

二、精益管理项目推进流程

精益管理项目的推进流程会因为企业的性质不同而定制化设计，通用的推进流程是参照精益管理项目的推进逻辑进行展开的，再结合项目管理的步骤，形成特有的精益管理项目的推进流程。

（一）精益管理项目推进原则

精益管理项目的推进流程中，明确推进原则，是必不可少的一步。企业要立足于高质量发展，以面向市场需求的“端到端”经营管理为主线，以全面提升企业的市场竞争力为目标，用精益管理的理念、方法在研、产、供、销的全价值链业务范围内推进精益管理，集团各分子公司及职能部门齐心协力，打造具有行业属性的精益生产和精益管理模式，构筑具有企业特色的精益化经营管理模式，培养一批精益化人才，助力企业实现客户满意、员工满意和社会满意的愿景目标。

在精益管理项目推进过程中，要坚持如下原则：

（1）致力于建立企业中长期精益管理战略规划，打造基于精益思想和精益全价值链解决方案的，具有企业特色的精益化经营管理模式；

（2）通过全面开展精益管理工作，逐步探索企业的经营管理变革路径，涵盖现场管理、生产管理、营销管理、研发管理、供应链管理、业务流程优化、组织绩效变革以及全员自主改善等方面；

（3）通过导入精益管理的理念和工具方法，逐步完善企业成本领先战略和产品竞争优势，搭建包含研、产、供、销的全价值链协同型精益管理推进模式，着力提升企业各分、子公司的盈利能力；

（4）通过精益管理的推进和实施，培养一批具有发现问题和改善能力的复合型管理人才。

（二）精益项目管理推进阶段

企业精益管理项目推进具有阶段型特征，每一个阶段是下一个阶段的基础，同时每一个阶段又要对上一个阶段推进成果的总结和提炼。企业在推进精益管理项目中，通常分为三个阶段。

1. 第一阶段是精益“止血”保利润阶段

通常用两到三年进行推进，把企业经营管理重点是从面临亏损的生死状态走向具有稳定持续盈利的状态。重点强化各层级立体化培训和实训改善，突破、统一变革思想，提升改善能力，围绕消除浪费，聚焦价值创造和全员改善能力提升，全现场、全业务、全流程系统地推进精益思想和方法，结合数字化建设和管理，全面提升市场竞争力，经营和运营指标向上，达到稳定的盈利水平状态。

在该阶段推进方针可以参考如下步骤进行重点推进。

（1）建立企业的精益管理推进组织，明确各组织工作职责和工作计划，建立健全精益管理保障机制、激励机制、工作点检机制、沟通宣传机制和总结分享机制。

（2）建设精益试点标杆工程，推进现场 5S 和目视化管理、标准化管理、设备 TPM、质量过程管控等精益工作，重点推进全员自主改善活动，形成现场有改变、管理有标准、自主有改善的精益基层作业区/班组建设模式。

（3）建立精益项目陪跑机制，非试点单位和非试点作业区秉持“学中干、干中学”的原则，主动学习精益管理理念和工具方法，参照试点单位和试点作业区精益管理推进经验，自主推进精益管理工作，提炼推进亮点，并积极参与精益工作的评比和分享活动。

（4）打造运营成本管控体系，全面推进方针管理，围绕经营绩效指标，开展指标梳理和分解工作，形成改善型指标数据库，关联各层级管理者精益课题，通过立项评审、过程控制、结项评审和分享的方式，提高全体管理者绩效达成的能力。

（5）推动全价值链的业务流程优化，打通职能单位和制造单位的业务沟通的堵点；重点推进业务融合，进行全员精益管理培训，形成共通精益管理语言，减少职能单位和制造单位的沟通成本浪费，增强企业整体运营管理合力。

（6）制定精益人才育成及认证方案，完善精益课程体系，通过精益管理工具和方法的辅导，结合精益课题和改善提案的实例，以及精益领导力的培训，建立企业的内训师、改善能手、精益领导团队，建立集团精益管理人才“蓄水池”。

（7）搭建精益学习和分享平台，广泛开展精益知识竞赛、员工讲改善案例、“一把手”上讲台讲精益、精益课题互动式分享等多维度的精益活动。建立精益改善案例库，形成精益管理知识手册，并进行大力宣传和培训，以自身改善案例和经验总结影响全体员工，形成人人学精益、讲精益、用精益的文化氛围。

（8）初步建立企业精益管理模型及评价体系，包括《××集团精益管理模型及解读》《基层精益作业区/班组评价标准》《精益生产管理评价标准》《精益人才育成评价标准》等。

2. 第二阶段是精益“输血”助提升阶段

通常用两到三年进行推进，企业持续创新突破，聚焦业务管理流程，重点优化职能部门与生产的协同联动，充分应用数据管理和数字化信息管理，聚焦市场和柔性快速生产，以价值创造为中心，打造“众人一事，利出一孔”的精益同心圆型的高效管理组织与管理体系，推进精益化的业务流程优化与变革，提升企业运营管理效率和效益，市场竞争力和盈利水平达到行业企业中上水平。

在该阶段推进方针可以参考如下步骤进行重点推进。

（1）建立企业精益生产管理体系，制定精益管理基本制度、生产管理标准化制度和精益人才育成制度，打造体系化精益管理推进模式。

（2）形成多个精益示范典型，逐级建设精益示范班组、精益示范作业区、精益示范工序、精益示范工厂，提炼建设经验，逐步推广复制。

（3）建立基于精益制造的核心指标体系，解码从公司经营层到现场操作层数据链条，以指标管理为目标，以数据分析为抓手，提升指标驱动的决策能力和数据驱动的管控能力。

（4）职能部门（以销售、研发、采购为主）全面开展业务流程优化工作，以生产制造为核心，将生产管理流程优化作为重点先行工程，聚焦流程价值体系，打破“部门墙”限制，探索推进业务流程再造，基于业务流程再造能力转变业务管理模式。

（5）搭建精益人才激励和晋升机制，将精益管理作为各层级管理岗位的必备技能，全面推动中基层管理岗位的精益化评估工作，优胜劣汰，选拔优秀精益管理人员，进入精英管理者“蓄水池”。

（6）建立企业基于精益领导力、制造过程管控、业务流程优化、精益人才激励、精益文化等多维度的综合评价体系，全面开展对标学习和提升工作，对标绩效指标达成水平，对标绩效指标达成的体系支撑，系统性指导企业精益管理推进工作走深走实。

3. 第三阶段是精益“造血”创“一流”阶段

精益文化形成与精益经营模式形成阶段，强化产业链的一体联动，形成企业精益经营模式。打造以建模式、导体系、筑指标、育人才、强评价、重激励的特色精益化战略落地与持续向上的创新模式，力争成为行业市场竞争力与盈利水平一流的企业。

（1）制定并发布企业高效运营管理模式，对标行业一流，持续推进全系统、全链条、全过程的管理模式创新和能力提升。

（2）持续推动研、产、供、销全价值链精益管理的有机融合，提炼标准，固化模式，逐步形成统筹管理体系。

（3）围绕企业发展战略目标和任务，持续推动企业价值创造能力提升和管理体系建设，形成稳定的精益化战略落地与持续向上的创新模式。

（4）建立企业精益数字化管理体系，探索精益数字化系统解决方案，实现数字化设计、数字化制造、数字化管理、数字化服务全流程贯通。

（5）持续发展精益人才队伍，形成精益专家、精益骨干、精益能手的“百、千、万”人才梯队，具备精益人才自主育成能力。

三个阶段因为企业的处境不同，要进行相应的调整，以便符合企业的中长期发展规划。如图 8-4 所示的某企业生产系统三阶段规划内容，是基于企业要打造精益数字化生产系统的中长期战略目标而进行定制化设计的。

	第一阶段 改善框架搭建、基础架构	第二阶段 组织高效运营、持续降本	第三阶段 自我改善体系建立、扭亏为盈
阶段性目标 具体实施内容	➢ 外拓业务突围 ➢ 不遗余力降本	➢ 组织稳定及高效运营 ➢ 持续降本增效	➢ 持续改善体系发力 ➢ 重塑核心竞争力
精益管理驱动	• 外创业务整合→合力塑造优势 • 战略指标分解→确保目标落地 • 降本专项课题→降本增效 • 库存和闲置处理→释放现金流 • 班组管理→成本落地到班组 • 异常管理→EMBP管控和消除异常 • 机关业务流程优化→高效运营	• 组织精锐化→汇报关系清晰化 • 人员标准配置→人均利润评估体系 • 资产管理→持续降本增效 • 承包商降本→设备自动化 • 操作目视化→流程标准化 • 物资管理精细化→压减库存提升效率 • 投资管理→标准化投资质量控制	• 精益运营管理模式→输出标准 • 能源管理→提升核心竞争力 • 持续改进体系→推进指标提升 • 标准化体系构建→固定精益成果 • 专项课题持续改进→持续降本增效
精益组织保障	• 作战室规划→构建管理体系 • 激励制度设计→指标+考核	• 组织结构设计→释放组织活力 • 激励制度设计→指标+考核	• 绩效考核与激励→员工激励
精益基础支撑	• 6S管理→构建管理基础 • 改善提案→提升人员参与度	• 人才育成→为业务发展培养人才	• HSE体系→体系落实和融入

图 8-4 精益管理三阶段规划内容案例参考

（三）精益项目管理保障机制

精益管理项目要建立完善的保障机制，包括组织制度保障方面和推进过程管控机制方面。

1. 组织制度保障方面

精益管理项目需要建立强有力的三级推进组织，包括领导小组、精益办和实施组。

（1）领导小组：由公司总经理担任组长、公司分管副总经理担任副组长、各职能部门主要领导和试点单位主要领导担任成员的精益管理领导小组。负责公司精益管理推进工作的关键事项决策，对项目运行状态进行管控，在全公司范围内协调资源，对项目全过程给予决策性和稳定性保障。每月召开领导小组会议，跟踪各项工作推进进度，汇报精益管理项目阶段性工作成果，根据推进需要研究重要推进内容和事项。公司总经理主要负责人员配置、资源协调、重大政策支持等工作，对精益管理工作负总责。担任副组长、各职能部门主要领导和试点单位主要领导担任成员的精益管理领导小组。公司分管副总经理负责精益管理推进工作的总体部署和运行状态管控，督导相关工作的具体落实。各职能部门主要领导和试点单位主要领导负责职责范围内精益管理工作的具体组织实施和政策支持。

（2）精益办：独立部门，专职人员。负责精益管理推进的计划统筹、组织协调、过程管控、效果评价、考核激励等工作。至少每月召开一次精益管理推进工作组例会，各实施组或个别实施组通报本月推进情况；精益办公室对精益管理项目当月推进工作进行总结；精益办公室安排下月的推进工作任务和内容；咨询工作组根据推进情况提出评价和指导意见；其他待议和决定的专门事项。

（3）实施组：负责精益管理专业方案制定、日常培训、专业指导、决策执行、推进监督、效益核算和效果评价的具体实施。包括咨询指导组、生产管理组、设备管理组、质量管理组、物流仓储组、采购营销组、现场管理组、环保管理组、项目建设组、成本核算组、人力资源组、宣传工作组。

2. 过程管控机制方面

精益管理项目需要从项目风险管控机制、项目沟通机制、目视化机制、评价机制、激励考核机制和舆论宣传机制。

（1）项目风险管控机制，要识别项目风险的主要特征以及对于风险影响的结果评价，并制定对应策略及评审流程，确保风险可控。

（2）项目沟通机制，要建立定期的沟通点检制度，包括企业与外部咨询团队的沟通、精益周月度例会、项目任务完成清单点检等工作。

（3）目视化机制，做到精益项目的目标明确、方向可见、标准统一。建立精益作战室，精益模块推进计划策略做到目视化监控。

（4）评价机制，包括《公司年度基层单位精益工作评价标准》《公司年度职能部门精益工作推进评价标准》《公司年度精益基层（作业区）验收评价标准》《公司精益人才评价标准》等。

（5）激励考核机制，包括经营者绩效关联精益项目推进效果、精益改善的奖励、精益人才的晋升等。

（6）舆论宣传机制，包括精益知识宣传看板、精益新闻的微信公众号展示、企业内部报纸宣传等多种途径。

三、精益管理项目推进要点

精益管理项目推进过程中，会遇到各种问题，包括员工对于推进精益管理的认知不足，员工发现问题、解决问题的意愿和能力不足，精益推进机制不健全等问题。这些问题的解决，除了要遵循精益项目推进的逻辑和实施系统性的推进流程外，还要在营造精益项目推进的氛围、灌输问题解决的改善意识和建立系统性的精益管理推进机制这三个方面，进行强力的推进，消除可能遇到的各种问题隐患，保障精益项目的顺利实施。

（一）做好精益管理项目推进的前提认知

1. 建立危机意识

危机并不是一个新概念，人们对其早就有认识。危机意识是人类社会进步的内在动力的源泉之一。危机发展可分为潜伏期、否认期、崩溃期和灾难期四个阶段，越早采取相应的措施和行动，越有机会转危为安。面对多变的市场环境，企业要通过变革转型、技术和管理创新来提升适应市场的能力和盈利能力。企业危机管理着重于防患于未然，强化危机意识，尽可能将危机遏止在潜伏期，做到防微杜渐。精益本身就是一种危机下的产物，应对企业经营管理的危机，精益管理通过坚持不断的改善，来促进企业进行价值识别，创造新市场、新经营管理模式。

精益管理项目的开展前提，是通过危机氛围的营造，让员工意识到企业经营的危机，不能被动地等到企业经营遇到困局后，降低员工工资收益后，才让员工意识到企业遇到了困难，要提前跟员工灌输经营危机的意识。

2. 达成员工共识

在刚开始推行精益管理项目时，经常遇到企业员工也自学过精益管理相关的知识，并且也阅读了各种各样的精益书籍。但是由于目前为止的绝大多数文章都是对丰田生产方式成熟体系的研究介绍，缺乏对丰田生产方式的形成过程的研究，所以对丰田生产方式的认识和介绍带有很大的局限性；另一方面，不管什么书，它在介绍丰田生产方式时，总有自己的逻辑体系，所以不可能非常清晰地把丰田生产方式的运作体系全面展现出来。当人们在阅读研究这些著作时，就会有自己的一种理论上的想象和理解，而这种想象和理解与实际的丰田生产方式体系和运作会有很大的差距，甚至有不少的误解及错误。而这种错误认识是自己意识不到的，以为自己完全懂了，但实际上有可能是完全错误的，自己试验的时候，自然就失败了，而且失败了还不知道自己的错误，还会认为这种方式不适合自己的企业。

精益管理项目推进，企业高层领导首先要带头学习精益管理的相关知识，主动参加国资委、协会、社会团队、专业机构组织的各种精益管理培训和研讨的活动，切身地参与到对标学习和经验交流中，主动思考和学习，转变自身的思维方式。在企业高层领导具备一定的精益管理理念后，要开展全面的精益管理培训，尤其是高层管理者，各管理层级的一把手，与员工一起学精益，主动站上讲台讲精益，结合日常工作用精益这样的实战型培训。

3. 消除员工误解

在推进精益管理项目的初期阶段，就要通过高层领导及各层级一把手的宣导，消除员工对于精益管理的误区，包括以下几个方面。

（1）错误地认为导入精益管理的环境条件不具备，不能推进精益管理。精益管理是危机的产物，是企业眼睛向内，提升自身管理水平的方法。在目前复杂多变的市场环境下，越快意识到自身经营问题从而着手进行改变，越能提前应对市场的变化，保持企业生存环境的适应性。

（2）错误地认为企业产品质量零缺陷差距巨大，不能推进精益管理。精益管理对于产品质量和服务的要求是零缺陷，但是这是终极目标，不是一蹴而就的。精益管理是不断改善和提升的过程，认识到自身的质量管理存在不足是正确的，那接下来就是找到不足的问题点，进行精益管理的改善，通过精益管理的精益课题和改善提案来逐步地消除质量隐患和浪费环节，逐步提升自身的产品质量和服务质量。

（3）错误地认为企业相关供应商的供应能力不足，不能推进精益管理。企业的生产制造过程的确需要相关供应商的支持，供应商的供应能力不足对于企业生产制造环节的影响是巨大的，越是这样，越应该推进精益管理，通过自身管理水平的提升，拉动供应商也进行精益管理的转变。丰田汽车公司精益管理的理念中，带领供应商共同提升管理水平就是特别重要的一点。同时，通过自身管理水平的提升，我们可以选择的优质供应商的数量和范围也就增加了，增加了企业选择的主动权，能够进行资源的优化配置。

（4）错误地认为精益管理的推行需要先进的自动化水平，落后的生产设备设施水平不能支撑精益管理。精益管理强调从发现现场的浪费环节入手，强调全员参与的改善活动。落后的生产设备水平自然会对企业管理效率的提升造成影响，但是反观很多推行精益管理的企业，恰恰是长期推进精益管理，而减少了设备设施的更新投入。

（5）错误地认为精益管理的推行就带来企业人员的精简，产生多数员工下岗。精益管理的主要目的是变革企业管理的模式，可能通过管理模式的变革，带来部分员工的下岗情况发生。但是，大家要共识一点，如果没有精益管理的推进，企业的管理能力不能有效提升，企业不能盈利，没办法正常地经营下去，那样，就会有更多的员工下岗，带来的后果更加严重。

（6）错误地认为精益管理的工具和方法具有行业局限性，不适合自己的企业。很多企业在刚开始导入精益管理的时候，包括个别公司高层管理者都认为精益管理是汽车行业的管理模式，存在行业限制。这样的情况出现是缺少对于精益管理的学习和理解导致的，甚至有些企业员工根本没有了解精益管理就否定实施的可行性。因为这样的员工本身对于变革就存在着畏惧心理，不愿意改变自己的工作环境，看不到企业经营管理中的风险。

（二）做好精益管理项目推进的重点共识

企业经营危机对应的问题是可以被识别到的，危机来源于问题。要让企业所有员工意识到，问题并不可怕，问题发生了，还有对应的改善对策。然而，不能发现问题是最可怕的，企业都面临着生死存亡的危机了，企业的员工还不能发现自身的问题，这是企业经营管理中最大的问题。所以，精益管理的推进重点要放在导入问题解决思维，建立基于问题解决的改善体系。

1. 问题解决思维要贯穿精益项目的始终

作为精益项目的主要推进者，公司的高层管理人员要坚定推进问题解决的思想，在日常工作中的每一项业务和事件的处理中，都要强调问题解决意识，让问题意识潜移默化地固化到每一名员工的头脑中，时刻关注通过精益管理项目的推进，帮助大家识别出来的问题以及问题的彻底解决。既要关注发现问题的能力的提升，也要关注分析问题阶段的逻辑性和科学性，更为重要的是关注到问题解决和固化的方式，能够关联到管理标准化和管理制度流程的变更，在精益项目推进的全过程中，始终把问题解决作为推进重点。

2. 问题解决思维要融入各个管理层级

从公司的高层管理者到基层的作业员工，都要具备精益的问题解决思想。高层管理者要从企业的经营绩效指标达成方面，思考管理上存在的问题，通过方针管理和流程优化等方式来进行工作优化，对于重点问题，比如库存问题、质量问题，要通过精益课题的方式，进行重点跟进。精益课题的作用，除了解决问题本身以外，还具备问题解决逻辑的固化作用，从高层领导者开始强调问题解决的逻辑性，层层下推，每一个层级的管理者都具备问题解决的逻辑，无论是PDCA，还是问题解决八步法，还是六西格玛的DMAIC过程，都是一种问题解决逻辑，企业的高层管理者，要统一自己企业的问题解决逻辑，这样才能支撑管理战略的落地。企业的基层作业员工，也要具备问题解决思想，在日常工作过程中，每一名员工都会或多或少地遇到各种各样的问题，对于这些问题，我们可以采取临时的措施进行了规避，比如灯泡的灯丝坏了，员工更换了烧掉的灯泡。但是，这样的问题还会频繁发生，这是因为没有从根本上解决问题。比如灯泡坏了的根本原因是电线的短路，如果不解决短路问题，换多少次灯泡都不能解决问题。这就需要员工能够通过精益的问题解决思想，把问题的现象进行问题的 5W2H 分析，即时间、地点、人员、什么现象、为什么、多少数量、多严重程度等，接下来进行问题的鱼骨图分析和 5Why 分析，找到问题的根本原因，从而去解决这个问题，当然有些问题是基层员工能够解决的，有些是需要基层管理者解决的，或者是需要升级到更高层级的领导协调解决的，但是，无论哪个层级，解决问题都要基于精益的问题解决思想，抓住问题的本质和根因，使问题不再发生。

3. 问题解决思维要支撑多个管理维度

无论是成本管理、设备管理、质量管理还是班组管理。在精益成本管理中，首先要通过层级的指标分解来找到成本指标的关联，通过对于指标定义、关联关系找到对应的组织责任部门，然后再通过组织责任部门的精益课题立项来解决问题，最后是把解决问题的结果做验证分析，统筹后，来看是否能够支撑成本降低的目标达成。在整个精益成本管理中，如果只强调指标的分解和指标的责任，而忽略了对应的精益课题，则成本降低管理方面缺少原动力，只有通过切实的改善，才有绩效指标的达成。比如质量管理维度，当我们发现质量问题的时候，是及时停止生产过程还是要记录数据，然后释放到下一道工序？这样的问题在生产作业现场有很多，员工遇到不同的情况会采取不同的处理方式，因为没有一个统一的问题解决思想来支撑员工的工作。精益管理的质量管控思维是“三不”思维，即不接受不合格品、不制造不合格品、不流出不合格品。要求从本工序内部形成“自工序完结”的问题解决，而不能把问题遗漏到下一道工序。而实际的生产管理过程中，为了片面地达成产量目标，很多工序是不在意产品带着质量问题流入到下一道工序的，而且会以设备成本、产量压力等多种原因来解释、掩盖问题。这些都是自欺欺人、本位主义的局部思维造成，缺少管理的整体思维。企业的质量问题是全员进行管控的，质量的“三不”原则是企业的战略原则，没有遵守这些原则，就是缺少精益的问题解决思想，没有意识到，自然做不到。

（三）做好精益管理项目推进的路径规划

精益管理项目要遵循“点、线、面、体、魂”的推进路径，以生产制造现场为“点”，着力推进精益生产，以试点单位，试点作业区为重点，强调生产现场的发现问题、分析问题和解决问题的工具和方法的应用。“线”是把生产现场的试点单位、试点作业区与职能部室进行关联互动，从生产现场的管理出发，分析职能部室与生产现场之间的业务流程，从职能部室角度，支持生产现场的工作改善。“面”是指全面推广，把试点单位、试点作业区与职能部室的配合模式进行推广复制，在企业里全面推广，形成统一的生产管理模式，即形成精益管理的雏形。“体”是指全价值链的协同，从研发、生产、供应链、销售的全流程进行企业经营管理的精益化流程再造，形成全价值链精益管理的成熟模式，支撑企业经营成果的达成。“魂”是指精益管理文化建设初步形成阶段，通过精益管理文化推进企业精益管理水平持续提升。精益管理“点、线、面、体、魂”的阶段规划如图 8-5 所示。

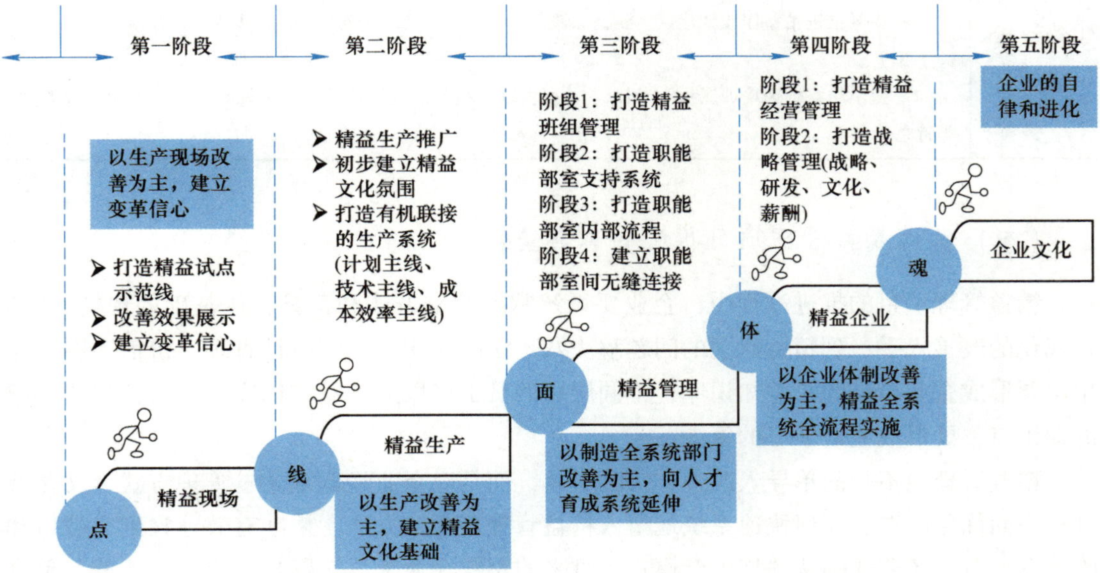

图 8-5　精益管理“点、线、面、体、魂”的阶段规划

精益管理项目的大计划要有层次性和逻辑性，见表 8-1。从能力维度，制订以生产、设备、质量、班组等方面的管理能力的提升为目标的具体实施计划，比如精益作业区建设，需要通过精益作业区调研写实与规划，指导作业区管理人员具备自我诊断能力；通过标准化作业管理，指导员工标准化作业指导书的编写，问题分析和改善提案输出，提高员工标准化管理的意识和精益改善的能力；通过初级设备 TPM 的导入，建立主要设备点检作业指导书，形成小组活动，推动应用点检作业指导书查找问题点，提高设备维护人员的问题解决能力。从指标维度，要建立结合精益管理模块推进的量化指标，比如指导提升分析和课题改善能力，达到预期年度 6000 万元的降本目标；指导提升产品交付能力，试点区域产品交付周期缩短 10%以上等。

表 8-1　某企业精益管理项目模块计划

能力维度	（1）准交付：提升订单的准时化制造和交付能力，缩短订单交付周期，提升全价值链的整体效率和市场竞争力。 （2）经营成本意识：优化经营管理指标，实现经营目标和管理目标的一致性，提升经营与成本意识。 （3）员工改善能力：提升员工自主浪费挖掘能力，提升员工问题解决能力。 （4）精益现场模式：以现场对标改善为重点，提升作业长和班组长基础管理水平，推进指标数据化和全员自主改善，指导建立通过以作业区为中心的，标准化、数据化、自主改善型的精益现场管理模式。 （5）业务流程优化：基于生产质量过程控制和设备 TPM 管理，优化管理流程，提升管理效率。 （6）氛围营造：激发人的活力，营建全员改善的精益氛围。 （7）人才育成：构建“精益+”的数字化改善型人才的培训模式

续表 8-1

指标维度	(1) 指导提升分析和课题改善能力，达到预期年化××万元的降本目标。 (2) 指导提升产品交付能力，试点区域产品交付周期缩短 10%以上。 (3) 指导推进精益作业区建设，涵盖炼铁、炼钢、热轧、冷轧全流程，初步建设达标精益作业区不少于 5 个。 (4) 提供精益管理培训课程 15 门以上，提供培养精益推进组特训营、内训师培训、作业长改善周等特色培训

(四) 做好精益管理项目推进的工具整合

精益管理项目的推进过程中，企业要系统掌握改进方法和工具，从基础的现场 5S 和目视化的改善入手，到精益课题的问题解决八步法的应用，再到方针管理、价值流图的应用。要形成企业自己的精益知识库，不同层级的员工可以从精益知识库中学习到想要学习的知识点，要形成主动学习的氛围。

精益管理绝不是简单导入改善方法和工具，而是对企业经营理念、管理方式及文化等进行全面优化改造。如何快速系统地植入精益管理理念和方法、精准有效地找到突破口和改善点，对于大多数刚从计划生产模式走过来的钢铁企业来说无疑是一个巨大挑战，单靠自身去摸索需要花费大量时间、人力及物力。在推行精益管理初期，为加快精益变革速度，率先把握发展机遇，务必要坚持“两条腿走路”。外部：可引入从事精益管理服务、具有丰富指导经验专业咨询公司，为精益管理提供系统性理论指导和技术支撑，快速构建起系统性概念和方法论，快速找到精益变革的着力点。内部：新组建精益管理办公室，在各系统选聘优秀人才组成专业团队，优先从咨询公司学习和转化精益管理理念方法，指导基层开展具体工作。同时，本着成熟一批使用一批原则，将精益管理办公室作为干部培养重要基地。

精益管理项目中，需要学习的精益知识和案例有很多，无论是行业内部还是行业外部的，内部的专业技术管理知识结合精益管理的工具和方法，需要企业精益推进团队进行认真的思考和主动的尝试。外部的精益知识的应用案例要提炼出经验和理念来思考，是否可以应用到钢铁行业中，在哪里是结合点，在哪里能发挥更大的效用。比如 5S 和目视化管理方面，钢铁企业的推进模式就不能跟电子行业的精益项目推进方式相同。在电子行业的 5S 和目视化管理的推进过程中，强调从基础的 5S 的步骤开始，逐步经历整理、整顿、清扫、清洁、素养的五个过程，形成一个“靓化”的现场。而在钢铁企业，虽然也要做 5S 和目视化管理，但是重点要结合企业的实际情况，很多钢铁企业的基础设施、设备陈旧，一般都有 10~20 年的历史，虽然也有对于设施、设备的投资改建等项目支持，已经有了很大的改观，但是基础仍然非常薄弱。因此，在部分钢铁企业中，推进 5S 和目视化，从开始就可以进行适当的规划，比如 5S 网格化管理可以先明确生产作业员工对于现场的 5S 和目视化管理工作的职责，从力所能及的打扫卫生开始。再可以先从现场物品物料的“三定”管理入手，确定物品物料的名称，规划存储的位置和存储的数量，尽量用最少的场地存储合适数量的物品物料，简单实用就是最有效的措施。还要从跑冒滴漏等方面入手，这是因为钢铁企业现场跑冒滴漏现象是比较常见的影响 5S 的要素。只有这样的灵活适应性的规划，才能保证精益项目在钢铁企业中，能够总结提炼出来企业自身特色的精益管理项目推进模式。

（五）做好精益管理项目推进的成果评价

精益管理项目的成果要从有形收益、无形收益、精益管理模式、精益人才等多个方面进行评价，要进行阶段性的精益管理项目成果评价标准，组织各个管理层级的管理者参与到精益项目的评价中。

精益管理项目的评价，不能单纯从有形收益上进行评估。很多企业高层领导在推进精益管理项目的时候，片面地认为精益管理就是短期内实现财务收益的目标，而忽略精益管理的项目的系统性成果的输出。精益管理能够帮助企业短时间创造效益，但是，还需要从无形收益、管理模式和人才方面的支撑，否则创造的效益快，回落的速度也快，不能形成长期持续的盈利能力的提升。精益管理需要遵循科学的规律性，是一个长期的管理行为，而不是短期的管理行为。推行精益管理的目的，也是要以长期的战略作为目标，要把管理能力方面的提升作为主要的目的。所以，精益管理项目的成果评价，是多维度的评价，是系统性的评价，要从项目开始推进的时候就建立这样的共识。当然，精益管理推进的过程中，不同阶段的评价标准也不尽相同，如果一个企业推进 3~5 年的精益，仍然不能形成有效的经济效益对财务进行支撑，那就要重新思考一下，精益管理项目推进的路径和模式是不是存在问题，这个纠偏的过程，本身也是一种管理改善，是持续改善的思想的体现。

? 课后思考题

（1）请简述精益管理项目推进的原则。

（2）请简述精益管理项目推进的要点。

（3）通过本课的学习，您个人有哪些感悟和收获，在哪些工作中可以应用本次培训内容？

任务九 精益战略落地理论之方针管理

任务九课件

任务目标

知识目标：

（1）了解精益战略的概念及重要性；

（2）了解方针管理的发展概要。

能力目标：

（1）能够应用精益战略的理论，开展精益实施工作；
（2）掌握方针管理的步骤。

素养目标：

（1）理解精益战略的重要意义，培养从战略维度思考精益如何落地的思维；
（2）具备战略解码意识。

任务思考

如图 9-1 所示，企业就像行驶在路上的小车，载着企业所有员工，在通往企业愿景目标的道路上前进。路途中会有很多的困难和阻碍，就像路上的大小石块一样，有些是路中间类似巨石一样大的障碍物，有些是路中间的类似小石块的障碍物，还有一些是路旁边影响整条路途的困难因素。假设你是一名企业经营管理的负责人，如何驾驶这辆小车顺利达成公司愿景目标，如何应对复杂的经营环境，如何制定战略并保证战略落地实施？

图 9-1 企业战略落地寓意图

知识准备

一、精益战略概述

（一）精益战略的意义

精益战略（Lean Strategy）是一种企业经营管理和组织方法，目的是帮助企业实现更高效、更灵活和更有创新力的经营管理。其核心理念是通过消除浪费和不必要的活动来提高价值创造，并集中资源在最重要的业务目标上。

精益战略是企业经营管理的众多战略策略其中之一。精益战略借鉴了丰田生产方式和杰出组织的最佳实践，通过精益化管理方式和文化变革，实现组织的高效、灵活和创新能力的提升，从而获得持续的竞争优势。当企业遇到销售额到达瓶颈或者无法拓展市场的情况时，企业获取的利润越来越少，企业经营战略的重点要从市场开拓转向内部成本管控。通过精益战略的实施，对企业的竞争优势产生以下影响：

（1）提高生产效率。通过消除生产过程中的浪费和瓶颈，精益战略关注提高生产效率，降低成本，并提高产品质量。这可以使企业能够更快地响应市场需求，并以更具竞争力的价格销售产品，从而提高企业的市场份额。

（2）改善客户满意度。通过实施精益战略可以提高产品质量，缩短交货时间，并提供更好的客户服务。这些都可以增强客户的满意度和忠诚度，使企业能够保持和增加市场份额。

（3）增强创新能力。精益战略可以提倡快速市场反馈机制，帮助企业更快地了解市场需求，并提供定制化的解决方案。这可以促进企业的创新能力，并提高企业在市场上的竞争力。

（4）增强企业文化。精益战略需要员工积极参与，通过改进工作流程和实现不断改进，提高效率和质量。这可以促进员工之间的合作和沟通，增强企业文化，并提高员工满意度和忠诚度。

精益战略的实施，虽然表面上是一种保守型企业经营策略，从企业内部的管理求效益，但实际上，企业精益战略的实施是帮助企业提升产品的市场竞争力，用高质量、低成本、准时交付的产品和服务来增加企业的市场占有率。通过实施精益管理，可以提高企业所有员工参与经营管理中的积极性，可以通过精益管理工具和方法的应用，提升企业各层级的业务能力，进而支持到企业高质量、可持续发展的战略需求。

（二）精益战略管理

1. 精益战略管理的方式

精益战略的实施需要建立积极向上的企业文化和具备相关素质和技能的员工。组织可以通过领导示范、提高员工参与度、建立团队协作、培养终身学习意识等方式，逐步培养和发展这种文化和员工素质。

（1）建立改进文化。通过领导示范、赞赏鼓励、分享成功经验等方式，树立改进的价值观和文化。企业可以通过组织培训、开展改进活动、建立奖励制度等方式，激励员工参与改进，提高改进的成效。

（2）提高员工参与度。组织需要积极鼓励员工参与改进，激发员工的创新和潜力，让员工在改进过程中得到成长和满足感。

（3）建立团队协作。精益战略强调跨部门、跨职能的团队合作，需要建立开放、透明、互动的沟通机制，让各个部门之间能够有效合作，解决问题和实现目标。

（4）培养终身学习意识。精益战略要求组织中的每个员工都具备不断学习和提升的意识和能力。组织可以提供培训和学习机会，鼓励员工主动学习和分享知识和经验，不断提高自身的竞争力。

（5）建立良好的工作环境。组织需要营造一个安全、卫生、舒适的工作环境，为员工提供良好的工作条件和福利待遇。这样可以提高员工的工作满意度，促进员工的积极性和工作效率。

2. 精益战略管理的过程

精益战略要遵循企业战略管理的基本过程，包括战略输入、战略行动、战略输出三个步骤，如图 9-2 所示。

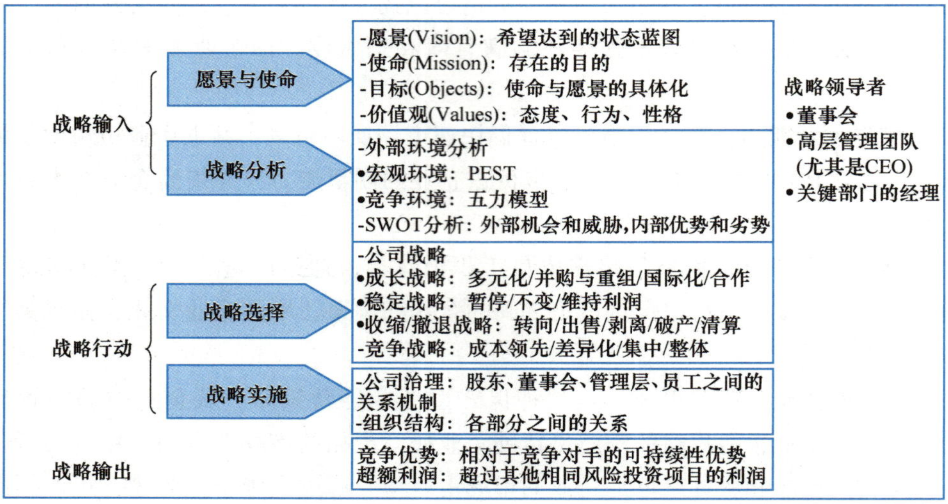

图 9-2 战略管理过程

企业精益战略的实施，需要经过战略输入、战略行动、战略输出这样的步骤，而贯穿这三个阶段的，是精益战略实施成功的必备的条件。第一，需要得到领导层的支持和认可，领导层需要清楚精益战略的目标和优势，积极参与并给予足够的资源和支持。第二，精益战略强调持续改进和学习的理念，需要组织中的所有成员都能够持续关注流程优化和价值创造，不断寻找改进的机会。第三，实施精益战略需要投入人力、物力、财力等资源，例如进行员工培训、实施流程改进和引入新技术等，需要有足够的资源投入。第四，精益战略强调数据驱动决策，需要有有效的数据收集和分析机制，以便识别浪费和改进机会，也需要有可靠的指标来衡量改进的效果和价值创造。第五，精益战略需要跨职能的团队协作，需要各个部门之间互相协作，进行沟通和共享，共同达成目标。

二、方针管理概述

在精益战略实施过程中，除了理解精益战略的意义和实施要点外，选择一种高效的方法也是非常重要的。企业战略管理的实施落地是比较复杂的体系，为了切实、高效达成企业管理层提出的绩效指标，企业建立一套高效的、有成果的、有活力的、可持续的方针管理执行体系。通过方针管理活动的展开，把经营目标进行层级拆解，并结合精益课题的层级支撑，把企业的所有管理活动与其目标联系起来，明确为了达成目标应做什么、怎么做以及明确每个活动对目标的贡献，同时关注全体员工聚焦问题解决的管理能力提升。

（一）方针管理概述

1. 方针及方针管理

方针是由最高管理者正式发布的，表明组织使命、理念和愿景的，并与实现中长期经营计划有关的组织总体意图和前进方向。通过方针所实施的管理活动，统称为方针管理。方针提供了确定重点课题、目标和对策的框架，对于不同的组织，方针可以包含不同的内容，包括重点课题和目标与对策。根据最高管理者的方针，组织内其他负责人也可以把所表明的前进方向称为方针，例如总经理是公司的最高经营者，负责整个公司的运营管理，以及公司方针的执行。因此，公司的年度方针就是总经理的方针。总经理方针必须展开到各部，称为部长（经理）方针。方针涵盖的就是部的发展方向与重点，所欲达成的目标，以及达成这些目标所需要的对策。部门经理方针也要展开到该部门里的每一课（主任），即为课长（主任）方针。方针指出今年度该课主任的努力方向，配合的目标及对策或执行计划。

2. 方针管理相关概念

（1）方针的策划制定：方针的策划制定是对方针或将其具体化的重点课题、目标及对策的制定。

（2）方针展开：依据方针，将上层次的重点课题、目标与对策向下层次的重点课题、目标与对策进行的展开。

（3）方针的调整：为保持上层次的重点课题、目标与对策与下层次的重点课题、目标与对策的一致性，组织内相关人员所进行的调整活动。

（4）重点课题：组织应当重点落实的事项。重点课题也称为重要课题、重点实施事项、重要实施事项、挑战课题等。

（5）目标：在实现方针或完成重点课题的过程中，所追求或希望的到达点。在多数情况下，采用可以测量的形式来表示目标。

（6）实施计划：为实施对策和实现目标，对集中必要的资源及其运用过程做出规定的计划。

（7）管理项目：为了监视目标的实现情况，选择作为评价尺度的项目。为了监视目标的完成程度，选择作为评价尺度的项目称为点检项目或要因系管理项目。可以通过管理项目判断出部门或个人所负责的工作是否按照目标或计划实施并采取了必要的措施。

（8）跨部门团队：由不同部门人员组成的、能够灵活运用各种相关知识和技能，解决单一部门难以单独克服的难题的团队。跨部门团队中可包含组织的设计、制造、技术、质量、生产以及其他相关部门的人员，还可以包括顾客和合作伙伴。

3. 方针管理的对策

为实现目标所选择采用的手段。制定对策需要注意如下的问题点：

（1）可及原则：对策就是要达成公司或部门年度目标的策略或方法，因此在制定对策时应当预估是否能达成所设定的目标。

(2) 经济原则：对策的执行一定会运用到公司的资源，因此所采行的对策不但要能达成公司或部门的年度目标，而且所使用资源要最少，所花费的成本要最低才行。

(3) 配合原则：中长期方案应与年度对策相配合，以及各处及各部门所采取的对策，应该跟上级所采取的对策相配合，让上下的对策紧密结合在一起。

(4) 参与原则：由于对策必须借由全体员工去执行才能顺利进行而达成公司或部门的目标，因此在对策拟定时要考虑到全员参与才行。

(5) 管理原则：对策制定之后需要确实有效地去执行。因此在所采行的对策要考虑到如何去管理的问题。而且，必须同时决定绩效衡量的项目及标准以及对策执行时的管理项目，然后在执行过程中严加控制方能有效地去执行。

(6) 周全原则：对策的执行会受到内外部环境的影响。因此，在制定之初，应预测内外部环境的可能变化以及变动趋势。而且，要有应对环境变化的对策与弹性，随时做适当的调整或修正。

(7) 持续原则：由于年度目标需要跟中长期目标相结合，因此年度对策需要具备持续性，能够与中长期目标相结合。

(8) 检讨原则：所执行的对策如果受内外部环境改变的影响而无法顺利进行时，则需对这些对策详加检讨。除了检讨执行进度落后的重要原因之外，还要将他们列入本年度的对策中，且加足全力、加速地推行。

(9) 评估原则：对策的执行就是要去达成公司或部门的当年度目标，而且要能花费最少的资源与最佳的成本有效地执行。因此对策在执行期间，能够加以评估。

(10) 具体原则：在制定对策时，要考虑到具体可行，能够加以衡量、评估的做法。因此使用的语言要很具体、明确，避免使用抽象或程度上不易区分的用语及字句。

4. 中长期经营计划

(1) 中长期经营计划的意义。企业的中长期经营计划是由最高管理者正式策划制定的，实施战略的计划。最高管理者应根据组织的使命、理念和愿景，对外部环境和组织内部的现状进行分析，制订明确表示组织前进方向的中长期经营计划。企业中长期经营计划要考虑提供的产品、目标顾客、提供产品的方法与时间、超越竞争对手的对策、人员、基础设施、作业环境、信息、供方与合作方、自然资源、财务资源等必要的资源。

如导入全面质量管理，强化公司的品质经营。图 9-3 是国内某钢铁集团着力推进全面质量管理，制定《质量、服务“七条铁律”》，以技术、服务标准的提高，来赢得用户、赢得市场。

如全面推进数字化变革，以提升企业数据采集、分析和应用的能力。通过数字化产品的应用，来固化企业精益管理流程，将企业数字化管理作为一个运作良好的生态系统，搭建一个可以链接集团内部以及外部资源，高效、便捷的协同管理平台，让生产管理的数据从拾取、分析和问题解决过程更加灵活和透明。

如推进复合型管理人才培养项目，企业通过制定完善精益人才选用、培训、晋升机

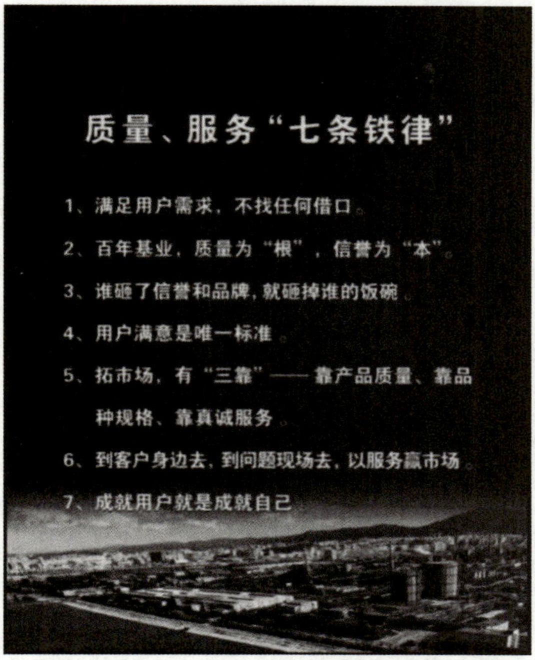

图 9-3　国内某钢铁集团《质量、服务“七条铁律”》

制，把精益知识及实践成果作为全公司人才评价的一个维度，在人才培养、晋升、奖励方面向精益人才倾斜，充分肯定精益人才的先进引领性，扩大精益人才队伍。

（2）策划制订中长期经营计划的流程。

1）确认组织的使命、理念及愿景。

2）分析市场、顾客、社会动向等组织外部环境的变化。

3）分析组织经营资源的实际状况，特别要明确上一周期结束时的反省点，与其他竞争组织进行比较，判定优劣。

4）在环境变化或不确定性因素较多时，应选择多个对策。

5）针对多个对策应进行综合分析和风险分析，探讨采用哪种对策可以规避风险。

6）考虑资源分配，确定实现企业愿景的计划。

（3）中长期经营计划的修订。最高管理者应该在预先确定的时机对中长期经营计划进行修订。修订时应确定从计划开始年度到结束年度的整个周期内的计划内容，并在结束年度确定下一周期的计划，以及在各周期修订计划的方式。可以采取以下方法有效且高效地制订中长期经营计划：

1）制订具有多种选择对策的计划；

2）进行行业结构分析；

3）标杆管理；

4）SWOT 分析；

5）产品系列分析；

6）平衡记分卡。

（二）方针管理原则

1. 方针管理活动

为了改进组织整体的绩效，必须选择出最重要的课题，与组织的前进方向保持一致，对确实解决这些课题的活动进行管理。为此，应在最高管理者的领导下，特别关注以下事项并开展相关的活动：

（1）制定考虑重点的、明确合理的中长期经营计划和方针，明确必要的经营资源；

（2）切实向相关部门和层次传达并使其理解方针，统一前进方向，提高士气；

（3）制定实现方针的目标及其具体对策，明确实现期限和职责权限；

（4）确保实施方针管理所需资源的投入与管理；

（5）在预定的时机确认实施对策的进展情况，并对实施过程进行调整与修订；

（6）在各周期结束时，调查与分析未完成的原因，并明确应体现在下一周期的事项。

2. 实施方针管理的注意事项

（1）领导作用：最高管理者和组织内其他负责人，应使组织的目标与前进方向保持一致。他们应创造并保持人人都能充分参与实现组织目标的环境。

（2）PDCA 循环：明确地把方针的策划、实施、确认和处置的过程看作一个系统。为了实现目标，通过有重点地进行管理，以实现管理体系业绩的改进。

（3）重视过程：不仅要了解实现目标的状况，还需要对获得结果的过程进行分析。通过过程的改进来实现管理体系业绩的改进。

（4）基于事实的管理方法：在对方针的策划和实施状况进行评价时，要根据事实进行分析，设定定量的目标，分析结果，以改进管理体系的业绩。在实施方针的过程中，还要根据事实找出未能实现目标的原因，以改进管理体系的业绩。

3. 最高管理者的作用

为了有效且高效地实施方针管理，最高管理者需要有深入参与的意识，为此应确保以下事项的实施。

（1）根据组织的使命、理念、愿景和经营环境，制订中长期经营计划。

（2）根据中长期经营计划策划制定方针。

（3）在组织内展开方针。

（4）在方针展开时，如果不能确定对策，或是某一部门难于单独解决课题时，应组成跨部门团队，对实现目标有关的信息进行分析，进行相关对策的制定。

（5）评价方针的实现程度及其过程。

（6）组织应建立落实方针管理的机构。如果组织的职能和部门数量较多，应在各部门展开方针，建立相应的机构，设置或任命向最高管理者报告进展情况的总负责人。

（7）确保实施方针管理所必需的预算、人员和基础设施等资源。

三、方针管理步骤

（一）方针管理的策划

最高管理者应该在组织的使命、理念和愿景的基础上，策划制定明确组织前进方向的方针。为了更加具体地明确方针的内容，组织在制定方针时应该确定重点课题，并设定目标，然后制定对策。

1. 确定重点课题

最高管理者应该在中长期经营计划和方针的基础上确定重点课题。

（1）确定重点课题可以对组织内外环境的情况进行分类整理并选出相关项目，从中确定重点课题，包括组织的方针即从中长期经营计划中选择出本周期应当落实的项目；通过经营环境分析选出课题即分析组织的经营环境，明确与绩效有关的机会和风险。此外，通过对本组织能力的分析以及与竞争对手能力的比较分析，可以了解组织的强项和弱项，从而选择重点项目。还有通过反省现状选出课题，即通过对实际业绩未达到目标要求的现有课题，以及过去数年间实际业绩的趋势和特征分析，在所有课题中选出重点课题。每一个部门都应明确需要改进的课题，在有组织地改进业务过程的基础上选出重要的项目。把从上述三个方面选择后的项目与本周期的重点课题结合起来，从选出的项目中，把类似的或具有因果关系的项目挑选出来并进行合并，根据重要程度和紧急程度确定重点课题。

（2）在组织方针的基础上，对部门的内外状况进行分类整理，选出相关项目，从中确定重点课题，包括组织的方针即确认被提示的组织的重点课题、目标及对策，将其与自己的使命和活动领域进行对照，从中选择相关的项目。在策划制订部门的中长期计划时，从中选出本周期应当落实的项目。通过环境分析选出课题，即分析外部环境，明确机会与风险。分析本部门的能力并与竞争对手的能力进行比较分析，明确本部门的强项和弱项，从而选出课题。通过反省现状选出课题即可以在课题当中选出以往实际业绩未达到目标要求的现有课题，以及最高管理者在评审中所指出的课题。从下一层次的提案和依赖于其他部门的事项中选出重要项目，从上述几个方面选出的项目中确定课题。

在部门的业务范围中希望选取的课题有很多。为了确保课题的完成，需要确定重点内容，选择那些能够集中资源完成的课题。从选出的项目中，把类似的或具有因果关系的项目挑选出来并进行合并，选择 3~5 项作为本周期应完成的课题。

2. 设定目标

围绕每个重点课题，设定管理项目，组织应考虑明确应达到的状态和完成的时间，设定完成期限和评价完成度的项目，考察中长期经营计划和每个周期的方针，将两者紧密结合起来，事先对当前实际业绩情况进行调查，在组织和部门、跨部门团队之间以及与相关部门之间进行平衡调整。必要时还要对最初设定的目标进行调整。

目标值的设定要从近几年间的进展、竞争者的水平、产品种类的角度对变化趋势进行调查，在当前实际水平的基础上，探讨重点课题应达到的水平。根据上一层次目标中所必须达到的水平，设定确实能够实现的下一层次的目标值，根据中长期目标中必须达到的水平，设定确实能够实现的本周期目标值。

3. 实施对策的制定

为了实现所设定的目标，组织在制定实施对策时应该探讨本周期应实施的活动，明确实施所需开展的活动。

（1）为制定具体的对策应该开展重要因素的确认，通过分析和调查，把握现状并预测未来的结果，关注与重点课题有关的过程，识别出影响目标实现的重要因素。以在现场、观察现物、考虑现实状况为基础（以下将这种基本思考方法称为现场、现物和现实），对观察和设定目标时收集到的现状调查信息进行分析。对于影响当前或未来目标实现的原因，从组织的人员、基础设施、实施方法和使用材料等角度进行分析，反复探讨“为什么”的深层次的原因。

（2）为制定具体的对策应该开展对策的确认工作，探讨重点原因达到理想状态的实现手段，围绕着重点课题决定对策。要研讨实现目标的手段，召集相关人员设想出多个可以实施的具体对策，对于每一个重要原因，都要把设想出的手段反复进行推敲，以确定如何能够实现，把事业或业务流程的改进作为关注焦点，反复探讨相应的对策。针对对策的效果以及在实施时可能出现的障碍进行评价，预先对实施对策时所需投入的人力、基础设施、财务资源的比例以及费用的效果进行评价。在有计划地计算基础设施和投资预算的基础上，建立必要时能够获得这些设施的流程。

（二）方针的展开

1. 方针的展开过程

在展开方针时，最高管理者和组织的其他负责人应该考虑上下层次之间的重点课题、目标和对策应密切连接。根据下层次的进展，进行更加具体的方针展开。组织的所有成员要深入理解方针的内涵，并携手合作。必要时，应邀请其他部门或相关组织合作，并制订邀请部门或组织开展合作活动的计划。可以应用系统图和矩阵图等工具进行方针展开的共识和合作活动。

（1）在组织内部方针的展开的过程中，要关注部门的方针展开是最高管理者向各部门负责人展开方针，各部门负责人向部门内更下一级的负责人逐层展开。各层次方针管理的负责人应开展实现目标的活动。而对跨部门团队的展开时，部门难以单独解决的重点课题或是没有明确的对策时，可以由相关部门组成跨部门团队，还可以由跨部门团队对实现目标的相关信息进行分析、制定对策并实施。在向部门或跨部门团队展开方针时，与方针关系最大的部门应该通过与其他部门的合作，有重点地开展活动。

（2）方针的协调平衡是非常重要的工作，在确定重点课题、目标以及对策责任部门或跨部门小组之后，组织应该在上下各层次之间、组织内各部门之间进行平衡协调，保持重点课题、目标和对策的一致性和整合性，并避免遗漏。在协调平衡方针时，为了实现被展开的方针，下层次应确定更加具体化的对策。在协调平衡时，上层次应说明设定方针的意图，下层次应说明现场的实际状况，提出意见和建议，进行双向交流。上层次应发挥领导作用。上层次通过对展开的目标叠加，探讨最终组织的整体目标能否实现。上层次探讨部门之间合作的必要性，决定合作的内容和联系人。上下层次应对实施对策所需的和可利用的资源进行比较，探讨在实现目标过程中可能遇到的障碍。上下层次在平衡协调的过程中，应确定针对已明确课题所采取的具体对策。将方针一直展开到最末端，确认是否需要合作的具体方法，还可以听取最高管理者对下层次平衡协调结果的意见。

（3）资源的准备。为了把握部门或跨部门团队的方针展开进程，最高管理者应该在适当的时期内准备包括预算在内的必要资源。为了确保方针的实现，组织在对每个人说明方针的目的和内容的同时，还应该就实施方针时解决问题的必要流程与方法进行教育和培训。

2. 实施计划的制订

为了确保展开方针最终得以实现的对策能够得到落实，部门或跨部门团队的负责人应该制订完整的实施计划。在开展具体活动时，应该事先将实施计划的内容向部门内外的相关人员进行说明，使其加深理解。实施计划中要关注以下几项：

（1）关联的方针、实施事项、具体责任人的职责、权限、实施的日程；

（2）最终的目标值、周期的目标值、判定异常标准的处置界限值、确认的时机与频次；

（3）以月为单位，在预先确定的期间内实施的项目；

（4）当未能按计划实施时，采取必要措施的责任人；

（5）根据本部门所开展的活动对其他部门造成的影响及合作的内容，所应具备的支援体制。

组织应确保与实施计划有关的全体人员统一意志，并体现在每个人的工作计划中。组织应该根据每个人对实施计划完成的参与情况及完成结果，评价其对组织的贡献程度。

3. 管理项目的设定

组织应该设定管理项目，在每一周期的途中或结束时对方针的实施状况进行评价。设定管理项目时，应该考虑针对每一组织、部门及跨部门团队的重点课题、目标和对策来设定管理项目。在通常情况下管理项目要设定目标值和处置界限值。实施计划，要设定确认其进展情况的管理项目。对于那些如果采用结果确认就可能会来不及再采取处置措施的情况，可以采用对导致出现结果的重要因素的综合评价尺度来代替管理项目。对于设定量化目标值的重点课题，通常要设置管理项目。此外，应该实施周期内设置若干重要停止点，对于在达到停止点之前必须完成的那些活动的进展情况设立管理项目。

管理项目的设定应该满足定义明确，能够高效地测量，能够掌握目标及对策的完成情况及趋势，与组织的目标密切相关。在采用管理项目确认目标完成程度采取处置措施时，应该考虑周期中间的目标值、异常情况判定基准的处置界限值、确认管理项目推移的时机与频次、确认管理项目推移的责任部门及责任人、迅速处置的必要程度等。

（三）方针实施状况的确认与处置

1. 根据实施计划实施

组织应通过实施计划的负责人、负责人、上层次与相关方的合作，在设定的时间间隔内以月为单位推进 PDCA 循环，落实计划所确定的内容，开展完成目标的活动。

2. 实施状况的确认

为了在周期结束时实现目标，明确在中途各阶段完成目标的对策和期限（在新产品开发的对策中应该包括市场调查、其他企业的产品调查、产品策划、产品开发、详细设计、试制、评价、量产计划等内容）。在用计量值表现管理项目的场合，对于周期的最终目标，应采用中途必须完成的目标线标出处置临界线的图表，对过程情况进行监视。通常采用标明目标线和处置界限线的推移图。下层次应定期向上层次报告确认的结果，上层次在收到确认结果报告后，应与全体部门及跨部门团队的相关人员合作，对完成目标的整体进度情况进行监视。

3. 对确认结果的处置

对确认的结果，组织应该对在确认时刻应当完成的情况进行评价。此外，还应把该时刻的实际业绩值与处置界限值进行比较，对完成情况做出评价。在发生了规定时刻未能完成计划对策，或超出管理界限值造成进度延迟的情况时，应找出其原因，并对在该时刻未能完成的部分采取补救措施。必要时，可向上层次或相关方提出投入资源的请求。在发生了进度延迟的情况时，应从运营管理的角度找出原因，采取措施防止其再次发生。在判明采用原对策难以实现目标，有必要制定新对策时；在中途发生了原则性的问题和固有技术性的课题，对此有必要加以解决时；由于环境的变化，有必要对原方针进行变更时，可以采取变更对策。

4. 最高管理者的诊断

为了让方针在组织中深入人心，最高管理者应对组织的每个成员的参与意识进行诊断。此外，最高管理者应利用现场、现物和现实做出的诊断，把握方针完成程度和对实现方针的过程，使方针管理更加务实。

最高管理者的诊断，可以在各周期的中途，对部门或跨部门团队所实施的诊断做出策划。诊断者由负责管理接受诊断部门或跨部门团队的若干名高层管理成员组成。被诊断者由接受诊断部门的负责人，以及相关管理人员、监督人员组成。被诊断部门或跨部门团队的负责人应向最高管理者汇报方针展开和实施的情况。最高管理者通过听取实施状况的说明和根据现场、现物和现实的诊断结果，最高管理者在把握组织方针的深入程度的同时，对部门和跨部门团队的管理能力和解决问题的能力进行评价。最高管理者应把握部门或跨部门团队所存在的问题，从最高管理层的角度对质量管理体系业绩的改进提出建议。

四、方针管理实施要点

（一）方针管理的误区

（1）方针管理容易被误解为日常管理，二者是既有区别又有联系的。方针管理和日常管理都是企业管理中业务管理的一部分，是两种类型的管理。日常管理是巩固基础的作用，而方针管理是要在日常管理的基础上，形成突破性的成果，帮助企业管理水平上一个台阶，然后再用日常管理进行固化。方针管理更加倾向于大的改善，是在战略层面上的活动，是打破现状的工作。方针管理是由于对管理现状的结果不满足，希望能够达到更高的水平，为此将工作方法调整更新。日常管理是现状维持的工作，是小改善的不断迭代，是基础管理层面上的活动。日常管理大致能够满足现状的工作运营，并且希望今后也能持续保持这种状态。日常管理强调标准化的管理模式，从工作内容到发现问题、解决问题的方法都要做标准化，然后通过执行标准化并修正问题点来取得很好结果。方针管理和日常管理的一些举例见表 9-1。

表 9-1 方针管理和日常管理举例

方针管理	日常管理
（1）由于对现今所得的结果不满足，希望能够达到更高的水平，为此将工作方法调整更新。 （2）方策的变更是必要的，目标和方策的相互对应是重要的。 （3）在研讨新方策之时，如果不针对现状的不良之处进行适度修正，直接采取对策的话，新方策就不能发挥其作用	（1）大致能够满足现今的工作运营状态，并且希望今后也能持续保持这种状态（将此称为管理状态）。 （2）像此类工作，现在已经了解到，只要通过某种工作方法，就能取得很好结果，因此将这种工作方法作为基本工作准则进行确实遵守（将此称为标准化）
大改善	小改善
打破现状的工作	维持现状的工作

（2）方针管理容易被误解为目标管理，二者在如下几个方面存在不同。

1）发展背景。方针管理是在 TQM 的发展过程中逐渐发展出来的，是以 PDCA 之管理循环为推进重心的一种管理活动。目标管理来自行动科学的管理体系，以结果为导向的管理方式，是以目标设定、达成作为绩效评价的动机。二者的主要不同点在于活动推进的重点。方针更注重过程管控，通过过程严格管控来实现目标的持续改善；目标管理更注重结果导向，通过结果导向作用，带动过程管控的管理提升。

2）运作组织。方针管理的运作组织中是所有职能的整合，强调团队管理，属于领导中心型，是一个管理组织，是领导力和管理能力的体现。目标管理是以部门、个人为中心，以成果为导向的组织，更加强调部门和个人的目标和任务的完成能力。二者的主要不同点在于运作主体，方针管理是以公司高层为核心的管理活动，期望通过高层领导与全体员工的共识，来实现企业的战略落地，目标达成；目标管理是以部门和个人为组织主体，更加强调个体和各个部门的达成目标的能力。

3）参与体系。方针管理是基于全员参与、共识的基础上建立起来的一套管理体系，是重视问题改善的体系，从全员发现问题能力的培养，再到分析问题、解决问题的结构化问题解决能力的提升。目标管理是只有关联人员形成的管理体系，是为了达成目标，参照目标导向，把过程中的预期问题解决的运作模式。二者的主要不同点在于参与管理活动的人员的分类，方针管理是全员参与，利用集体的力量来实现战略目标；目标管理是部分人员参与，更加强调通过个体能力的实现来达成部门目标。

4）实现目的。方针管理是基于全面质量管理的理念，强调的是综合效果的达成，目的是改善企业经营管理的体质。目标管理的目的是实现利益和业绩的高效达成，是局部管理目标达成后，部门及员工个体能力的体现形式。二者的主要不同点在于活动的目的，方针管理更侧重在整体能力提升，期望通过全员能力提升带来企业整体能力的提升；目标管理则更侧重在单纯的指标达成，期望通过部门和个体的高效工作，更快更好地完成任务从而达成指标。

5）运作方式。方针管理是基于 PDCA 的管理循环，通过工作指标的梳理来导出精益课题，与企业日常管理相结合。通常使用质量控制 QC 手法，既重视结果，更重视过程。目标管理是以指标为依据，通过科学的分析方法，以工业工程 IE、质量控制 QC 等手法为辅助，更加注重以结果为导向。二者的主要不同点在于运作的逻辑，方针管理是管理指标+精益课题+日常管理的逻辑来实现目标；目标管理是达成目标为逻辑，辅助以工具方法的应用，更加直接高效。

6）评价方法。方针管理的评价维度更注重过程，通过对过程的评价，给予辅导性建议用来纠偏，然后才是结果的评价，即便结果是没有达成目标的，也要做过程评价和辅导，找到未达成目标的原因并形成改善方向和改善措施。目标管理的评价维度是结果导向，用人事和薪资绩效作为评价结果的体现。

（二）管理者的作用

1. 从企业高层的方针开始

进行方针管理前，应该认识自身企业或事业单位目前的策略并据以自行评估，找出企业竞争上的优势与弱势；确定企业经营的目标与策略性目标；分析外在环境之特色与变动趋势，尤其是要特别注意对本企业过去赖以成功的环境因素的变化，找出环境中的机会与威胁；针对环境中的机会与威胁，并参考企业本身优势与弱势，配合企业经营的目标，提出策略构想，订出新的策略。新的策略展开，分成几个层面说明：根据新的策略，制订企业的中、长期计划，并编列预算；根据新的策略，调整功能性部门的政策；根据新的策略，调整企业的组织；进行策略检讨；根据事业部别、部门别，展开方针；定期检讨，进行管理活动。在这样的展开过程中，就要综合应用战略管理的模型和方法。

首先是明确企业的战略输入，对于国内各大钢铁企业来说，愿景和使命各有不同，但是主要关注的要点基本相同。

知识拓展

案例一：在 2017 年 11 月 27 日，中国宝武在首届社会责任报告发布会上发布战略规划（2016—2021），提出了公司愿景、公司使命，公司发展战略。

一、愿景：成为全球钢铁业引领者和世界级企业集团。

二、使命：驱动钢铁生态圈绿色智慧转型发展，促进企业各利益相关方共同成长。

三、核心价值观：诚信、协同、创新共享。

四、发展战略：以钢铁产业为基础，相关产业协同发展。致力于通过改革和发展，构建在钢铁生产、绿色发展、智能制造、服务转型、效益优异等五个方面的引领优势，打造以绿色精品智慧的钢铁产业为基础，新材料、现代贸易物流、工业服务、城市服务、产业金融等相关产业协同发展的格局。最终形成若干个千亿级营收、百亿级利润的支柱产业和一批百亿级营收、十亿级利润的优秀企业。

五、发展模式与路径：以资本运营为主要方式开展产业布局、支撑战略落地，实现从经营产品向经营企业的转变；以混合所有制、投融资体制改革和运营机制优化为动力，补短板、强根基，建立符合产业资本运营要求的要素和能力体系；以做强、做优、做大为导向，充分发挥集团公司在信用、资源、管理等方面的优势，提升产业整合和产业组织能力。

六、业务组合：作为由两家产业经营公司组成的国有资本投资公司，中国宝武的产业选择逻辑是，顺应经济转型升级趋势，结合自身能力和优势发挥，构建符合国有资本投资公司定位的产业体系。规划期内，中国宝武将以行业地位和 EVA（经济附加值）表现为重要评价标准，实施产业进退和资源配置，并通过三年努力，大幅改善子公司盈利状况，构建更加稳健的盈利基础。以市场机会为导向，充分发挥比较优势，积极培育和发展战略性新兴产业，努力构建平滑周期的业务结构。

七、发展目标：对于战略目标，为确保集团愿景使命的达成，中国宝武将通过战略目标实现对各业务板块发展方向的引领和管控。各业务板块的战略目标包括行业地位、市场占有率等市场竞争目标、专业化整合目标等。各业务板块（子公司）战略目标的完成情况纳入子公司三年组织绩效评价。对于规划期目标，中国宝武将分两步推进。第一步（2016—2018 年），集团公司六大业务板块的战略布局初步形成；第二步（2019—2021 年），到规划期末，六大业务板块协同发展，以行业地位和 EVA 为重要评价指标，成为全球优秀投资公司。

案例二：鞍钢集团的愿景和使命，来源于图 9-4 鞍钢集团文化宪章。

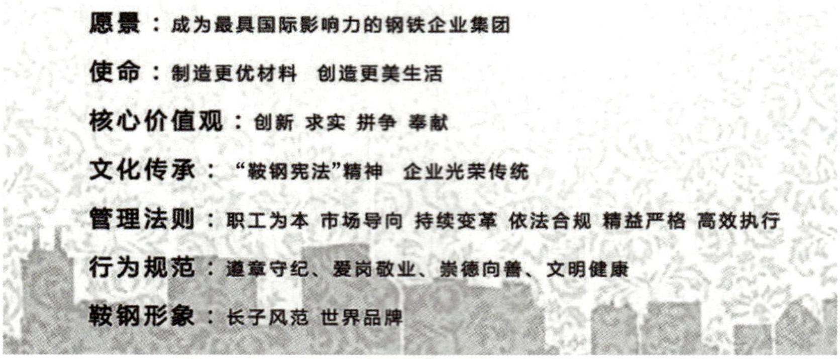

图 9-4 鞍钢集团文化宪章

在鞍钢集团文化宪章中，明确鞍钢集团的愿景是成为最具国际影响力的钢铁企业集团；使命是制造最优材料，创造更美生活；核心价值观是创新、求实、拼争、奉献；文化传承中提到了“鞍钢宪法”精神，保持企业的优秀的光荣传统。

在公司战略方面，鞍钢集团制定了明确的发展战略，其中战略目标是实现“凤凰涅槃、浴火重生”，构建“南有宝武、北有鞍钢”钢铁产业新格局，锚定“7531”——达到 7000 万吨级粗钢、超 5000 万吨级铁精矿、3000 亿级营业收入、百亿级利润，打造新时代高质量发展“新鞍钢”，成为区域振兴发展的标杆。总体战略是聚焦“践行新发展理念、推动高质量发展”主线，坚持“创新+改革”双轮驱动，构建“双核+第三极”产业发展新格局，加快推动智慧低碳转型升级，全面提升“五力”，强化核心区域领导者地位，成为世界一流精品材料综合解决方案服务商。发展目标是到 2025 年，打造产品卓越、品牌卓著、创新领先、治理现代的绿色智慧钢铁企业集团，经济增加值（EVA）进入行业前列，员工收入与企业效益同向增长，进入国资委党建与经营考核“双 A”企业行列，成为国家战略科技力量、保障战略资源安全的“压舱石”、国内钢铁行业高质量发展的“排头兵”。到 2035 年，把鞍钢建设成为具有全球竞争力的世界一流企业。

两家国内钢铁行业巨头，都将成为世界级和国际影响力的企业作为愿景，把构建良好生态和美好生活，以及提高相关方收益作为企业的使命。在这样的愿景和使命的引领下，企业要具备高质量、可持续的盈利能力，构建符合自身的科学管理体系，保证企业战略的实施落地的高效性。而这些战略的落地是建立在各大分、子公司的董事长、总经理的方针战略目标高效执行的基础上的，缺少有效的落地执行，再好的战略也是空中楼阁，无法实现。

2. “一把手”负责制

“一把手”，不仅仅是企业最高层的董事长、总经理是“一把手”，而是各个层级部门的负责人都是“一把手”。某钢铁企业在推进方针管理的过程中，从公司董事长、总经理，到基层作业长及班组长，都把学习方针管理的理念和方法放在重要的位置上，把学习精益工具方法、共识管理语言、标准化管理方法、管理指标拆解，精益课题落地、改善提案与方针管理的推进融合在一起，在精益管理思想的基础上，应用工具方法来支撑企业高层管理者精益方针战略的落地。每一层的“一把手”都把学精益、用精益、讲精益作为日常工作的切入点，切实通过科学管理办法的应用，帮助企业度过市场寒冬，从一个连年亏损企业一举转变为国企改革试点单位。原来传统的管理方式变革为以战略为导向，以方针管理为抓手，以精益思想为基础的持续改善型企业管理方式，并且创造出了适合企业自身的方针管理实践经验，为推广复制到其他同类型企业积累了宝贵的经验。

课后思考题

（1）方针的展开分哪几步？

（2）方针实施的要点是什么？

（3）简述方针管理与日常管理的联系与区别。

任务十　精益班组管理

任务十课件

任务目标

知识目标：

（1）了解精益班组管理的意义；

（2）掌握班组管理七大任务的内容。

能力目标：

（1）具备正确将班组管理内容指标化展示的能力；

（2）能够使用精益工具对班组七大任务指标进行改善的能力。

素养目标：

（1）培养管理区域整体状况的全局观；

（2）培养区域全局最优出发改进班组指标的意识；

（3）强化团队意识。

知识准备

一、精益班组管理概述

（一）精益班组管理的意义

精益班组管理是基层现场管理的一种高效的管理方式，在现场管理、班组管理的基础上融入精益理念及工具和方法，培养具有科学管理思想和实践经验的基层管理人才，支撑企业日常生产运营及战略指标的落地。

1. 现场管理

现场管理的现场，是指企业为顾客研发、生产、供应、销售产品和服务的主要场所，现场是企业创造产品和服务的价值的地方，是企业的最核心、最活跃的地方。现场管理，关注的是企业生产制造产品的现场，这个现场是拉动设计、供应和销售部门的一个场所，是一个发现问题、分析问题和解决问题的场所，是一个基于持续改善的思想指导下的改善案例的场所，是一个员工和管理者对于问题进行深入研讨的场所。现场的管理水平，是整个企业综合管理水平的最主要的一种实际体现。

现场管理，包括人（工人和管理人员）、机（设备、工具、工位器具）、料（原材料）、法（加工、检测方法）、环（环境）等管理元素，对于这些管理元素进行合理有效的计划、组织、协调、控制和检测。现场管理是一种科学的管理方法，是可以通过学习和实践来提高管理水平的，虽然现场管理的范围大小不一，但是现场管理的方法是有共同性的。从精益管理角度来衡量现场管理的水平，要从现场的5S和目视化管理状况、绩效指标的合理性和达成能力、精益工具和方法的现场体现、人员技术和改善水平的持续提升等维度来评价。

2. 班组管理

班组管理是现场管理的最直接的体现形式，班组是企业的最小管理单元，班组管理是企业所有管理的基础，企业的所有生产活动都在班组中进行，所有班组管理的好坏直接关系着企业经营管理的水平的高低。班组管理的重要作用包括如下几点。

（1）班组管理支撑公司战略决策落地。再好的战略决策，最终都要落地实施，都会落实到企业的经营管理绩效指标上，比如销售额、利润率、资产负债率、产品周转率等绩效指标，不管组织有多庞大，最后都要将这些指标进行分解，直到分解成为基层班组的管理指标，进而通过班组管理指标的达成，来支撑公司经营绩效指标的达成。

（2）班组管理是连接上级组织和基层员工的一种管理方法，而基层员工又是企业赖以生存和发展的原动力，所以班组管理，其实是一种对于基层员工的管理，是高层管理与员工之间进行沟通连接的纽带。

（3）班组管理是对产品生产制造最直接的管理手段，因为产品的生产制造过程是由基层员工来完成的，所以，班组管理就是对于这些基层员工进行管理，维持组织基于班组目标来进行生产制造活动。

班组的现场管理水平是企业的形象、管理水平和精神面貌的综合反映，是衡量企业素质及管理水平高低的重要标志。搞好班组生产现场管理，有利于企业增强竞争力，改善生产现场，消除“跑、冒、漏、滴”和“脏、乱、差”状况，提高产品质量，保证安全生产，提高职工素质，对提高企业管理水平、提高经济效益增强企业竞争力具有十分重要的意义。

3. 精益班组管理

精益班组管理是通过应用精益管理思维，总结提炼出的一套标准化的、高效的班组管理的方法，是基于现场管理，强调精益管理元素的体现的一种管理形式，包括生产效率、成本、质量、安全、设备、环境、人事等多个维度的管理的整合。精益班组管理要关注以下要点。

（1）精益班组管理要与公司经营管理战略相结合，要以生产、经营、质量、安全等方面改善为目标，突出以过程为导向的精益思维方式的培养和标准化操作、自觉改善习惯的建立，营造基层精益管理文化氛围。

（2）精益班组管理要建立推动改善的机制。要明确班组精益管理工作的内容及权限，在岗位责任制及说明书中增加精益管理职责；在现有的制度办法中，补充精益管理有关的考评细则，构建目标明确、责任清晰、相互协作激励约束机制和工作推进环境，着力营造全员参与、持续改善的条件和土壤，为改善基层管理水平形成强大的推动力。

（3）精益班组管理要夯实全面改善的基础。持续改善的过程（PDCA 和 SDCA 双循环）就是标准化不断提升的过程。基层单位及班组既要将标准化作业、标准化管理、标准化人才育成模式作为改善的起点，又要将其作为终点，引导广大干部职工严格按标准化流程和标准化操作规程行事，坚持开展纵向和横向对标，对照更高标准、更高目标、更高要求，找差距、强弱项、补短板，始终保持改善的自觉性、紧迫感、责任感。

（4）精益班组管理要强化引领改善的主责。基层领导干部，尤其是班组长及党支部书记（党小组长），要充分发挥在改善工作中的引领带头作用和支部的战斗堡垒作用，带头贯彻精益管理的理念、学习精益管理的方法，不断提升自主改善和指导改善的能力；要自觉担当引领改善、推动改善的第一责任人，从自己做起、从党员抓起，定指标、定任务、定节点，以实际行动和实实在在的成效，带动职工广泛深入地参与各项改善活动。基层单位要将改善贡献度作为评价班组长及党支部工作的重要标准。

（5）精益班组管理要明确参与改善的导向。不要给员工过高的压力和期望，要鼓励员工摒弃畏难情绪，从最明显的浪费、最简单的思考、最容易实施、“伸伸手”就能够到的改善做起，给员工充足思考空间，充分激发职工的智慧，让职工大脑逐渐活性化，在改善中不断获得成就感、充实感，逐步建立持续改善的信心，彻底改变以往“工作上一成不变、习惯于听命行事”的思维方式，使职工逐渐从“维持型”向“改善型”转变；基层单位要定期收集共性问题，为班组改善明确目标、指明方向。

（6）精益班组管理要抓好改善工具的应用。基层单位要在夯实上层建筑上下功夫，积极探索应用方针管理、流程优化、走动管理、异常管理、价值流分析等工具，实现制度流程化、流程标准化、标准信息化，全面消除管理上的堵点、难点、浪费点，推动管理质量和水平提升；基层班组重点聚焦生产现场具体问题，熟练掌握运用鱼骨刺图、5S 管理、TPM 管理、5 个 Why、QC、提案改善十二法等工具，让精益理念工具与生产管理、安全管理、设备管理等有机融合起来，让问题在基层一线充分暴露出来，不断提升班组发掘问题、分析问题以及解决问题的能力。

（7）精益班组管理要建立透视改善的看板。要增强对于“目视化是改善的第一步也是最后一步”的理解认识，基层单位及班组两个层面都要围绕生产运行、安全环保、成本管控、TPM管理、环境管理、员工绩效、提案管理等职责，结合实际，针对需要重点关注的信息，如关键指标变化、异常解决过程、设备维护保养方法等，要尽可能地实现目视化，以图文并茂、便于记忆、利于操作的方式，在适当的位置设置看板，醒目地展示出来，全面透视班组管理现状及存在问题，引导全员朝同一个方向和目标发力。

（8）精益班组管理要营造持续改善的氛围。由班组长具体负责，每周组织讨论有关指标、成本、设备等方面问题，制定改善和预防措施，监控措施落实情况，凝聚全员改善合力，推动改善常态化开展；要准确记录和展示全员改善成果，坚持用数据说话，客观、公平、公正衡量员工价值及岗位贡献，给实干者增气，让躺平者服气，积极营造健康竞争环境；每月评选改善之星，并作为年终评先依据，在思想上、物质上、待遇上给予充分体现，持续激发全员参与改善热情；搭建班组之间、员工之间学习交流平台，抓好典型案例及经验的复制推广，促进基层单位及班组管理水平螺旋式上升。

（二）精益班组管理的理解

1. 标准化管理

所谓标准化，就是对重复性的事物、行为、概念，通过制定、发（颁）布、实施、监督、改善标准，以获得最佳秩序与效果的过程称之为标准化。

精益班组管理首先要做好标准化的管理工作。标准化管理是基于精益管理的消除浪费思想基础上，通过简化、优化工作后，形成对人的作业、业务流程、现场布置、管理工具的统一的管理形式。标准化的管理形式能够整合各种管理资源，能够使现场管理职责清晰明确，基层员工每日工作是周而复始的重复性工作，班组长的每日工作也应该是基于标准化的管理基础上的周而复始的重复性工作。现场的每一名员工都能够清晰明确地说出自己的管理职责，能够熟练地履行自己的工作职责，能够融入团队，共同遵守标准和规则。标准化的管理也是一个强化流程的方式，基层现场的管理流程是最基本的，也是最重要的。基层管理流程存在各种各样的浪费问题，需要先建立一套标准，然后通过把实际情况和标准做对比来查找问题，针对问题的解决要遵循PDCA的逻辑，形成闭环的问题解决流程，通过流程的固化来支撑企业各层管理政策和目标的实现。

标准化作业分为作业标准化、管理标准化。所谓作业标准化，就是为达到企业目标预期效果，职工严格按规定的操作手顺、基准，在规定的时间内，进行规定的作业；同时，通过一定的程序对规定进行优化完善的行为活动过程。所谓管理标准化，就是为实现作业标准化，按标准化作业管理思路进行的一系列管理活动。

（1）作业标准化。作业标准化，是将作业人员、作业顺序、工序设备、物料的布置、物流过程等问题作最恰当的组合，以达到安全的、高品质、低成本生产目标而设立的可循环的作业方法。作业标准化通常采用工业工程技术中的动作分析、时间测定、流程分析等手段，对员工的作业动作进行分析，利用动作经济原则识别动作中的等待浪费、移动浪费、人因工程不符合的问题，通过精益的工具和方法改进后，提炼出来一套标准的动作顺序。

作业标准化最主要的目的是消除浪费，通过标准作业可以使制造流程稳定，减少波动。通过持续改善标准作业，实现更低的成本，更高的效率，制造出更高品质的产品，标准化作业还可以使新进人员快速学会作业内容，减少作业危险性并降低人员工作负荷等作用。

对于管理人员来说，能够快速推广优化后的作业经验，让员工快速掌握技能。作业标准化可以有效地保证产品的制造质量，减少因为作业问题导致的产品缺陷。作业标准化的实施，有利于促进流程的规范化，没有标准化管理作为基础，生产和管理的流程就不能够做到稳定。作业标准化也有助于减少生产过程中的浪费现象。作业标准化是生产管理的准绳，是持续改善的基础。

对于员工来说，作业标准化能够快速掌握到最安全、最轻松、最正确的保证产品品质和生产效率的作业方法，能够通过标准化作业逐步地改善员工的作业环境，能够避免员工责任不明确的情况，还可以支持员工可以学习到更多操作岗位的技能，快速上手作业，避免工作的单调。

（2）管理标准化。管理标准化通常指基层管理者的日常管理工作内容和方式的标准化，分为基准、标准规范化，管理方法标准化，行为动作规范化，时间系列标准化，工作程序标准化，安全工作标准化，礼仪、环境标准化，服装、标志标准化八个方面。宝钢标准化管理的内容如图 10-1 所示。

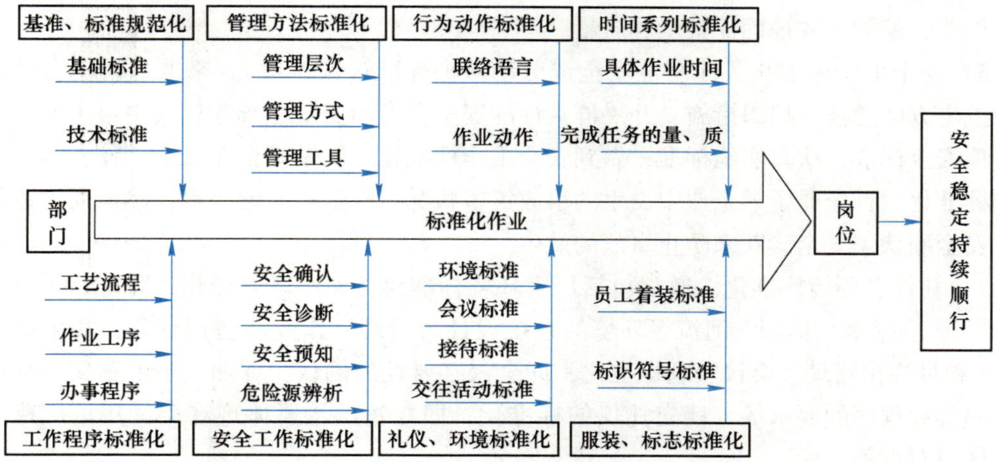

图 10-1　宝钢标准化管理的内容

1）基准、标准规范化。基准是指企业生产技术活动中，应遵循的一些基础性标准。基准、标准规范化是宝钢整个标准化作业的前提和核心内容。其分为：基础标准，如计量单位标准、术语标准、符号、标志标准、信息分类编码标准等都属于通用基础标准；技术标准，如产品标准，原材料标准，半产品标准，工艺标准，设备标准，仪器仪表检定规程，定额、检验方法标准，安全、卫生和环境保护标准，计算机技术标准，产品质量验收、包装、标志及质量证明书标准；标准规范化，如各类标准文件，其编制程序及其表述格式都有严格统一的要求。

2）管理方法标准化。包括管理层次、管理业务、管理方式和管理工具的标准化管理，以及运用标准化的原理和方法，对管理制度实行规范化管理。其中管理层次指的是各个层级的管理者，包括经营决策层、专业管理层、作业管理层等，清晰的管理层次要对应各管理层次的管理内容，形成相对应的工作机制。管理方法通常采用精益生产的基础方法和工具，比如 IE 七大手法、QC 七种工具、5W2H 分析、PDCA 循环、八大浪费识别等。

3）行为动作标准化，即对作业标准化的管理行为，通过对于动作标准化的研究和管理，达成基层生产管理的目标。

4）时间系列标准化，即要求员工严格遵守作息制度，讲究计划作业时间控制精度和追求工作时间的标准化。

5）工作程序标准化，是企业标准化作业的一项重要内容，包括工艺流程标准化、作业工序标准化和办事程序标准化，涉及企业技术、工作和管理领域，是制定岗位工作（作业）标准的基础和前提。在作业区内，作业工序标准是员工作业行为规范的准绳，包括作业程序标准、作业内容、管理项目、异常处理标准等。作业工序标准制定过程中，无须将所有的作业事项都编入，应将重点放在事关产品质量、安全等重要事项上，并且要充分考虑到技术标准和管理标准的规定，不要制定出矛盾的标准来。在文字上要以浅显易懂、操作性强为主。在作业顺序中要有严格而明确的规定。这样，只要员工认真按作业工序标准进行作业，就能有效地确保安全和质量。

6）安全工作标准化，即制定安全或劳动保护标准（或制度），采取各种安全技术和工业卫生方面的技术组织措施；开展群众性的安全教育和安全检查等。其中最主要的是制定各项安全标准，认真实施标准，做到安全工作标准化。要做好企业安全工作，实现安全工作标准化，首先要了解企业中发生的事故灾害状况、产生事故的因素，然后通过危险预知、安全确认、安全诊断来防止事故的发生。

7）礼仪、环境标准化，通常包括厂区环境标准化，如厂区内绿化、雕塑、道路、标牌、厂房 、排水、堤坝、河流等环境的系统设计与管理。作业环境标准化，如生产现场的 5S 和目视化管理。会议管理标准化，即会议必要性的确认、参加人员的落实、会议形式、内容和程序的要求等。社交礼仪的标准化，即在基层主要体现在用词用语、尊重人格、体谅对方等方面。

8）服装、标志标准化，包括员工着装标准化、标志符号标准化等内容。宝钢将这些都纳入标准化作业的领域，反映企业的风貌和管理水平。

2. 问题解决

精益班组管理重视现场发现问题、分析问题和解决问题，是基于精益管理的问题解决文化来推进异常问题解决的。精益管理的问题解决文化是指要充分暴露问题，要基于现地、现物、现实的“三现”原则，到现场发现问题。问题解决能力首要关注的，就是员工发现问题的能力。

（1）发现问题的能力方面，首先要明确发现问题的能力是有不同的，其次要明确发现问题的能力是可以被培养出来的。安全问题辨识图如图 10-2 所示，图中有 100 项安全问题，每一项问题都是基于安全管理的思想和理论才能识别出来的，单凭常识无法做到全部识别，这需要基层管理者对于员工进行培训和指导才能提高员工的发现问题的能力。需要员工掌握相应的精益管理工具和方法，比如八大浪费、5S 和目视化、标准化作业、设备 TPM、SPC、危险预知活动等工具方法的综合应用。缺少精益工具和方法的问题发现过程，不具备可推广复制的属性，是员工的随意性行为，精益管理的异常问题的发现，是基于工具方法的培养、辅导和应用后的结果，具有能够被学习和推广的属性。

图 10-2 安全问题辨识图

在钢铁企业中，“跑、冒、滴、漏”现象是最常见的问题点，员工每天都能看到类似的问题发生，但是员工缺少发现深层次问题的能力，发现的问题停留在表面，比如地上有一摊油，本来是设备故障问题导致的，需要对设备故障进行诊断和修理才能彻底解决，但是由于员工没有经历过五个为什么的培训，不能提出问题的根本原因，所以就导致每一次都是去清理油污而缺少对于设备本身的修理和改善。等到发现问题严重后，又形成了破窗效应，导致问题越来越严重。缺少精益管理的问题改善，生产的环境无法得到有效控制，更为重要的是，即便进行了一次性的清理工作，当根本原因未解决时，过一段时间，又回到了原来的状态。图 10-3 钢铁企业现场问题实例是在钢铁企业生产制造现场发现的四个常见问题，经过深入的分析，能够得到导致这些问题的深层次的原因。

图中第一个问题，是某热轧线钢坯通过过程中的压缩空气吹扫设备，该设备的工作原理是当钢坯通过时设备启动，吹扫压缩空气以清除钢坯表面缺陷。这个设备的表象问题是压缩空气常开，无论是否过钢坯，压缩空气持续吹扫，是一种压缩空气的浪费。深入研究该问题，发现该设备无法实现“过钢吹扫”的原因是该设备的一个感应器损坏，无法修复，同时还缺少备件。虽然备件已经采购，但是目前还没有到达现场。这样深入研究后，发现这样一个压缩空气常开问题就衍生出更深层次的问题，比如员工点检准确性问题，员

粗轧R2入口吹扫风设备不能启动，目前为常开状态

钢卷生锈

烤包火焰不规范，造成煤气浪费

电缆放置户外两个月

图 10-3 钢铁企业现场问题实例

工每次点检该设备是否发现这个问题，是否如实反馈问题，问题反馈得到什么样的答复，缺少问题的目视化标示，什么时候能够修理好。事实上，这个问题已经发生了三个月以上，点检员对于这个问题非常清楚，认为点检也不能起到作用。所以，经常忽略对这个设备的点检，缺失点检记录。比如该设备的感应器的备件采购和管理问题，采购的周期是多长时间，临时的解决措施是什么，备件的管理标准是怎样的，备件的采购成本对比压缩空气的浪费成本，哪个更多等一系列深层次问题。

图中第二个问题，是一个钢卷在库房存储过程中生锈的问题。经过调查，导致该问题的原因是屋顶漏水，淋湿钢卷，长期存放后生锈。这段生锈的钢材要被运送给客户后，被开卷裁减后才能使用，是一种钢卷产品的浪费。经过询问，发现每次裁减都在 20 m 左右，这 20 m 钢材就是企业生产成本的一种体现，是一种浪费。深入研究后，发现钢卷存放位置上方有漏雨点，是厂房年久失修，同时维护费用迟迟申请不下来导致。这个问题被引导到了房顶漏雨无法修补上，但是问题本身其实很容易，只要把库房的库位进行布置或者做好临时防护的接雨的苫布等措施就可以解决。这是问题的临时解决方法，不能因为无法修复房顶就任由钢卷淋雨生锈。这个问题的深层次理解是钢卷质量的管理问题。库存的钢卷虽然是生产后的产成品，但是仍然没有交货的客户手里，仍然需要进行质量管控。这个钢卷生锈其实是质量管理的缺失导致，如果库存钢卷一样执行过程质量控制，管理人员就会想办法解决这个问题，至少临时解决这个问题。

图中第三个问题是钢包烘烤的图片，图中火焰的高点已经超越钢包 40 cm 左右，大量的燃气供给保证了钢包烘烤的温度。但是问题点为是否需要这样大的燃气量供应，是否有燃气的标准用量和钢包烘烤的标准温度和时长控制。经过深入调研，发现钢包的烘烤是有明确的规定的，燃气的供应量也是可以量化的，是可以通过阀门进行控制的。但是员工没有按照标准进行操作，而是对这种浪费现象不管不顾，习以为常。这表面是燃气浪费的问题，实质上是员工对于标准化管理的不重视、不遵守的管理问题。需要通过培训、辅导来让员工认识到问题的严重性，然后跟员工一起分析是什么原因导致的无法按照标准文件执行，是控制阀问题，还是其他问题等。这样就把一个简单的火焰过高的问题，引导回到班组日常管理的问题上来，就可以有效的控制或者解决。

图中第四个问题是一卷电缆，放置在空旷的办公室楼前，长达两个月之久，无人问津。这样的问题表面上是一卷电缆存储的问题，但实质上是电缆这种生产用品的管理问题，对于电缆的库存管理的标准是怎样的，三个月是否有点检发现这盘电缆的缺失等，经过调查发现这个电缆是施工商留在现场，施工后没有进行回库作业。这就又涉及施工后的清理工作管理，为什么当时施工后没有这卷电缆的回库操作，作业流程是怎样的，谁来进行施工商的管理的跟踪等深层次的管理问题。

以上问题，表面上是现场的常见问题，但深层次都是可以通过这些简单的问题，发现更多的管理问题。当员工没有经过系统的培训和改善的训练的时候，员工是无法发现这类问题的，只能发现跑冒滴漏这样的表现问题，解决后仍然会再次发生，无法进行有效的问题解决。

（2）分析问题方面，要明确问题的理解和特点。生产现场的问题，是要通过对比管理标准来发现的，这就是标准化管理的重要意义，有了标准化管理，才能有异常问题的发现，凡是跟标准不一致的动作和行为，都是异常问题，都需要员工去发现和解决。更为重要的是，分析问题也要进行培训和辅导演练。问题本身具有如下特点。

1）问题具有多样性。生产制造现场的问题种类众多，通过七大浪费的分析，可以知道有过量生产的浪费，如为了提高可靠性，一味地增加设备的投入，没有考虑成本，是过度生产的浪费，计划外的施工和采购，大量的垃圾信息，无价值、冗长的管理流程等。闲置等待的浪费，如作业工程停工待料、管理不当造成的工程停滞、大量等待处理的信息文件、管理流程中的堵塞。无效动作的浪费，如作业中太多的无效作业动作和搬运动作，缺乏标准作业和作业标准，运营管理流程中那些和实际工作、效率无关的活动等，信息不易获得、过程繁琐等。搬运物流的浪费，如生产作业中的物流不合理，施工中大量反复、折返搬运，文件批复、信息传递过慢，管理流程中不产生价值的指令信息、无休止的反复请示、报告等。加工本身的浪费，如不必要的施工设计特性或功能，导致后面的工作量增加，过多测试及鉴定，“不放心”是因为欠缺经验和科学性，不必要的精度或处理，管理流程中的重复作业等。过多库存的浪费，如施工作业结束后大量的剩余材料（问题四中描述的电缆），无计划的备品、备件采购，占用了大量资金和库房，运营流程中待处理信息积压、过时或无用信息占据空间等。制造不良的浪费，如施工、生产作业中的返工，设计缺陷，信息失真、需求信息不准确，数据错误，试验失败，客户提出的质量问题等。在生产制造现场管理中，还存在第八种浪费，即管理的浪费，如盲目地、兴师动众地检查，部门间协调不力造成的浪费，机构、职能重叠造成人和信息的闲置，责任心不强、管理失职造成的浪费等。

2）问题的全面性。盲人摸象图如图 10-4 所示，每一个盲人都能对大象进行认知，有人认为是一堵墙，有人认为是一根绳子，因为片面地看待问题，导致对于问题的理解也是片面的，基于这样片面的问题理解上的问题分析，也是片面的。

图 10-4 盲人摸象图

3）问题的多维度，不同维度的问题识别带来不同的分析方法。基于生产制造现场，可能发现的都是实际的问题，比如焊条遗留现场、使用移坯车倒运钢坯造成搬运物流的浪费、钢坯表面清理的二次加工浪费、仪表无年检标识无绿区标识等。当从公司全价值链管理的维度来分析，问题就能够进行系统的分析，某钢铁企业价值流图分析示意图如图 10-5 所示，从原料或者零部件的供应商开始，对于生产制造全过程进行流程分析，逐步把每一生产制造过程的问题都识别出来，再加以归类整合后，才能得到全流程维度的问题，进而能够进行系统的问题分析。

4）问题的分析要有逻辑性。问题漏斗示意图如图 10-6 所示，表象上的问题是最容易被发现的，但是要进行深入的分析后才能给出改善的措施。问题的识别要基于对于问题的深入的调研，反复应用 5W2H 这样的提问方法对问题的深层逻辑进行分析，通过不断的五个为什么的分析，能够得到问题的根本原因。针对根本原因进行问题的解决，才能消除更多的问题。还要进行问题的预防性改善，如 FMEA 等方法的应用，把问题发生的潜在因素消除，进而杜绝问题的发生。

5）问题具有隐藏性。当进行问题分析的时候，要把隐藏的问题找到，这就需要综合应用各种工具和方法，掩盖问题水平线示意图如图 10-7 所示，只有不断地提高管理的水平，也就是提高分析问题的标准水平，从而降低隐藏问题的水平线的高度，让更多的问题暴露出来，进而去解决。这样的分析过程需要管理者和员工不断提高自身的发现问题和分析问题的能力，提高自己的管理水平，来支撑发现更多的问题，分析问题的根本原因，从而支撑问题的彻底解决。

（3）解决问题的能力。解决问题需要严格的过程控制，不能只给出问题的解决目的和解决方案，而不对问题解决的过程进行管理，否则就会出现两种情况：一种情况是问题被解决了，但是方法和手段跟原定计划不符，问题可能被临时解决了，以后还可能发生；另一种情况是问题解决的目标设置过高，员工在问题解决的过程中，尝试努力后，发现根本无法解决这个问题，无法达成目标，就会放弃。精益管理提到的问题解决，是基于 PDCA 理论的结构化的问题解决方法。常用的问题解决的工具，是问题解决八步法，体现形式可以是 A3 报告，也可以是一页纸报告等，无论形式是否一致，但是问题解决的 PDCA 的逻辑要保持一致。

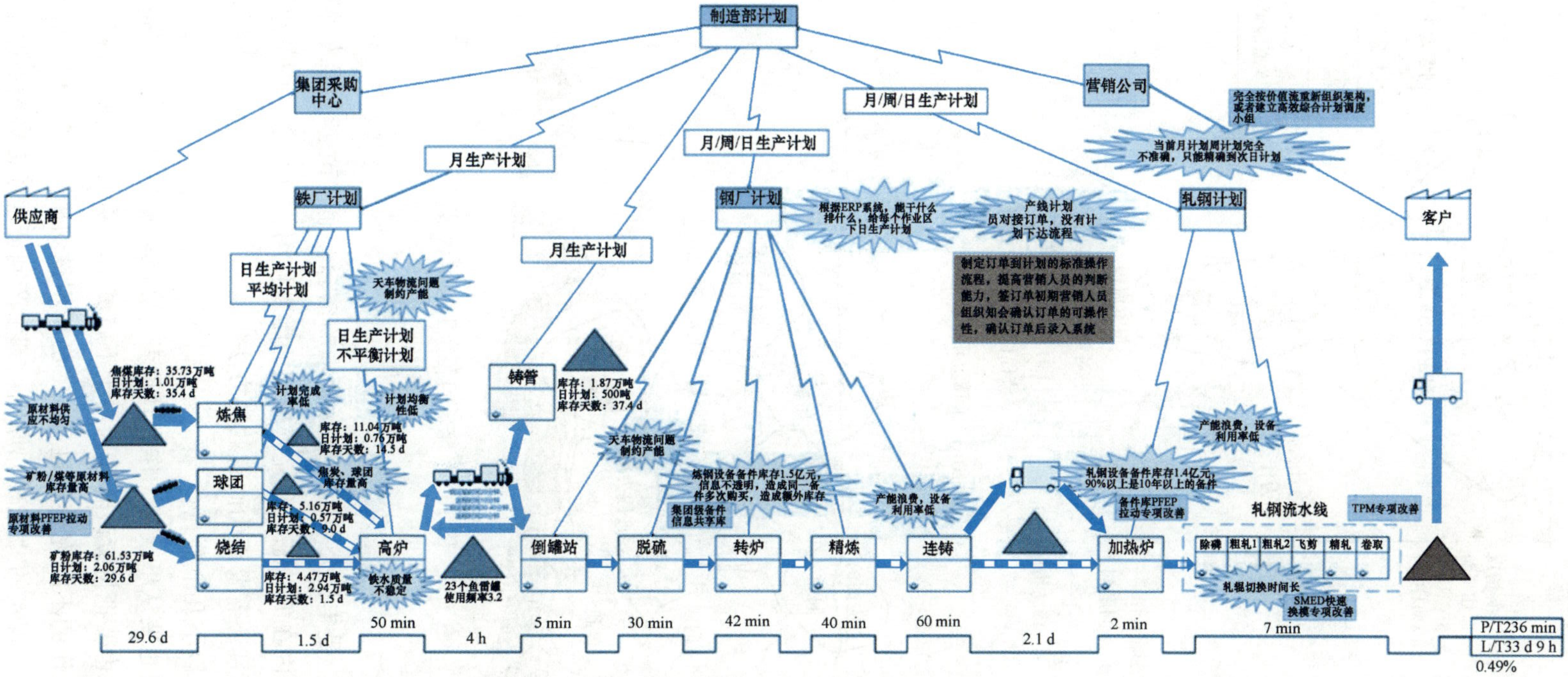

图10-5 某钢铁企业价值流图分析示意图

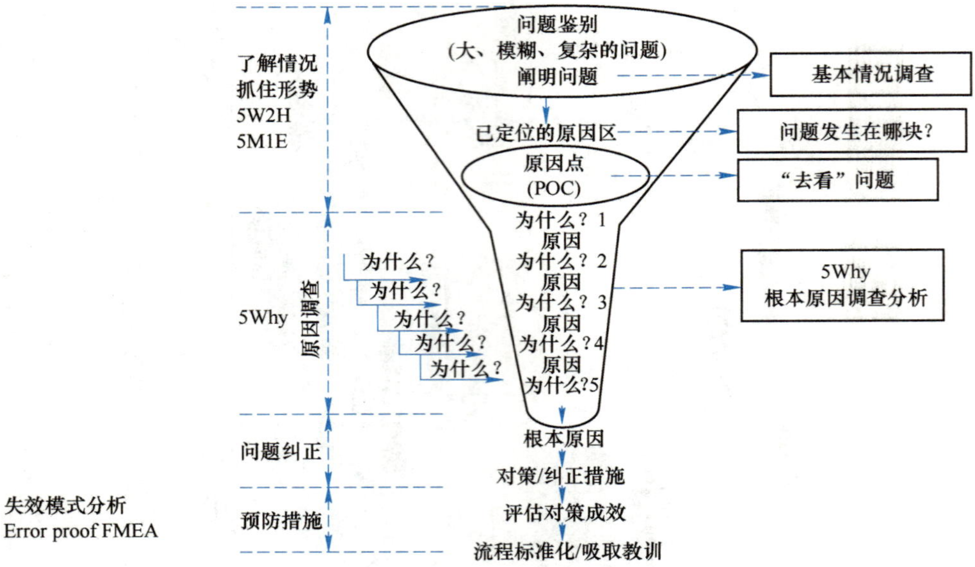

图 10-6 问题漏斗示意图

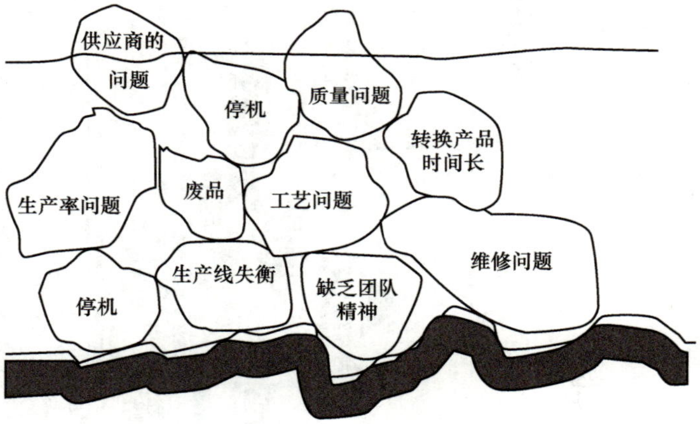

图 10-7 掩盖问题水平线示意图

3. 持续改善

"改善，再改善"是丰田公司生产经营管理的信念，而"改善，再改善"不但需要生产系统本身所具有的内在的动态自我完善机制的激发作用，以及企业内部组织机构与制度的保障促进作用，而且还需要正确而有效的方法。

持续改善要注意以下几个要点。

（1）管理者本身也要从事改善。作为管理者，尤其是基层管理者，要每天都要督促自己做改善活动，同时也要把持续改善作为对于下属员工的要求。用精益改善来激发和提高下属员工对于自身工作的不断完善的过程。"己所不欲勿施于人"，作为管理者要以身作则，基于现地、现物、现实的"三现"原则，到生产制造现场去做精益改善。从领导力的角度来讲，精益改善也是对于员工的引领。

管理者的改善主题和现场作业人员的主题是不同的，现场作业人员的精益改善是以作业程序和操作方法为主要改善点，基于每天的日常工作进行分析和改善。而管理者要以组织、流程、管理问题为改善工作的主要改善点。虽然二者的主要改善点并不相同，但是无论是管理者还是基层作业人员，都以精益思想为指导，以消除浪费为目标，结合自己的日常工作来进行不断的改善，是对工作绩效的改善，也是对于自身能力的一种提高过程。

（2）管理者要关心下属人员的改善活动。改善工作不是单纯的管理者给下属分配改善任务，而是管理者要跟下属员工一起来做问题的分析和改善的落实。不论下属人员准备进行什么改善、做了哪些改善、改善中有哪些问题、改善的结果如何等，领导者都要对之给予关心，这是非常重要的。对于下属人员提出的优秀的改善建议，管理者要给予足够的关注，要鼓励下属人员自主去做改善，遵循精益改善十大原则中的“先从不花钱的改善做起”，当员工在改善过程中，遇到困难，包括资金、专业知识、管理制度、跨部门协同等方面的需求时，管理者要在自己职责范围内，尽量满足下属人员的需求。对于下属提出的不切合实际的改善，或者短期内无法达成目标的改善，管理者要给改善建议提出者积极的反馈，跟提出者一起研讨方案的可行性，鼓励员工通过多种途径去解决问题，或者改为解决临时解决问题的方案。有些时候，无论员工提出的改善提案是否可行，管理者的倾听和交流，其实本身就是对于员工改善活动的支持，也是对于员工的尊重和支持。

（3）不要轻视小的改善活动。精益管理的底层逻辑中，就是要发挥全体员工自主改善的积极性，而基层员工的改善能力是有限的，因此，精益管理需要把发现的大问题进行层级的拆分，把大问题分解成小问题，然后通过员工自主的改善来解决小问题，多个小问题的解决，支撑了一个大问题的解决。在生产制造现场，越是看着不起眼的小问题，越能暴露企业管理的重大问题。海因里希法则表明，当一个企业有 300 个隐患或违章，非常可能要发生 29 起轻伤或故障，在这 29 起轻伤事故或故障当中，非常可能包含一起重伤、死亡或重大事故。这就是小的精益改善能够支撑大的问题解决的逻辑，虽然不是明确的量化关系，但是体现逻辑是相同的。

（4）要容忍精益改善的不成功。管理者要容忍下属人员改善活动的失败，要认真听取改善活动失败的经过和教训。事实上，没有哪个改善活动是一定成功的。失败本身就意味着一种改善的需求，需要分析是什么原因导致的改善活动的失败，应用 5W2H、5Why、鱼骨图等工具和方法对于改善活动未成功的根本原因，进而制定解决问题的对策和彻底的实施解决方案，这也是 PDCA 的解决问题的逻辑。每一个失败的事例都能为我们提供改善机会和防止再度发生的构想。想不出改善方案的人应该经常自问是不是没有失败、没有差错，这样就会产生改善的点子和设想。相反，管理者一听到下属改善活动失败的报告就发脾气，那么下属就会产生隐瞒问题的思想，不会去暴露问题，并想尽办法去掩盖问题，这实际上就扼杀了改善意识，减少了改善的机会，造成管理维度的浪费。当下属鼓起勇气把改善失败讲出来的时候，管理者要跟着下属员工一起研讨失败的原因，并要适当地给予下属赞许，鼓励他们继续改善下去。

（5）越忙，越是改善的好机会。在改善活动进行过程中，遇到最多的误解或者最大的反对声音是“工作太忙”“没时间做改善”“自己工作都做不好，哪有时间做改善”等。经过调研分析，在那些工作比较轻闲的车间里往往不会产生出更多的改善方案，并且也不会产生出水平较高的改善方案。相反，在那些工作较忙的车间里，改善方案却往往是层出不穷，而且还会出现高水平的改善方案。因为“忙不过来，问题太多”，才有了更多的改善机会，员工们才会去开动脑筋，想出解决办法，激发出改善设想和改善方案。这说明，只有改善意识和改善欲望够强烈，就能有改善机会。而不断改善却会使人们的工作变得轻松愉快，更加有效。

（6）改善是永无止境的。管理学大家稻盛和夫曾经说过，干毛巾也能拧出水，让全员主动参与精益改善中来，对于问题进行“改善，再改善”。生产现场的情况并不是一成不变的，改善工作也不是一蹴而就和一劳永逸的事。上一个的改善成果，过一段时间再看，也许又会发现一些不完善的部分，也许又可以发现更好的改善方法。

4. 人才育成

事实上，精益改善推进效果不好的根本原因是人的能力的问题。只有全公司的所有工作人员都为了公司战略而努力工作，积极寻找工作中的问题点，并用精益改善的思想和精益的工具和方法去解决问题，才能支撑到公司的战略指标的达成。公司才能够可持续、高质量地发展下去。因此，注重对人性的尊重，重视对人的教育和培养，通过精益改善使员工的能力再不断地提高，新的改善创意才能不断地涌现。这既是员工不满足或停留在已有的改善成果上的体现，也是企业在复杂的市场环境中不断地变化，满足顾客的需求的体现。

精益班组管理中的人才育成，是要搭建一套层级上升的平台，让员工永远在学习和改善的路上，从而不断地提高自身的业务能力和管理能力，如图 10-8 所示。

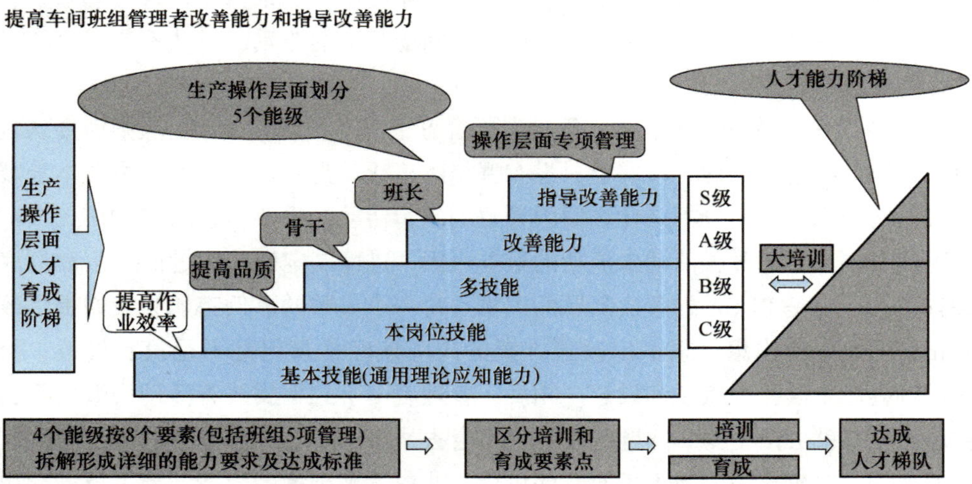

图 10-8 精益班组人员能力提升模型

精益班组人员能力提升模型中所示，班组员工要从最简单的工作做起，先掌握一种技能，然后再通过不断的学习和时间来掌握多种技能，在多种技能的基础上，要掌握改善的思想和方法，并应用这些方法去做切实的改善活动。当一名员工的改善能力得到稳固提升后，他又可以作为改善的指导者去指导和帮助其他员工来做改善活动，进而形成团队全员改善的文化氛围。所以，精益班组的人才育成，是精益班组的核心力量的体现。

二、精益班组管理内容

精益班组管理要基于上述精益班组管理的逻辑来按照七大任务的顺序来进行展开，这七大任务分别为安全管理、质量管理、生产管理、成本管理、设备管理、环境管理和人事管理。

（一）安全管理

1. 精益班组安全管理的展开逻辑

精益班组管理中，强调的是通过对于基层员工的日常行为的管理来尽量减少安全事故的发生和员工损伤事故的发生。安全管理工作的开展，也是围绕着精益管理的问题解决思维方式来进行展开的。精益班组安全管理展开图如图 10-9 所示。

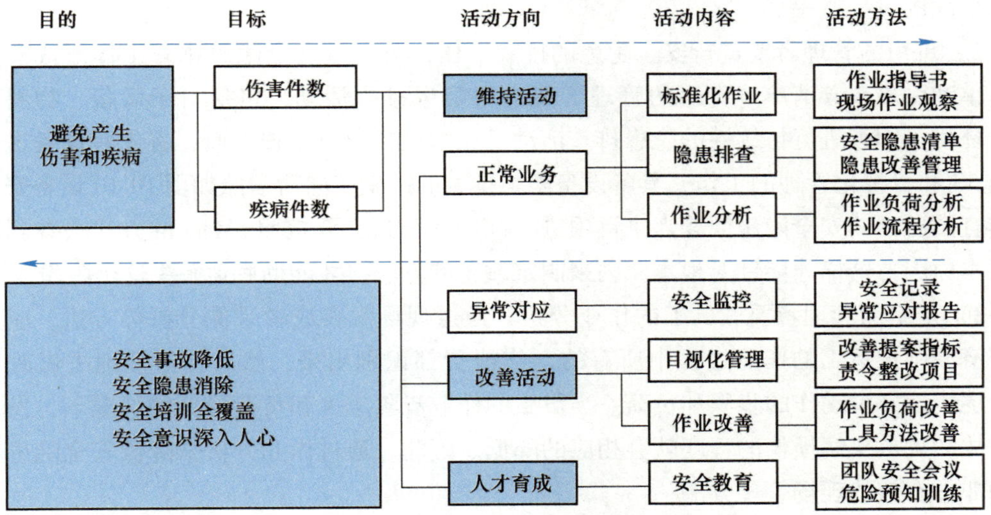

图 10-9 精益班组安全管理展开图

图 10-9 中的横轴分类是按目的、目标和活动的维度来区分的，纵轴是按照标准维持、异常问题解决、持续改善以及人才育成的维度来区分的。

安全管理要达成的目的是避免产生伤害和疾病。通常企业的管理者对班组安全管理存在一个误区，就是片面地强调绩效指标的达成，管理者把安全管理通过定义关键绩效指标的方式来进行管理，比如把零事故、零伤害等指标，作为自己管理的指标体系中的一部分，通过指标的达成来衡量安全管理的好与坏。但是，实际上，班组的安全管理要聚焦在员工的工作伤害和疾病上的，不是没有安全事故就是好的管理，还要关注员工的身体状态，因工作造成的疾病情况或者产生疾病的隐患。片面地强调管理指标会导致员工对于安全管理的反感，失去主动进行安全管理的积极性。精益班组管理中，强调以人为本的管理思想，基于对于人的工作环境中的安全隐患的排查和消除，来创造一个安全的工作环境，从而提升员工的工作效率。

安全管理要达成的目标是伤害的事件数量和发生疾病的件数。为了达成安全管理的目标，要有对应的安全管理活动的开展才能达成。

安全管理的活动是按照标准维持、异常问题解决、持续改善以及人才育成的维度来区分的。

（1）在标准维持维度，班组的管理者要进行彻底的标准化作业活动，隐患排查和作业分析等工作。

1）班组的管理者要进行彻底的标准化作业的管理，包括要针对每一个岗位制作标准化作业指导书。通过对作业过程进行分析，应用工业工程动作经济原则和取消（Eliminate）、合并（Combine）、简化（Simplify）、重排（Rearrange）的流程优化原则来进行浪费现象的消除，在此基础上，编写合理的标准化作业指导书，然后严格地执行标准化作业，进行日常的标准化作业点检和改善，来减少因为非标准作业造成的安全行为的发生，进而减少安全事故的发生概率。

2）班组的管理者要进行安全隐患的排查工作，要通过安全隐患排查工作形成安全隐患清单和隐患改善清单。班组的管理者要进行隐患排查活动，包括对于设备、物料、场地、环境等因素进行持续性的隐患排查活动。比如设备隐患排查方面，首先对设备进行基本的5S和目视化管理的工作，具备设备隐患排查的基础，然后参照如图10-10设备安全隐患排查图所示的安全隐患问题点来逐项进行问题的分析，要按照5Why的方式去找到问题的根本原因，这样才能针对根本原因来制定改善的方法，才能彻底地解决这个隐患。

3）班组的管理者要做员工的作业分析，通过现场观察或者录像分析等方法，应用动作经济原则把员工的作业过程中所有的动作浪费都识别出来，然后针对性地去做改善活动，逐步地减少动作的步骤和负荷。当员工的作业步骤减少和负荷降低的情况下，发生安全事故和人员疾病损伤的程度就会相应的降低。因此，通过作业分析来降低安全隐患也是一种非常有效的现场管理方法。

（2）在异常问题解决维度，精益班组管理重点是对于异常问题的应对管理机制的演练和模拟，包括安全事故处理流程、安全风险处理演练、安全疏散演习、人员应急救治模拟等活动的展开。对于异常事故已经发生的问题，要采用PDCA的问题分析方法，查找问题的根本原因，然后通过制定对策，解决问题。

（3）在持续改善维度，精益班组管理的重点是对于现场5S和目视化的改善，以及作业动作和流程的改善。通过对于班组管理区域的整体问题汇总成为安全地图，如图10-10所示，通过安全风险识别活动，对于管理区域内所有的安全隐患问题排查后，绘制安全地图，并打印张贴于规定位置，具有安全告知和警示作用。外来人员到达该区域，首先要了解安全地图，对于区域的设备、物料、设施布局和安全通道要了解，对于区域内安全隐患要进行详细阅读，才能进入该区域。其次是对于现场设备、设施、物料的安全目视化改善，通过不断的危险预知活动，发现本区域的安全隐患并目视化标识出来，是班组长的重要职责之一。对于员工作业动作的分析和作业流程的分析也是精益班组长要进行持续改善的关键业务，班组长要熟练掌握工业工程基本手法，对于作业动作中的浪费要进行充分的识别，然后不断跟班组成员进行研讨，确认改善措施并实施改善。在保证相同的产品质量或者作业质量的前提下，越少的动作浪费就意味着越少的安全和疾病隐患。

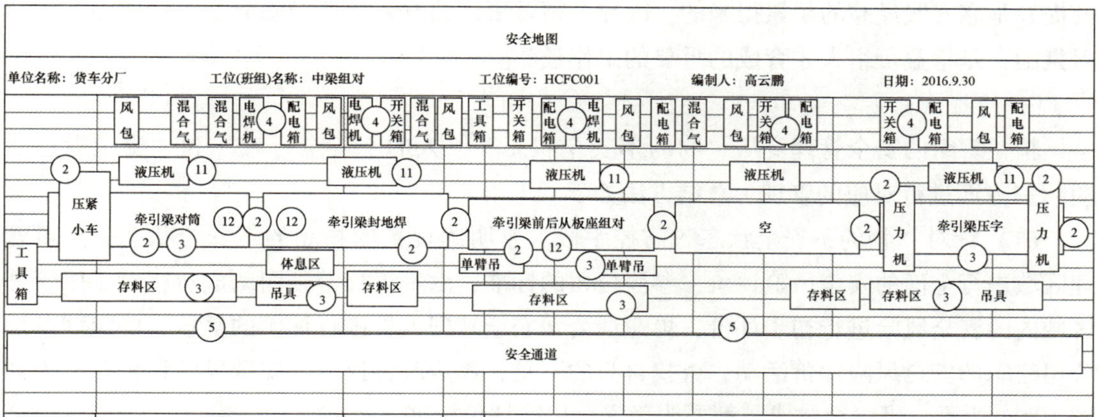

活动内容	管控点	潜在风险	图示	安全防范控制要点
倒梁作业	作业时周围作业人员位置	挤伤	②	倒运牵引梁作业时加强对周围的瞭望，确保周围作业人员处于安全位置
升降作业	作业时周围作业人员位置	压伤	②	升降牵引梁作业时加强对周围的瞭望，确保周围作业人员处于安全位置
压紧小车、单臂吊、压力机作业	1.作业时周围作业人员位置 2.设备设施安全使用状态	机械伤害	②	1.作业时加强对周围的瞭望，确保周围作业人员处于安全位置 2.开工前对设备设施进行检查，维修巡检，设备员定期检定
吊运作业	吊索具状态	起重伤害	③	1.开工前检查吊索具，2.吊具维修工巡检，工装员定期检定
单臂吊作业	设备设施安全使用状态	起重伤害	③	开工前对设备设施进行检查，维修巡检，设备员定期检定
电焊作业	电焊机电源线和接地线状态	触电	④	1.电源线绝缘层无破损，2.保护接地良好
倒运物料	外来车辆	车辆伤害	⑤	外来车辆进入现场时作业人员及时闪避到安全位置
液压机作业	液压机各管接头	液压油泄漏	⑪	开工前及工作中对各管接口进行检查
电焊作业	安全防护着装	职业病危害	⑫	1.佩戴防尘口罩、防护眼镜、耳塞等防护用品。2.安全标示醒目

注：①～⑬代表危险源可能导致的事故类别。① 物体打击；②机械伤害；③起重伤害；④触电；⑤车辆伤害；⑥灼烫；⑦火灾；⑧高处坠落；⑨爆炸；⑩中毒和窒息；⑪ 环境污染(废水、危险废物、废气、油品泄漏)；⑫职业病危害(粉尘、噪声、化学因素、辐射)；⑬其他伤害。

图 10-10　某班组安全管理地图

（4）在人才育成维度，精益班组管理的重点在于培养员工的基本素养、标准化作业、问题解决能力。

1）在员工的基本素养方面，要关注员工的 5S 区域管理的意愿和水平，区域 5S 管理是最基础的员工业务，是每一个员工必须掌握的能力，对于 5S 职责区域的整理、整顿和清扫，是每日必须进行的工作，这 5S 管理方面，除了基础的技能需求，其实更多的是员工的意愿问题，需要班组长除了交给员工 5S 的工具和方法，还要跟员工保持良好的沟通。每一个员工的素养提升，会形成团队的集体素养，是员工在集体中成长学习的原动力。

2）在标准化作业方面，要明确标准化作业跟 5S 一样，也是员工的日常工作的一部分，每一个员工都要严格遵守标准化作业指导书的要求，参照执行。如果发现执行过程中，存在变化情况，与标准化作业指导书要求不一致的时候，要主动提出，与班组长进行研讨，进行科学分析，完善标准化作业指导书，形成新的版本并发布成为标准。在不断的标准化作业分析和改善中，员工的标准化意识逐步形成，是对员工的一种实践性培养。

3）在问题解决能力提升方面，班组长要作为问题解决的指导者，自己本身就要熟悉工业工程基本改善手法以及问题解决的 PDCA 逻辑，通过精益工具和方法的应用，积累大量的改善经验，然后才能去指导员工去发现问题，分析问题并解决问题，实现闭环问题解决。在指导员工问题解决能力提升方面，要结合班组管理看板上的指标曲线综合应用，找到问题解决的关键项目，然后与班组成员形成改善小组，一起去解决问题。问题解决能力的提升是靠实践经验的积累得来的，因此，精益班组的改善活动经验分享，形成团队的学习氛围，是精益班组人才育成的重要的工作任务。

2. 精益班组安全管理的常见方法

精益班组的安全管理要从“物的不安全状态”“人的不安全行为”和“安全管理活动”三方面进行对应的管理，总结方法如下。

（1）针对“物的不安全状态”防控手段。要明确现场的物品的不安全状态，要对管理区域进行全面的安全风险评价，参照公司的标准，由班组长带领团队成员，对于所管理区域内的安全风险进行初步评价，再邀请公司安全管理人员进行评价的复核，要定期参加公司组织的安全风险评价活动，查找自身的不足，逐步改善提升。安全风险评价基准表如图 10-11 所示，班组全体成员都要明确安全风险评价标准。

① 灾害程度

灾害程度的区分	评价分
S：重大灾害	10
A：停产灾害	6
B：不停产灾害	2
C：处置灾害以下	1

风险等级评价

评价总分	风险等级	评价
15～20	Ⅳ	不允许
12～14	Ⅲ	存在重大问题
9～11	Ⅱ	多少有点问题
1～8	Ⅰ	有轻微问题

② 灾害的可能性

灾害可能性	评价分	软件方面	硬件方面
1.切实	6	•没有标准与规则 •即使遵守规则，也导致灾害	•没有安全对策
2.可能性较高	4	•有标准但难以遵守 •注意力不集中，导致灾害	•没有防护栏以及其他安全装置
3.有可能性	2	•有标准但是部分难以遵守 •疏忽导致灾害	•设置了防护栏、护板等安全装置 •但是栏高、间隙等不符合标准
4.可能性几乎没有	1	•有标准与规则，容易遵守 •即使不特别注意，也不会构成灾害	•设置了防护栏、护板等安全装置 •不容易进入危险场所

③ 接近危险的频度

接近频度区分	评价分
(1)1次以上/日	4
(2)约1次以上/周	2
(3)1次以上/月	1
(4)约不够1次/月	0

灾害程度+灾害可能性+接近危险频度=风险等级

图 10-11 安全风险评价基准表

其次要根据评价等级与对策的可行性，确定改善的优先顺序，形成改善清单。风险评估与降低风险的流程图如图 10-12 所示。

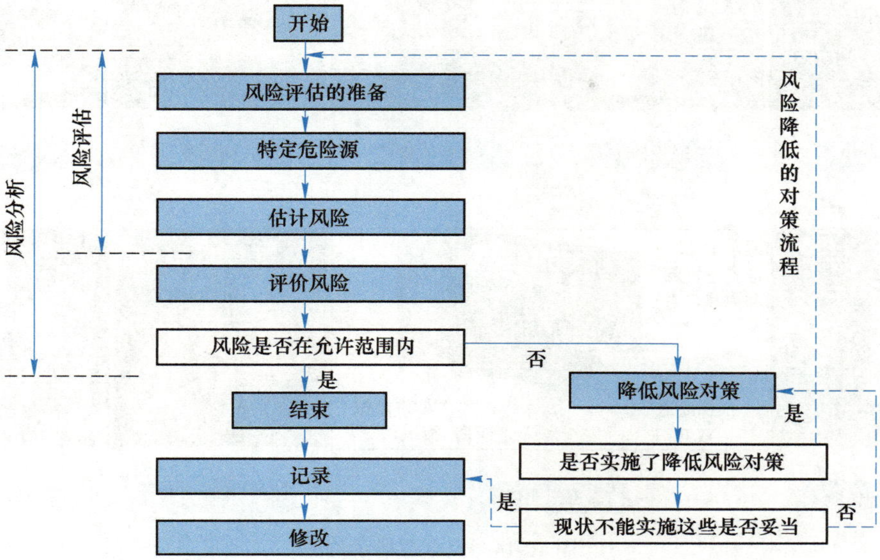

图 10-12　风险评估与降低风险的流程图

（2）针对“人的不安全行为”防控手段。要了解人的不安全行为管理的逻辑，人的不安全行为逻辑图如图 10-13 所示，一种是员工对于安全事故的认识不足，导致安全事故发生。这类原因要通过危险体验、风险辨识、安全检查等活动来提升员工的安全认知。另一种是员工的意识不足，很多员工都是在不经意间出现的安全事故，这主要是缺少日常的训练导致的。通常可以进行 KYT（危险预知训练）活动来进行训练。

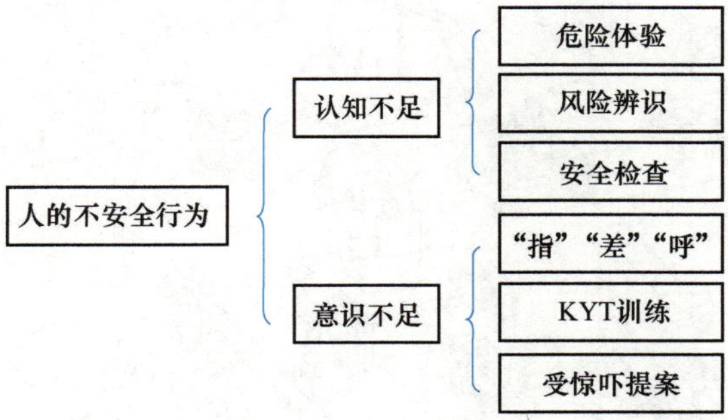

图 10-13　人的不安全行为逻辑图

1）危险体验方面，要充分结合安全管理道场，要求所有员工参加安全道场的模拟环境体验活动，安全道场示例图如图 10-14 所示，可以通过各种形式的模拟，让员工切实体现到安全事故的严重性，要员工认识到安全事故发生的根本原因。

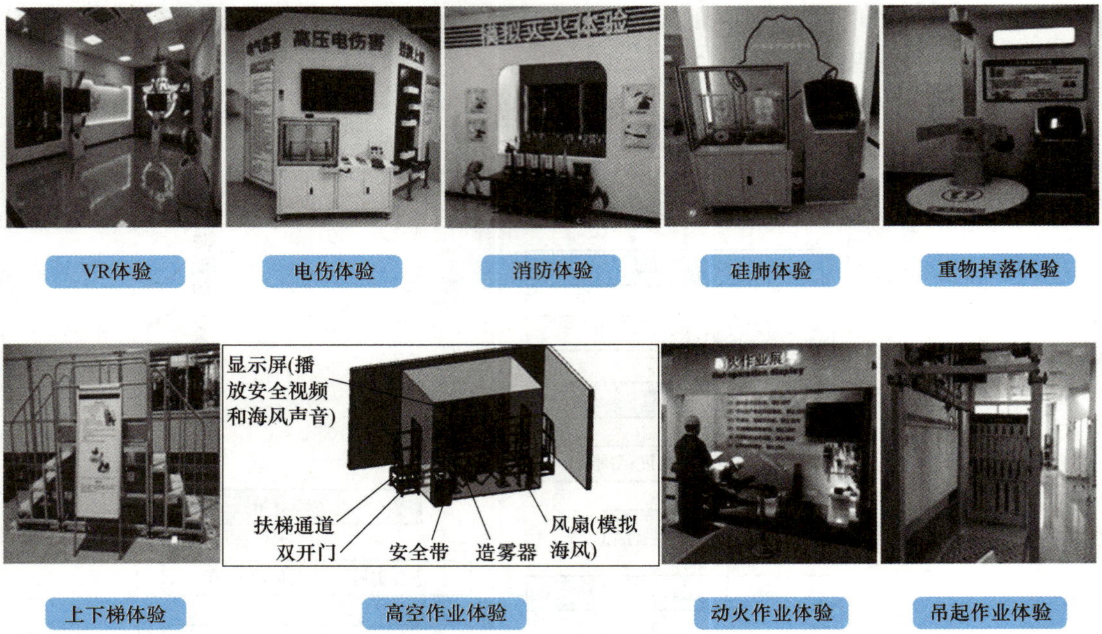

图 10-14 安全道场示例图

2）风险辨识方面，请参考安全风险辨识练习图，如图 10-15 所示，图中存在大量的安全隐患。见表 10-1 和表 10-2，找到这 32 项问题，发现这些隐患，是需要进行反复训练的。

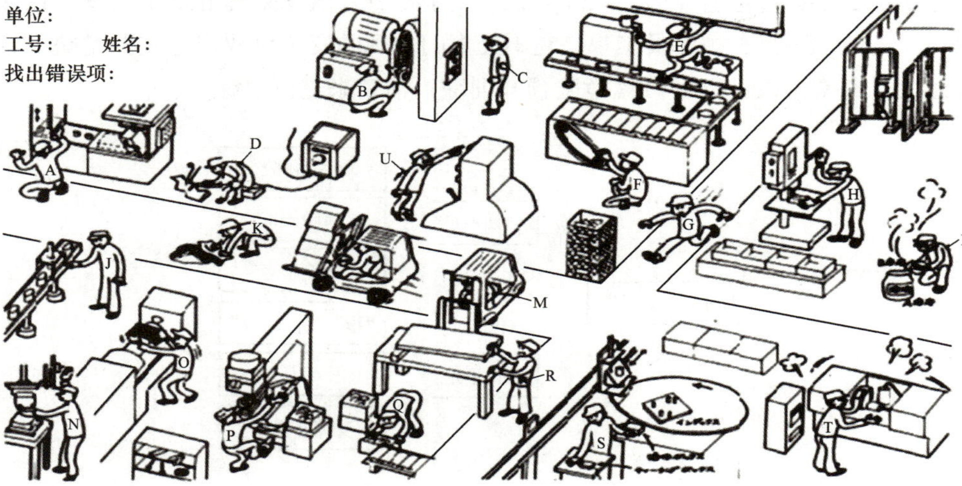

图 10-15 安全风险辨识练习图

3）要实施作业检查工作，制定明确的作业检查的要领与分工，作为安全管理的各个层级的负责人都要参加安全作业检查活动，检查工作要有类似如图 10-16 作业检查点检记录所示的记录表单，才能更好的对问题进行跟踪。

表 10-1 安全点检图表答案 A

序号	人的不安全行为、物的不安全状态
1	作业者 A 想取出挂在吊具上的产品而挤住右手
2	作业者 K 在通道上专心致志地作业，没有注意到叉车而被碰到
3	作业者 D 焊接时的焊渣溅入眼中
4	作业者 D 吸入焊接时的烟尘
5	叉车因为没擦干净的打滑，碰到作业者 J
6	作业者 J 在设备点检中，支撑的右手被动起来的油缸挤住
7	作业者 O 用车床进行打磨时，因为戴着手套而被卷入产品
8	作业者 N 左手拿着工件的状态下用右手接通电源，手被挤在工件和工装间
9	作业者 B 在点检传送带时，作业者 C 接通了启动开关，（B 的）于被挤在皮带和皮带轮之间
10	作业者 L 在叉车上码放了过高的货物而不稳定，因为发现作业者 K，刹车的作用而使最上面的货物掉落，碰到作业者 K
11	作业者 L 在叉车上码放了过高的货物而看不到前方，撞到正在清扫地面的作业者 K
12	作业者 U 伸直了背去操作操作盘时，被东倒西歪的某个手杆打到肚子
13	作业者 E 的左手碰到放在设备上的药品，洒在左手上烫伤
14	作业者 E 为了点检配管，用右手拧开阀门时，配管里的热水被喷出，喷到脸上
15	作业者 E 为了点检配管，右脚踩上设备时踩到工具上，脚打滑而摔倒在地
16	作业者 E 在点检配管时，作业者 U 接通启动开关，传送带启动，支撑着的左脚失衡，摔倒在地

表 10-2 安全点检图表答案 B

序号	人的不安全行为、物的不安全状态
17	作业者 F 点检驱动链时，作业者 U 接通启动开关，设备启动右手被夹在链条和链齿轮之间
18	安全栏的门开着，操作者进入时第三者接通启动开关，设备启动挤住操作者
19	作业者 H 在进行钻床作业时，飞转出的切削屑进入眼中
20	作业者 H 戴着手套进行钻床作业，因为工件定位有所偏离等吓了一跳，手碰到钻头上而被卷进去
21	作业者 H 用手按着工件，钻头钻入工件时，和刀具同转，转到架板上，左手被卷入
22	作业者 I 将溶剂 A、B 混在一起时，因激烈的化学反应发生爆炸，身体被烧伤
23	作业者 G 在通道上跑，因地面上的油而滑倒
24	作业者 G 在通道上跑，因通道交叉口的货筐而没看见叉车，撞在一起
25	作业者 P 把左手放在机器的动作部位，右脚踩上脚踏开关，设备启动，左手被挤压住
26	作业者 R 将叉车上的货物卸到作业台时，支撑的右手被压在货物和作业台间
27	作业者 Q 想靠腰搬起重物时，将腰扭伤
28	作业者 O 打磨时的切削屑飞溅到眼中
29	作业者 S 因为在狭窄的空间内作业，没有放手的地方，想用右手支撑时，碰到了示教箱，装载机启动，打到头
30	作业者 S 因为在狭窄的空间内作业，没有放手的地方，想用右手支撑时，碰到操作盘，设备转动，身体被卷入
31	作业者 T 将磨床处飞出的切削粉吸入体内
32	作业者 T 碰到了转动中的砂轮而被卷入

单位				
作业观察中的点检项目		本月的重点点检项目		✧ 改善的推进方法
作业	作业行动、手脚位置是否正确，保护用具的穿戴及工具的使用是否正确	工场统一主题	①	○作业观察中软件的确认和硬件对策的确认由系长负责改善。 ○作业观察的实际（上午、下午各观察1次，每次5 min）。 ○系长、科长、管理者现场进行巡回作业观察时，对重点问题进行跟踪并向工长指导、支援。
			②	
设备	安全装置是否无效化、是否卸下、是否把手放入危险处、是否有缝隙			
		现场主题		
5S	工具、物品是否定量、不用物品的放置是否正确			

日期	在籍人员 ＿＿＿名	观察对象、结果○×				作业观察记录（记录不能完成的理由、事实）		改善实施（系长）		跟踪管理		
										系长	科长	管理者
	参加人员	午前	○×	午后	○×	具体记录不合格的地方	指导、改善内容	计划	确认	1/W	2/M	1/M
1												
2												
3												
4												
5												
6												
7												
8												
9												
10												
.												

日	系长说明指导	日	科长说明指导	日	管理者要求	日	公司要求

记录表传递路径与确认		
科长	系长	
注： 1. 每月填写，月初3日前交给上级。系长确认现场要求，并将记录返给工长。 2. 工长保管记录1年。		

图 10-16 作业检查点检记录

4）KYT（危险预知训练）是一项团队活动，通过有组织的对于设备、作业、环境中的安全风险进行团队识别，让每一位参加 KYT 的员工都在活动中提升自己的安全意识，该项活动要求班组全体员工参加并提出自己的改善建议。

（3）安全管理活动方面，要进行日、周、月度的安全活动并形成记录，对于安全管理的达成情况进行公示。通常用“绿十字”形式展现班组安全管理的水平。要持续进行管理人员的现场安全点检工作，到现场发现问题；要进行全员的安全培训的组织工作；要开展安全员轮值等活动。

3. 精益班组安全管理的重点

安全管理是一个永恒的主体，也是一个全面的管理维度，在精益管理理论中，安全管理的重点要体现在安全事故次数的降低，而安全事故次数的降低，是通过持续不断的安全隐患的排查、闭环的问题解决、安全培训的全覆盖等活动来完成的。单纯的强调安全事故次数的指标属性，片面地强调安全事故的惩罚机制，而缺少对于安全隐患的管理，实际上是起不到实质的管理效力的。另一个重点是，班组的安全管理要主动进行，而不是被动接收检查，主动的安全管理才能发现更多的安全隐患，才能让员工有参与管理的荣誉感。

（二）质量管理

1. 精益班组质量管理的展开逻辑

产品质量是企业的生命线，按照精益管理的原则，产品的质量是直接体现价值的，这是因为产品交付到客户手里，客户会从产品质量维度来衡量产品的价值，也就是管理的水平。生产制造的现场，是产品质量的关键的管控流程。

在精益管理中，遵循质量“三不”原则，即不接受不合格品、不制造不合格品、不传递不合格品。严格来料检查，把发现的问题及时提供给上一工序客户，必要的时候，采用停线的手段来防止不合格品的持续流入。对本工序的产品制造过程进行标准化作业以及自检互检等措施，保证产品制造过程中的质量水平。在交付给下一工序的时候，坚持下一道工序就是客户的原则，对于客户的反馈给予积极的响应，必要的时候通过停线的手段避免造成更大的质量成本损失。生产现场过程质量管理是产品质量的保证。精益班组的质量管理工作的开展，也是围绕着精益管理的问题解决思维方式来进行展开的。精益班组质量管理展开图如图 10-17 所示。

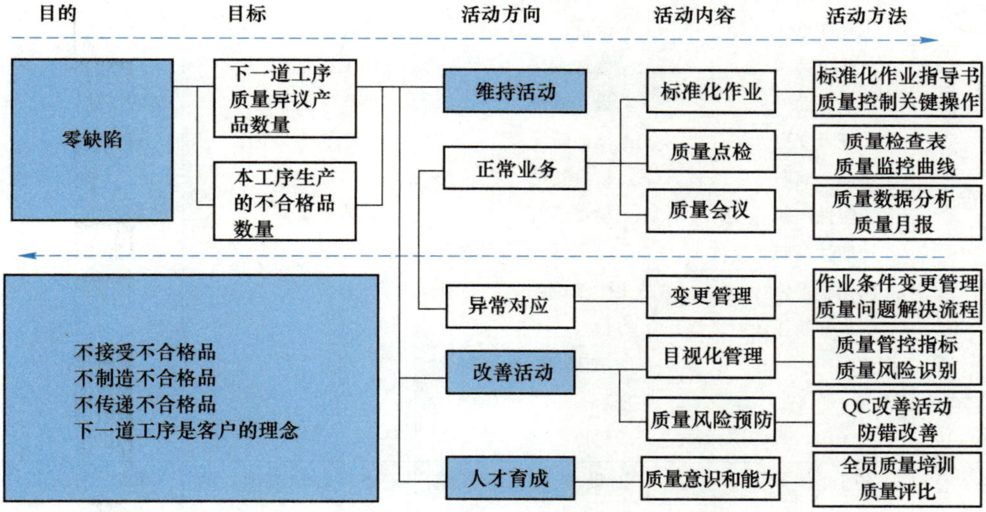

图 10-17 精益班组质量管理展开图

图 10-17 中的横轴分类是按目的、目标和活动的维度来区分的，纵轴是按照标准维持、异常问题解决、持续改善以及人才育成的维度来区分的。

精益班组的质量管理的目标是控制下一道工序质量异议产品数量和本工序生产的不合格品数量，这两个目标的确定也是“三不原则”和“下一道工序就是客户”的理念的体现。

精益班组的质量管理的活动也是按照标准维持、异常问题解决、持续改善以及人才育成的维度来区分的。

（1）在标准维持维度，质量管理也需要标准化作业，标准化作业的要点前文说到精益班组的安全管理中已经提到，这里不做赘述。

（2）在异常问题解决维度，精益班组的质量管理重点在变化点管理、量化数据指标、异常反馈流程等方面。

1）变化点管理是质量管理中比较重要的一个管理要点，精益班组的班组长要对应生产现场的人（作业现场的人员）、机（设备和工具）、料（原材料）、法（工艺方法）、环（环境）、测（测量）等方面进行逐项的巡检，发现有变化的问题点，要及时分析其对产品质量的影响，要做对比性试验来验证这个变化点对于产品质量影响的比率，如果对产品的影响非常大，需要对于该作业或者区域进行标准化管理的更新。如果对产品的影响甚微，需要记录这个变化点，然后更新巡检的标准。变化点管理在设备升级、维护保养、辅助施工、新员工入职、原材料批量变化、工艺方法变化等。对于变化点管理，要进行如实记录，以便问题的回顾和分享，见表 10-3。

表 10-3 生产变化点管理要素表

区分	人	设备、工具	工程（方法）	物
日常变动项目	生产节拍变更 工程变更 工作更替 接受帮助 责任者变更 年休、离职 一时性离职 短期性离职者复员 间休、午休 各班开始作业时、终止作业时	新设/更新工事 改造 修理 设备移设 增能新设 模具变更 模具更新 工具夹具刀具的变更、交换保全定期点检 安全联锁装置的变更 移设	工程变更 条件变更 加工法变更 循环时间变更 生产节拍变更 生产线变更 季节变动	设计变更 原料变更 材料变更　辅助材料的变更 储备物品、 先行物品发生流动的场合 异常处置
突发项目	突发年休 作业中断时追踪确认 生产线停止与再启动	设备故障、设备异常 工具/夹具/刀具的劣化、破损 工具/夹具/刀具的故障	条件设定失误后的追踪 准备事物追踪	跟踪式点检/ 追根源点检 因误欠品不得不流动时

2）量化数据指标是质量管理中发现问题、分析问题和验证解决方案有效性的重点。质量问题需要通过每日的数据指标来体现，在每日数据上标注标准值，然后把每日的实际值，比如合格率、不合格数量等，对比标准值，如果水平低于标准值，就需要记录低于标准值的问题点的分析，这就是发现问题和分析问题的过程。当精益班组长通过数据指标的分析，制定改善措施后，仍然需要量化的质量指标进行验证改善的效果。

3）异常反馈流程是质量管理中，对于问题的事后处理过程，当出现质量问题后，员工要按照异常反馈流程逐层汇报，汇报内容包含对于问题的临时性解决方案的研讨，异常问题的记录和问题解决后的标准化的验证。汇报中要注意使用5W2H、5Why、SMART等工具方法的使用，如图10-18所示。

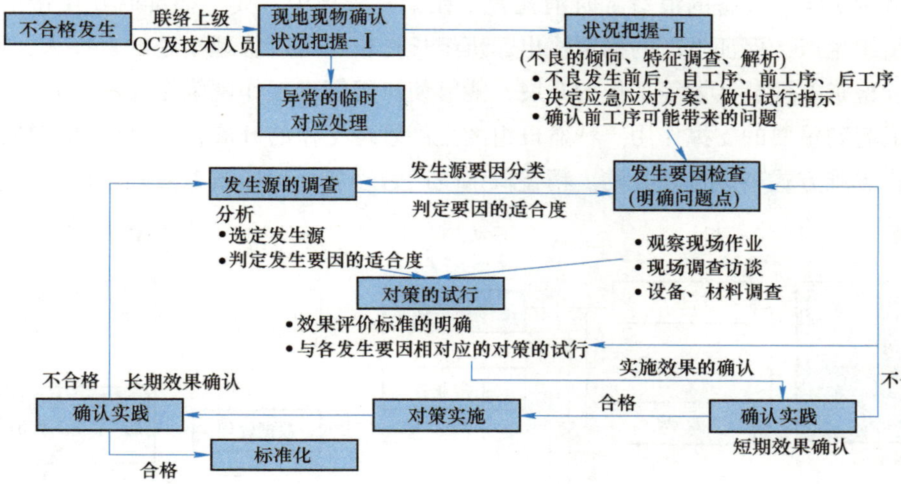

图10-18　异常质量问题汇报流程

（3）在持续改善维度，基于质量管理的零缺陷目标，持续改善是班组质量管理的工作重点，工作中受到各种生产要素的制约，都会产生生产过程的波动，这些波动都有可能造成产品的质量问题，因此，针对不同问题导致的产品质量波动，都要进行详细的分析和基于根因的问题解决，这也是持续改善，PDCA的管理逻辑的体现。

（4）在人才育成维度上，质量管理工具和方法的应用，对于员工来说，也是技能水平和管理水平的提升的重要环节，例如简单的QC七种工具的使用，就是员工分析问题时，把概述、模糊、表达不清楚的事情，通过数据的量化和趋势的分析来进行了初步的总结分析，这是基层员工需要掌握的基本质量管理和问题解决的技能。

2. 精益班组质量管理的常见方法

精益班组的质量管理重点要梳理全员质量管理的思想，通常采用识别关键质量作业工位、目视化管理、QC小组改善活动、防错改善等方法。具体质量控制手法在前文质量过程控制中已经做了详细描述，此处不做赘述。

3. 精益班组质量管理的重点

产品是经过一个又一个生产制造工序的作业才完成的，而班组就是这些作业完成的基层管理单元。因此，班组质量管理的重点在于从最根本上杜绝问题的产生或者从小问题时就消除，减少大的质量问题的发生。同时，生产现场也是质量问题分析时，数据采集的来源，真实的数据采集和分析，能够有效地支持问题的解决策略和实施效果。因此，班组的质量管理，不仅是自身的作业质量控制，更是一个数据的支持者和改善决策的支持者，对于企业的产品质量起到了至关重要的作用。

（三）生产管理

1. 精益班组生产管理的展开逻辑

生产管理是班组管理的基础任务，要保证产品产量的稳定生产，满足生产计划的达成率指标，减少员工、设备的浪费工时消耗等。在精益管理中，要遵循准时化生产的原则，按照计划组织生产，保证生产的稳定输出。班组长是班组生产管理实施的责任人，通过制订、执行、检查、调整计划等工作的开展，能够使班组管理工作围绕企业总体目标，对于指标的达成起到重要的支撑作用。精益班组的生产管理工作的开展，也是围绕着精益管理的问题解决思维方式来进行展开的。精益班组生产管理展开图如图 10-19 所示。

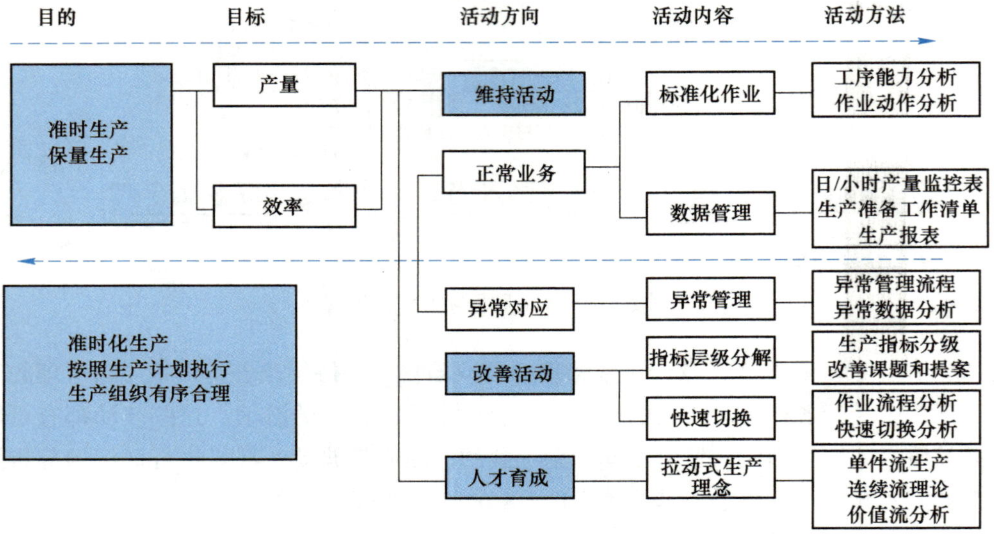

图 10-19 精益班组生产管理展开图

图 10-19 中的横轴分类是按目的、目标和活动的维度来区分的，纵轴是按照标准维持、异常问题解决、持续改善以及人才育成的维度来区分的。

精益班组的生产管理的目的是稳定生产制造过程，提供满足生产计划的合格产品数量，生产管理包括主生产任务的拆解，即班组长接收到主生产计划后，进行细化和分解到每一个工位或者每一个员工，形成具体可执行的作业目标。通常分解到周度工作计划和每日工作计划。

精益班组的生产管理的活动也是按照标准维持、异常问题解决、持续改善以及人才育成的维度来区分的。

（1）在标准维持维度，生产管理也需要标准化作业和量化的指标监控，这两部分的要点在前文介绍的精益班组的安全管理中已经提到，这里不做赘述。

（2）在异常问题解决维度，班组生产计划管理更加强调班组长的灵活应对的能力。当面对复杂的生产状况，比如计划调整、设备故障、物料短缺等问题时，都需要班组长有标准化的业务流程进行应对，但是更重要地是面对问题的灵活处置，生产现场是第一现场，灵活的处置能够最大限度地减少生产浪费。

（3）从持续改善维度来看生产计划管理，要从生产指标的承接上入手，生产指标的管理，从指标设定阶段，就要强调的是班组管理指标要对上一层甚至公司高层的战略目标都有承接作用。符合绩效指标层级拆解的原则，每一个指标都是一个改善型指标，能够从指标中看到改善点，并且形成响应的精益课题和改善提案。如果班组管理的生产指标只是简单的数据展示，缺少对于该指标改善方向或者问题点的展示作用，就缺失了生产指标的指导性作用。例如：某班组把生产产量作为班组的重点管理指标，但是由于受到前工序生产问题的影响，会产生本工序欠产，无法达成产量指标的现象。此种情况下，班组长只能对于数据进行记录，然后周度或者月度向前一工序反馈，自己本身并不能做出实际的改善，或者做的改善都是应对性的调整改善。如果把该指标变更为由于自己工序问题导致的产量损失的数量监控，则班组长更多的重点会关注在发生问题的改善上，无论是设备、材料、人员还是环境等，切实在自己的管理区域能够解决的问题上。这样班组长就是在不断完善自己工序的生产管理水平，问题逐步被发现并解决，解决的问题越多，生产工序越稳定。

（4）在人才培养维度，生产管理对于员工的要求是高质量和有丰富实际问题处理经验的。通过生产管理过程中对于异常问题的处理，体现员工的专业知识、流程的掌握的熟练程度，以及应对问题的灵活性，也是基于熟练的、丰富的经验积累的基础上才能体现出来的，因此对于具备班组生产管理能力的班组长，要给予重点培养和关注。

2. 精益班组生产管理的常见方法

精益班组的生产管理的重点是周密计划、充分准备、有效组织和有效控制。

（1）周密计划是生产管理的前提。精益班组的生产计划管理需要多种表单进行支撑，从月度的生产计划表，到周度的生产计划表，最后到班组甚至工位的生产计划表，都是需要有标准化的表单，员工看到表单能够清晰地理解每日的工作计划并参照执行。

（2）充分准备是生产管理的基础。精益班组的生产准备工作是指在生产开始之前，就要做大量的准备工作以确保生产开始后，异常问题的频繁发生。从原材料、辅助材料和能源的准备方面，要做好原材料、辅助材料的质量管理，进行抽检或者全检。要对包括气源、供电设备、水源等能源介质的供应做好点检和验证其有效性。在工具和工装夹具方面，要确保合适的工具配备到合适的岗位上，还要检查工具是否损坏，数量是否满足生产要求等。在设备维护方面要做到设备的基本点检的工作落实到位，以及设备的运转情况被设备点检和维修人员确认完好，个别时候还要检查备用设备是否具备随时运行的条件。在工作现场方面，要强调现场的5S和目视化管理，以及现场的安全生产要素的确认等。保证上述工作的前提下，还要关注人员的工作状态和工艺参数、技术指标是否变更等方面问题。

（3）有效组织生产是指生产过程中对外部的资源沟通与协调，以及生产过程中对内部的人机料法环测等多维度的资源协调和组织。在此项工作中，要严格遵守公司的管理规定，按照标准化的流程进行管理，并积累总结经验，最终实现自我管理的能力。

（4）生产有效控制是指在前面所述的生产准备、生产过程、生产组织阶段，所有元素的整体管理。例如生产过程中的材料消耗、生产进度、产品质量、人员调整等工作的有效控制，能够保证班组生产管理的稳定性，保证产品的质量和数量。生产的控制能力是班组长的基础能力的体现。

3. 精益班组生产管理的重点

精益班组生产管理的重点在于基层班组长的管理有效性，无论是生产计划的执行，生产要素的管控以及生产人员的管理，都是要体现出班组长管理的效果。要在标准化的管理流程和方法的基础上，通过不断的发现问题、分析问题和解决问题，来积累问题解决的经验，才能够在发生异常问题时，在标准化的管理流程基础上，做出灵活的应对措施。班组长是一线生产的直接管理者，对于生产管理过程中的问题，要勇于承担，不要畏首畏尾，要把生产现场所有的问题都暴露出来，无论是自己的员工的问题还是企业的管理问题，都要从精益班组长的角度进行问题的发现和暴露，否则，向上的各个层级的管理者，都不能准确掌握企业面临的实际问题。

（四）成本管理

1. 精益班组成本管理的展开逻辑

成本管理是班组管理中比较重要的一个方面，尤其是对于那些需要通过降本增效来提升整体竞争力的企业，精益班组的成本管理更为重要。班组的成本管理虽然可能不会直接产生巨大的经济收益，但是，需要注意的是产品生产制造的全过程都离不开班组管理的成本管控，表面上，各个部门都可以对于成本指标进行管理，给出班组长对应的成本指标，然后，通过考核机制来限制班组成本的消耗，但是实际上，班组成本管理不仅仅是表面上的成本指标的监控，更多的是隐藏的成本浪费，这些成本浪费长时间积累，会造成更多更大的浪费现象，更为重要的是，这样的浪费一旦产生，就很难从根本上解决，这是因为隐藏的浪费的根本原因没有被解决，就如破窗效应一样。举例来说，从能源的跑冒滴漏来说，一个管路蒸汽泄漏，对于整体成本影响非常小，如果这个小的蒸汽泄漏得不到有效的管理改善，就可能会发生其他地方的蒸汽泄漏，一个泄漏点不足以影响指标的大波动，但是如果多个漏点发生，就会严重影响蒸汽的用量，而且，当我们要去解决问题的时候，发现泄漏点各处都是，只能一个一个地去解决，不能一次性解决整体问题，这样解决的效率就无法提升。精益班组的成本管理工作的开展，也是围绕着精益管理的问题解决思维方式来进行展开的。精益班组成本管理展开图如图 10-20 所示。

图 10-20 中的横轴分类是按目的、目标和活动的维度来区分的，纵轴是按照标准维持、异常问题解决、持续改善以及人才育成的维度来区分的。

精益班组的成本管理的目的是降低消耗的标准用量，做到彻底地消除浪费，建立成本指标的层级拆解和建立标准消耗，以便对照实际消耗来做成本数据的监控。对于成本管理的目标，可以分别设定原辅料成本、能耗成本、费用成本等。

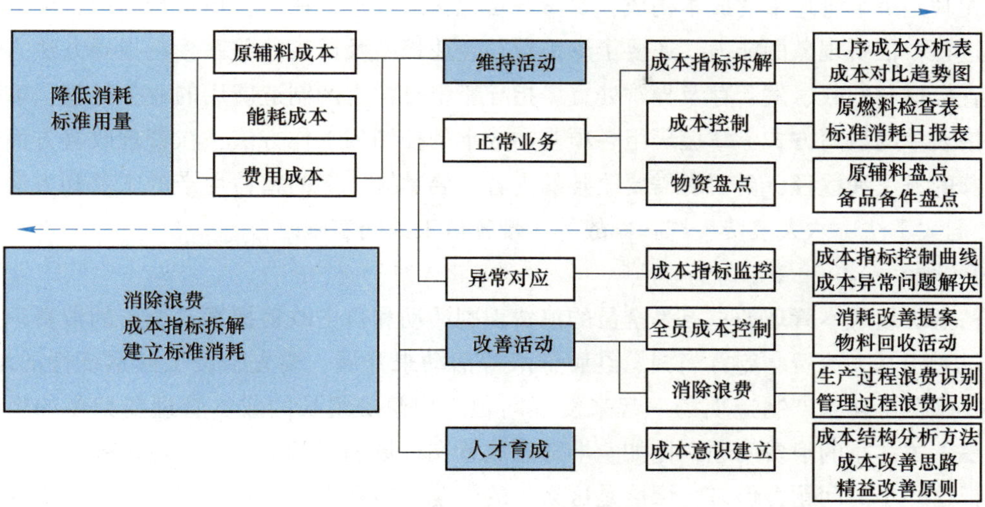

图 10-20　精益班组成本管理展开图

精益班组的成本管理的活动也是按照标准维持、异常问题解决、持续改善以及人才育成的维度来区分的。

（1）在标准维持维度，成本管理需要做成本指标的层级拆解，可以通过工序成本分析、成本对比趋势分析等方法进行拆解指标的合理性验证。在拆解成本的时候，拆解越细，对应的改善措施就越简单，改善效果也会越好。还要做成本管控，做好日常的消耗点检，对于偏离标准值的消耗问题，要作问题的分析。还要做定期的物料盘点，明确账物相符，并对呆滞物料进行处理。

（2）在异常问题解决维度，班组成本管理要通过对于各项物料或者成本项目的数据化监控来识别问题点，对于各指标进行上下限设置，并进行每日的监控。当出现超过标准的现象发生时，要有对应的问题分析和改善措施。

（3）在持续改善维度来看成本管理，要对于成本指标做持续性的监控，每日、每周、每月进行常规的监控和改善，要通过改善课题和改善提案来支撑成本管控水平逐步提升，成本消耗逐步下降。精益班组长要对成本改善课题和提案做重点关注，要与员工一起来做改善活动，要发动全员来做改善活动，让每一个员工都基于自己的作业内容进行成本降低的改善。

（4）在人才培养维度，成本管理对于员工的要求是要有对于浪费的识别能力，能够提出成本相关的浪费问题，就是精益班组的能力体现，提出问题后，通过自己的管理和改善，解决一部分问题，然后把不能解决的问题，要逐级上报，把现场成本控制的问题点暴露出来。

2. 精益班组成本管理的常见方法

精益班组成本管理的常见方法包括基础成本定额管理、监督检查、指导方法和管理改善。在成本定额管理方面，班组长要了解产品成本的构成以及本工序对于产品成本的影响。尤其是班组管理中的成本构成，要做好目视化的管理。在监督检查行为中，要有发现生产过程中浪费现象的能力，还要了解浪费与企业班组及员工的关系，在指导方法方面要指导直接材料的收、发、存及异常处置，指导班组日常生产制造费用的业务处理，掌握日常表格表单的填写方式，掌握班组各项基本成本的控制的工作方法，在管理改善方面要明确改善的方法和途径，要了解需要改善的内容，要掌握一定的精益生产的工具和方法，比如 IE 七大手法、八大浪费、红牌作战等，带领员工共同实施改善。

3. 精益班组成本管理的重点

精益班组成本管理的重点是全员的浪费识别活动和自主改善提案，全员的浪费识别可以通过对于八大浪费、跑冒滴漏、红牌作战等活动来开展，要先给员工做系统性的培训，然后要跟员工在生产制造现场一起来发现问题。精益班组长的成本管理要聚焦的生产现场，重点关注小的浪费问题，比如一堆随意放置在现场的焊条，人们走过现场从来没有人去重视这样小的问题，但是，恰恰是这么小的问题，体现出来了现场成本管理的水平，也体现出班组团队内所有员工对于成本管理的关注度。

（五）设备管理

1. 精益班组设备管理的展开逻辑

精益班组管理中，对于设备的管理，通常采用 TPM 管理的方法，强调全员参与的设备管理，从操作设备的员工的角度来看待设备的日常保养问题和故障汇报及处理流程。在钢铁企业中，通常采用点检定修的方式来对设备进行系统性管理，而这种点检定修的管理方法，也是基于 TPM 设备管理的方法而来的。精益班组的设备管理工作的开展，也是围绕着精益管理的问题解决思维方式来进行展开的。精益班组设备管理展开图如图 10-21 所示。

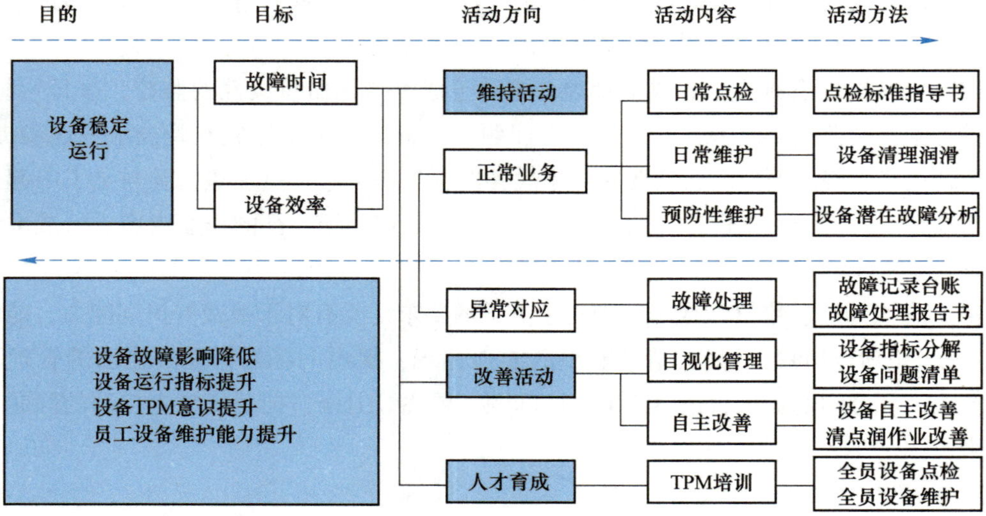

图 10-21 精益班组设备管理展开图

图 10-21 中的横轴分类是按目的、目标和活动的维度来区分的，纵轴是按照标准维持、异常问题解决、持续改善以及人才育成的维度来区分的。

精益班组的设备管理的目的是设备稳定运行，包括设备故障影响降低、设备运行指标提升、设备 TPM 意识提升、员工设备维护能力提升四个部分。企业管理过程中，对于设备问题，多数时间是要通过设备的更新改造来提升设备的运转效率，但是精益管理中，对于设备管理，强调的是全员参与的改善活动对于现有设备运行过程中的维修成本、效率损失、备品备件损失等方面进行彻底的改善。精益班组设备管理的目标可以设定故障时间和设备效率两个方面。在故障方面，可以应用 MTTR（平均修复时间）和 MTBF（平均故障间隔时间）指标进行衡量；设备效率方面，要用 OEE 指标进行衡量，这样的目标具有明显的改善型指标属性。

精益班组的设备管理的活动也是按照标准维持、异常问题解决、持续改善以及人才育成的维度来区分的。

（1）在标准维持维度，首先要做到的就是彻底的 5S 和目视化管理活动，从初期的清扫活动开始，恢复设备的初始状态，看到设备的本色。比如漏油问题长时间发生，就没有人去维护，油污混合碎屑把整个设备都覆盖住，看不到设备的本身的状况，而通过彻底清扫，可以找到设备漏油的根本原因，从而针对问题发生的根本原因进行根本性的改善问题。然后是设备点检保全工作，包括自主保全和计划保全。通过全员参与的保全活动和有计划的定修机制，来发现设备存在的与标准化作业不同的问题。通常采用标准化点检作业指导书的方式来设定标准，跟标准化作业管理有相似之处，先确定一个标准，再拿这个标准对比实际情况，发现问题并改进实际问题或者改变标准。

（2）在异常问题解决维度，要严格遵循 PDCA 的问题解决逻辑，否则，设备故障问题就会频繁发生，不能彻底解决。问题发生后，要第一时间到达现场，通过 5W2H 的方法来对问题进行初次分析，然后组建团队，共同制定临时解决措施。当临时措施起到作用后，并不是问题的解决，而是刚刚开始要进行问题解决的时候。要对问题进行深入的鱼骨图和 5Why 分析，找到可能的根本原因，列举 3～5 项重点的原因，针对性地制定试验的措施，验证措施的有效性。当措施验证无效，进入下一个原因的验证。直到找到对应的根本原因。对于根本原因实施彻底的改善工作，形成标准化文件并固化下来管理经验，进行交流或者分享。

（3）在持续改善维度来看设备管理，要了解设备的维护和保全是长期的工作，设备更新迭代固然能够提升生产效率，但也是巨大的成本投入，因此能够通过员工的小改小革活动，来增加设备的运转效率，是精益班组对于设备管理的持续能力提升的关键。

（4）在人才培养维度，通常有专职的点检、维修人员作为团队的一员来做设备维护，设备 TPM 强调全员参与是指设备操作人员学会简单的设备点检维护工作，并能够准确地描述设备的运行情况以及反馈设备的运行问题、隐患问题等，为设备维修人员提供点检修理的依据，因此，提高现场作业员工对于设备点检维护基本知识的掌握，是精益班组在设备管理能力方面关注的要点。

2. 精益班组设备管理的常见方法

精益班组设备管理的常见方法是设备 TPM 管理，具体信息在前文已经有了详细的阐述，这里不做赘述。

3. 精益班组设备管理的重点

精益班组设备管理的重点是全员参与。无论生产人员和设备管理人员，都对设备的运转情况进行关注，提出持续改善的建议，主动进行设备的清扫保养，维持设备的稳定运行。

（六）环境管理

1. 精益班组环境管理的展开逻辑

精益班组管理中，对于环境的管理，是班组管理的必要工作，是营造一个和谐的工作场地，给人一个舒适的工作环境必需的工作。精益班组管理中，对于环境管理，通常用5S活动来进行支撑。

精益班组的环境管理工作的开展，也是围绕着精益管理的问题解决思维方式来进行展开的。精益班组环境管理展开图如图 10-22 所示。

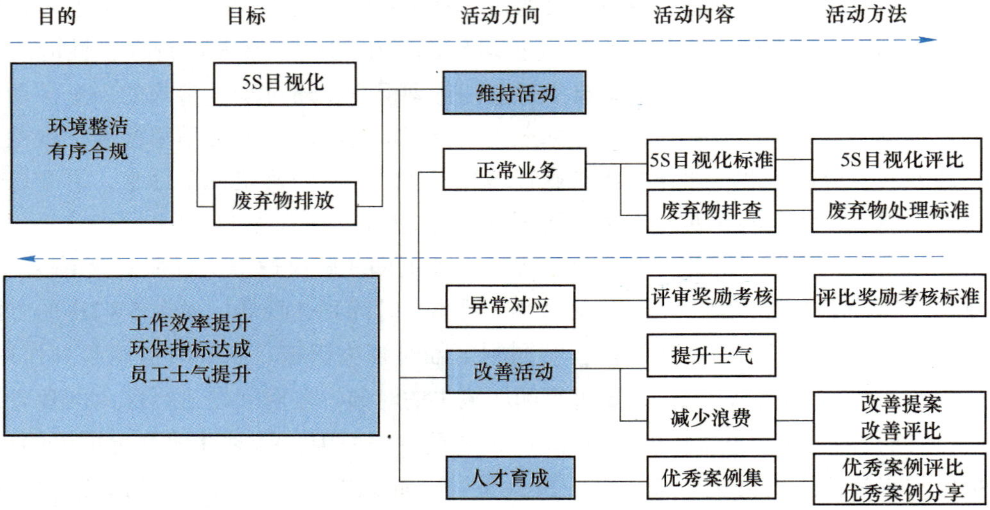

图 10-22 精益班组环境管理展开图

图 10-22 中的横轴分类是按目的、目标和活动的维度来区分的，纵轴是按照标准维持、异常问题解决、持续改善以及人才育成的维度来区分的。

精益班组的环境管理的目的是环境整洁、有序。精益班组环境管理可以提高工作效率，助力于环保指标的达成，以及提升员工士气。精益班组的环境管理的目标可以从5S目视化的水平和废弃物排放等方面设置指标。

精益班组的环境管理的活动也是按照标准维持、异常问题解决、持续改善以及人才育成的维度来区分的。

（1）在标准维持维度，要做彻底的5S和目视化管理，要持之以恒，每日坚持做。还要有管理层参与的5S活动，管理者和员工共同参加劳动，改善工作环境。

（2）在异常问题解决维度，要从5S方面做改善活动，通过整理、整顿、清扫工作的开展，逐步把与5S标准不同的问题消除掉。

（3）在持续改善维度，要形成5S评比制度，班组团队员工对于5S进行网格化管理，每人都要有自己的分担区域，然后定期的评比活动，互相分享改善经验。

（4）在人才培养维度，要进行普及型的5S和目视化管理的培训，5S和目视化工作很简单，但是要做得好，也要有系统性的培训，从识别七大浪费、六源问题排查等结合生产现场实际的5S问题培训，提升员工发现问题的能力。再用具体员工的改善案例，让所有员工能有切身的培训感悟。现场5S目视化改善案例如图10-23所示。

目的	对所有经常移动的物品原位置进行标识，确保物物有归处，使整顿成为习惯化
对象	所有经常移动的物品(如叉车、焊机、搬运车等)
标准	1.四周边框按照一般区域线画制原则来画，小车出入端需画箭头表示方向； 2.该标准适用于可移动设备的定位(包括并不限于物流车、电瓶车、叉车等)

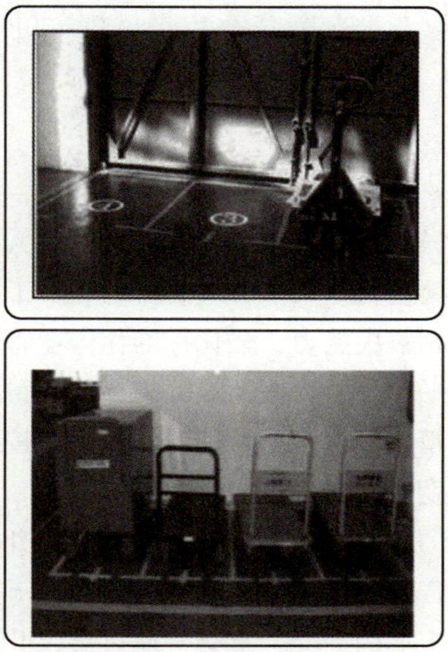

图10-23 现场5S目视化改善案例

2. 精益班组环境管理的常见方法

精益班组环境管理的常见方法即是5S和目视化管理，具体方法如红牌作战、“三定”管理、“不要物”识别等，前文已经描述，这里不做赘述。

（七）人事管理

1. 精益班组人事管理的展开逻辑

精益班组管理中，对于人事的管理，是班组管理的重点。精益管理本身就是要以人为本，以人员能力提升为重点开展的工作。精益班组人员的能力体现在正常的人事管理、技能管理和持续改善能力。精益班组的人事管理工作的开展，也是围绕着精益管理的问题解决思维方式来进行展开的。精益班组人事管理展开图如图10-24所示。

图10-24中的横轴分类是按目的、目标和活动的维度来区分的，纵轴是按照标准维

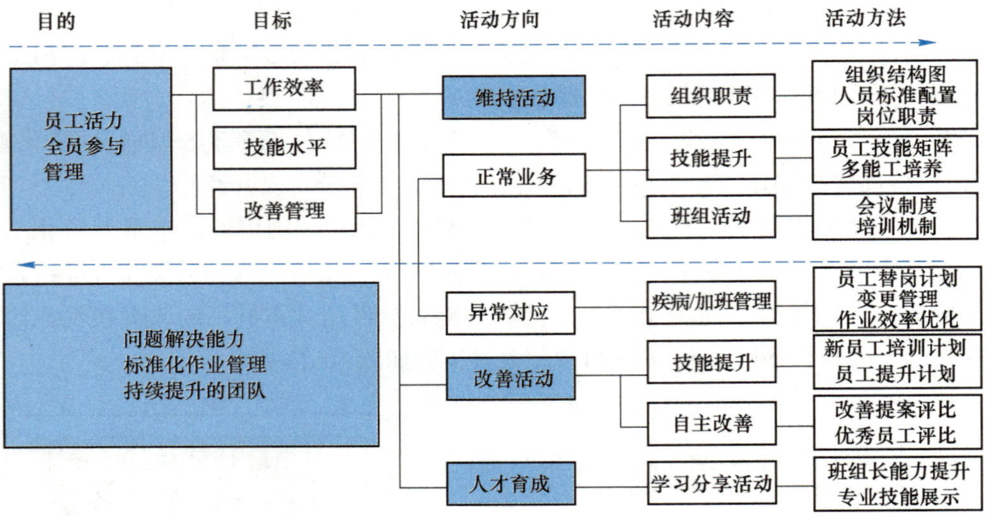

图 10-24 精益班组人事管理展开图

持、异常问题解决、持续改善以及人才育成的维度来区分的。

精益班组人事管理的目的是员工活力的提升和全员参与管理的氛围，且致力于提升员工问题解决能力，强化标准化作业管理和建立一支持续提升的团队，可以把工作效率、技能水平和改善提案的量化指标作为目标。

精益班组人事管理的活动也是按照标准维持、异常问题解决、持续改善以及人才育成的维度来区分的。

（1）在标准维持维度，要做好组织职责的明确，建立组织结构图、人员标准配置和岗位职责。建立多能工评价体系，明确员工技能考核的标准。班组长要组织常规的每日例会，定期的周会、月会，通过会议共同学习和分享生产和管理经验。

（2）在异常问题解决维度，聚焦全员改善提案，制定改善提案奖励机制，让每一位做改善的员工都能得到相应的物质奖励。员工的改善虽小，但却是切切实实的改善，能够支撑生产管理的质量、设备、成本、效率方面的整体提升。

（3）在持续改善维度，班组长要基于持续改善的理念，做好班组员工的技能提升和改善能力提升两大工作，尤其是新员工培训和新岗位员工的培训，以及优秀案例评价和优秀员工的评价，都是人事管理持续改善的体现。

（4）在人才培养维度，班组长要搭建专业技能和改善技能分享和学习的平台，让员工通过分享自我提升的经验而感到荣耀，能够在日后的工作中，起到引领作用。企业还要重点关注班组长的能力培养，制定完善的培训体系并实施实践性培训，班组长能力的提升，是企业管理水平提升的基础。

2. 精益班组人事管理的常见方法

精益班组人事管理的常见方法中，最有效的方法是 TWI 工作教导法。TWI 是 Training Within Industry 的英文首字母的缩写，通常被称为“一线班组长技能培训法”。TWI 的主要内容如图 10-25 所示。其中，工作教导是使班组长能够按照有效的程序，清楚地指导班组员工正确的工作方法，使班组员工快速接受正确完整的指令。工作改善是使班组长能够按照合理的程序思考现场工作中的问题，并提出改进方案，提升工作效率。工作关系是使班组长和班组员工建立良好的人际关系。工作安全是使班组员工出现人际和心理上的问题时，班组长能够冷静分析，合理决策。TWI 是一套成熟的基层班组管理办法，在世界各国都有成功应用的案例，是精益班组管理中快速提升员工能力最有效的工作方法之一。

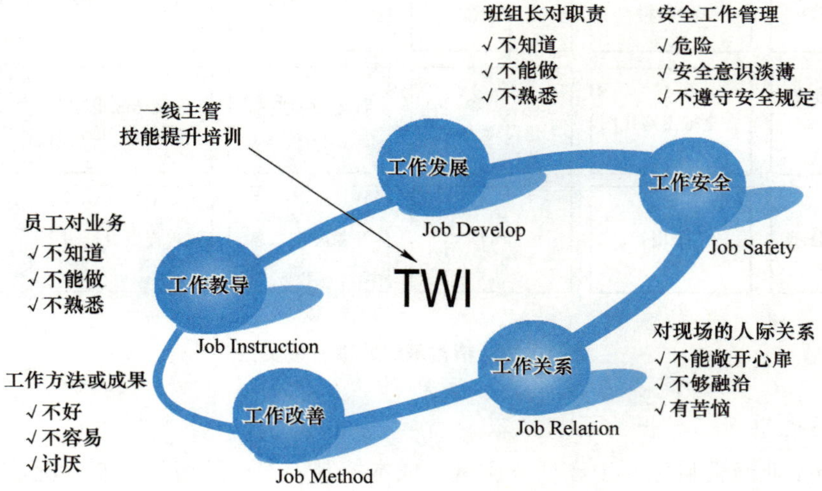

图 10-25 TWI 工作内容

三、精益班组管理的开展形式

(一) 精益班组管理看板

1. 精益班组管理看板的概念及意义

精益班组管理看板是指班组采用各种目视化、标准化的示板，精益班组管理看板实例如图 10-26 所示，将生产管理中的各种信息及时准确地展示给班组员工和上级管理者，达到警示提醒、指导工作、持续改进的目的。

精益班组管理看板的意义在于通过建立统一的可视化管理看板，将生产过程中所涉及的人、机、料、法、环、测等各要素和生产管理指标进行反复的梳理，每一次的梳理都是班组长对于自己工作业务水平的反省和提升，企业各层级管理者也可以通过管理看板上的指标和问题反馈，给予相应的支持。更为重要的是，建立统一的管理看板能够形成共通的管理语言，所有人到达现场后，都能够通过看板了解现场管理的实际情况和水平。

精益班组管理看板能够提醒人们遵循有关规定、标准，关注并察觉异常变化，具备简单、实用、推广性强的特点。企业基层生产员工经过培训后，能够利用相应的可视化工具和资料，迅速判断生产过程的正常与否、产品质量优良与否等情况，且判断结果不会因人而异，判断准确度高。

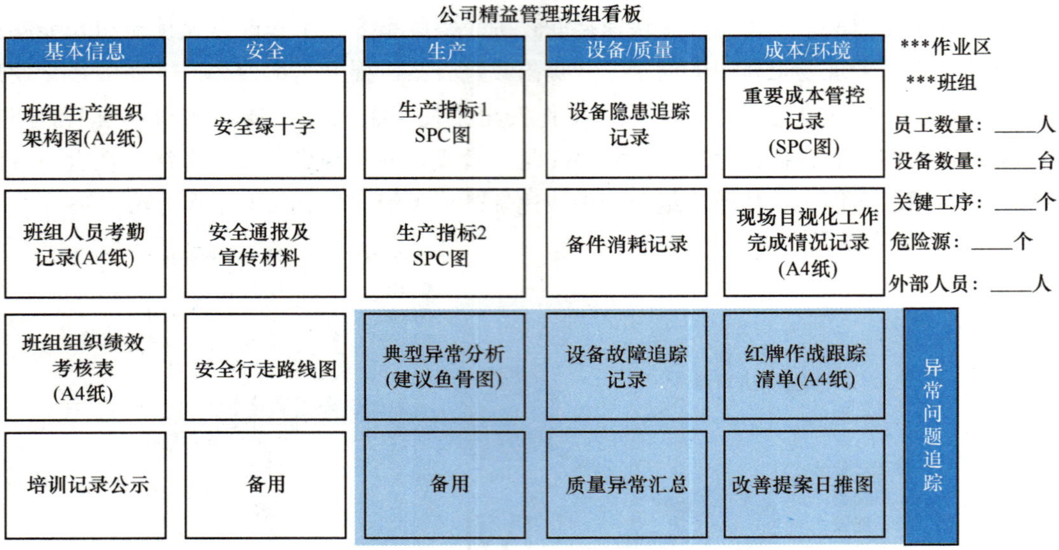

图 10-26　精益班组管理看板实例

2. 精益班组管理看板的展示内容

(1) 与企业经营目标、生产任务质量、成本控制、安全环境的控制状况及持续改进员工士气的完成情况等有关的信息。

(2) 与人、机、料、法、环、测等各因素有关的现场管理信息，包括正常状态和异常现象，均应在班组看板上展示。

(3) 与 5S 目视化和“三定”管理相关的信息，包括现状问题分析和改善案例展示。

(4) 与岗位职责、管理制度、操作程序图、作业指导书、公共信息的信息等。

(5) 对存在问题及其整改措施和实施效果的展示，最好有改善提案、合理化建议等员工自主改善的展示。

(6) 模范人物及其事迹的可视化展现，也可以有惩罚、考核相关的信息。

精益班组管理看板，需要做到统一标记、统一色彩、统一形式，形成整体效果。精益班组管理看板的标识需做到一目了然、一看就懂、可操作性强。看板位置要充分考虑工厂的工作环境和生产布局，既不影响员工工作，又能起到可视化的提醒、警示、宣传和强化理念的效果。最为重要的一点，精益班组管理看板要经济实用，结合企业实际，节省成本，在统一标准的前提下做到大同小异，简单使用。班组长要跟员工一起，适时更新班组管理看板上的内容，充分发挥可视化管理的作用。

班组管理看板的内容具体可以参照班组管理七大任务的维度来设定，包括安全管理、质量管理、生产管理、设备管理、成本管理、环境管理、人事管理七块内容；还要增加班组组织结构图和员工技能矩阵等内容的展示。实际看板的设计，要结合企业管理的实际情况。

（二）现场问题解决会议

精益班组管理看板的作用之一是给现场问题解决会提供一个内容载体，现场问题解决会主要通过两种形式来开展，即红牌作战和“站立式”会议。

1. 红牌作战

（1）红牌作战的概念。红牌作战本质上是利用“他人/外人的眼光”，来发现自己区域的问题，包括七大浪费、5S 问题、产品质量问题、设备故障问题、备品备件问题等。活动开展的形式是通过使用醒目的红色标签，红牌作战图如图 10-27 所示，对于工厂各个区域的“问题点”进行地毯式的发掘，进行照相记录和问题跟踪。对于被贴红牌的区域，区域负责的班组长要对问题进行改善，然后跟精益管理部门或者上级领导一起确认改善的效果，如果效果得到全体评审的认可，则摘掉红牌，消除记录，如果效果得不到全体评审的认可，则继续挂着红牌，不能摘除，责任班组长要给出定期完成改善的承诺，直至问题彻底解决。红牌作战是 5S 活动运用的技巧之一。

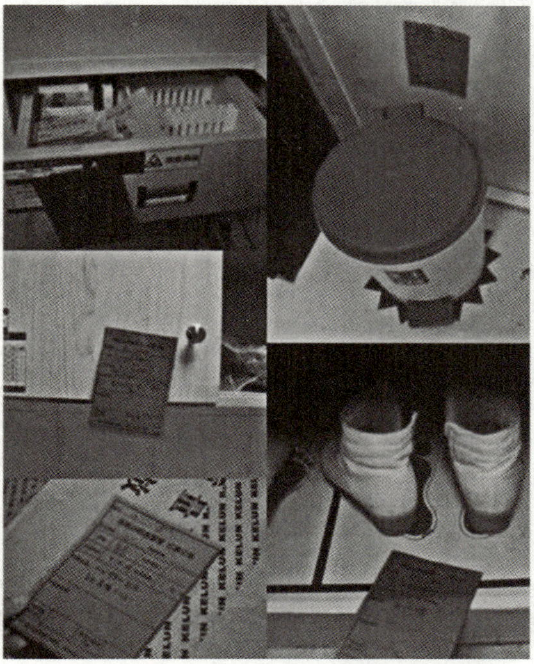

图 10-27 红牌作战图

（2）红牌作战的步骤可以分为如下步骤。

1）七大浪费、5S 目视化培训，红牌作战之前，所有参与人员要形成统一的共识，要有一定的理论基础和实践经验，要提前了解该区域的工艺流程、设施设备、环境安全等信息。统一的培训是红牌作战的重要前提。

2）参加红牌作战的人员要统一进行分组，通常建议不超过三组，分组分区域进行。每一组的人员要有明确的分工，组长负责整个团队活动的引领，红牌记录人和登记人负责对于现场发现问题粘贴红牌或者挂上红牌，并形成记录单。

3）要提前设计好路线，各组之间避免交叉，尽量减少多人混合在一处的问题发生。不能因为红牌作战活动而影响到现场的正常生产作业。

4）活动开展，在红牌作战中，各组应该到生产现场，结合现场实际情况发现问题，并对于问题进行研讨，贴红牌，做记录。

5）红牌的管理是由公司精益管理组织，通常成为精益办来管理。当举行红牌作战活动的班组长完成现场的改善后，精益办要消除记录并回收红牌。

6）红牌作战活动要定期进行评比，从发现问题数量、解决问题的效率、解决问题的比例方面进行评价。在精益管理中，问题是用来解决的，发现问题不是管理水平不高；相反，是员工发现问题能力的体现，班组长能够发现越多的问题，随之解决的问题就越多，如果都不提出问题，隐藏问题，直到大的问题暴露出来而无法解决。

7）精益办要开展经验分享活动，班组长要了解红牌作战的目的是帮助现场发现问题，并提供问题解决的支持。能够把改善的经验分享给所有员工，启发和帮助全体员工共同进步，进而提升生产现场整体管理水平。

（3）红牌作战活动的注意事项如下。

1）对于发现问题的注意事项如下：

①观察整个区域，选取重点关注区域；

②定点观察问题；

③关注七大浪费问题、“三定”问题、目视化问题、安全问题等；

④发现问题先拍照保存；

⑤询问标准，确认是不是问题；

⑥明确根本原因，反复问五次为什么（5Why 分析法），如不能确认，先记录；

⑦记录问题，填写红牌，悬挂（张贴）红牌。

2）对于红牌管理的注意事项如下：

①精益办负责红牌发行和回收、记录；

②责任部门根据整改要求实施整改，完成后责任人签字确认，通知发放部门；

③精益办根据红牌记录的完成期限，跟踪、督促问题责任部门整改进度；

④精益办负责制定红牌管理回收率指标、奖惩制度、公示评比、改善经验分享等工作。

3）活动开展的注意事项如下：

①红牌不是罚款不是罚单，是帮助现场提升 5S 管理的目视管理工具；

②红牌作战建议每月一次，鼓励跨部门、高层参与；

③红牌要贴在引人注目处，不贴在人的身上；

④不与红牌作战人员争执，积极解释作战人员的疑问；

⑤不要将不好的方面隐藏起来，制造假象；

⑥问题解决措施的出台是作战区域和职责部门的责任；

⑦按时间完成整改项目，有困难时要及时提出，协调资源解决。

4）活动开展的形式如下：

①红牌作战可以结合党员活动进行；

②可以通过数字化的手段来实现“红牌”记录的作用。

例如：应用某公司数字化管理软件，可以把现场发现的问题进行拍照后，上传系统，然后通过系统的目视化展示来跟踪活动的改善情况。数字化红牌作战图如图 10-28 所示。

图 10-28 数字化红牌作战图

2. “站立式”会议

“站立式”会议又称“现场观察”，是管理层到生产作业现场，通过团队指标研讨、现场问题观察、改善清单共识等方式，实现管理层，尤其是高层管理者与基层员工的管理思路的共识，从而保证公司全体员工的同心同力，共同努力为企业的发展而贡献力量。

“站立式”会议是一种高效的现场会议形式，现场会议有明确的会议流程，包括如下步骤。

（1）确定会议时间。“站立式”会议的进行要通过公司全体管理者和员工的认可，尤其是高层管理者要主动参与其中。一般企业进行“站立式”会议要形成共识的会议周期和时间。比如：某企业“站立式”会议的时间是早九点到早十点，每周一、周三、周五按时进行。

（2）确定参会人员和职责。“站立式”会议的参与人员，除了观察区域的班组长和公司高层管理者外，还要有职能部门的工程师参与支持，还需要有精益办的管理人员参加。“站立式”会议的成员要明确自己在会议中的职责，现场的班组长是会议的主持人，是本次会议的主体，是问题的记录者和改善者。高层管理者是支持的角色，通过现场会议的形式了解班组长难以解决问题并给予管理资源支持，职能部室的工程师支持现场观察后的问题研讨，给出专业的建议和意见。精益办人员支持精益工具方法的应用辅导。

（3）确认会议地点。“站立式”会议的地点，最好采用临时“抽签”的形式展开，这样所有的班组都会做好迎接准备的工作，虽然只对一个地点进行了会议，但是其他区域的班组长也通过准备会议而对自己的工作现状和问题进行了一次系统的梳理。也可以采用排序或者领导制定等方式。

（4）班组管理看板指标研讨。对于班组管理看板指标的研讨，是班组长的第一个任务，班组长要把每一项指标的定义和意义，标准值设置的原则，实际指标的达成情况，以及识别到的问题，通过对于问题的数据化的描述，说明自己做的改善工作或者需要得到高层对于问题改善的具体支持。

（5）现场作业观察。现场作业观察是企业高层管理者贴近基层生产员工，与员工坦诚沟通的最好的机会，管理者到现场要对作业人员的工作流程进行观察，不能打断员工的作业，对照标准化作业指导书来确认员工作业的准确性，对于发现的问题，在观察 15～20 min 后，可以跟员工进行交流和沟通。这样可以更加深刻地了解基层员工对于生产作业的状况，给出管理者的改善建议。

（6）团队问题共识。“站立式”会议还要对于本次发现的问题和上次发现的问题进行团队共识，对于问题的现状描述、根本原因研讨、解决方案有效性等，问题共识要基于精益课题和改善提案两种方式，这样团队研讨会更加高效。

（7）问题清单确认和改善效果确认。“站立式”会议最后要形成问题清单，所有参会人员要签字确认，下一次开会的第一个步骤，就是对于这些问题解决情况的反馈。一旦改善完成，团队要通过现场观察到改善点切实查验改善的效果。

四、精益班组长的职责和能力体现

班组长是班组中的领导者，是企业现场管理的直接指挥者和组织者，负责安全、质量、生产、设备、成本、环境、人事等方面的业务和职责。辅助上一级领导进行工作的传达和布置，同时也管理基层作业员工的日常作业工作。具体来说班组长的工作主要是对投入生产资源、经过有效的生产制造流程的管理，产出合格的产品。在这个过程中，对现场的作业人员、材料、设备、工艺方法、生产环境等生产要素，直接进行指挥和监控，以达成企业的各项管理指标。

班组长的管理职能具有双重性，既要作为领导者来管理员工，又要代表员工来支撑领导的工作落实。既是企业经营的一级管理者，又是直接创造产品价值的生产者。班组长处于企业生产指挥的“兵头将尾”的地位，处于生产制造和管理的双重要素相关联的位置。管理层的管理策略要通过班组长的工作展开来落地的。

班组长的作用主要体现首先是领导者的作用，班组长是生产班组团队成员的直接上级，具有员工作业指导和作业评价的作用，是班组团队的领导者。其次是沟通桥梁的作用，是管理者和员工之间的沟通的桥梁，班组长要协调上下级之间的关系，班组之间的关系，班组成员之间的关系，化解矛盾，促进各方面关系的和谐。然后是作业技术的教练者的作用，在生产运营管理过程中，班组长是业务操作的多面手，对新进员工必须进行相关安全规范、生产操作、检验标准等系统工作指导和教育培训，还承担着纠正员工操作方法等问题。

（一）了解下属对自己的期望

优秀的班组长，首先必须了解下属对自己的期望，具体有以下六个方面：

（1）班组长要在工作、生活上对员工加以关心和了解，使他感受到班组的温暖；

（2）班组长要目标明确，清晰的目标可以为班组提供行动的方向；

（3）班组长作为一线的指导者，发布命令应该准确无误，避免出现各种工作失误；

（4）班组长在分配工作时，要做到公事公办，奖惩分明；

（5）作为班组长还应该做到乐于分享，把荣誉和经验都分享给员工，激励员工通过自身的努力，做到个体与班组共同成长；

（6）班组长应及时指导班组员工，让他们感受到班组长的关注。

（二）班组长的职责

班组长职责是指企业班组长岗位要求班组长去完成的工作内容以及应当承担的责任范围。其中，工作岗位是指企业组织为完成某项任务而设定确立的。它由工种、职责、职务和等级等内容组成。通常班组长的职责是在企业体系运行流程和上级主管的领导下开展各项工作的，具体包括以下五个职责。

（1）班组团队责任。班组长首要职责就是带好班组团队，采取有效方法对班组成员进行教育培训，将不同的成员组建成为企业核心生产班组团队。要熟练掌握企业团队建设管理方法，采取有效的方法对班组成员进行教育培训工作指导，并组织班组成员学习遵守企业各项规章制度，积极配合上级主管完成系下发的各项工作目标和任务。组织班组团队共同设置并团结协作完成工作目标，负责本团队的绩效管理和利益分配管理。

（2）生产效率责任。提高生产效率是指在同样的条件下，通过不断的创新并挖掘员工生产积极性，改进操作方法和管理流程，生产出更多更好的高质量的产品。主要的方法有根据上级领导下达的生产工作任务，依据班组结构实际的情况，编制班组生产计划并及时组织生产。当出现异常问题时，因故不能按时完成生产计划时，要及时向上级汇报，说明异常情况，同时请求支援。

（3）产品质量责任。质量关系到市场和客户，班组长要领导员工为按时、按量地生产高质量的产品而努力。涉及的方法包括严格要求按需领取各种生产物料，包括对外协加工生产的零部件半成品进行检验，保证所有物料零件符合产品质量标准，严格控制生产过程，强化生产作业标准和质量检验措施，避免出现批次不良的质量事故。强化班组质量教育，让员工深入了解产品质量的重要性。

（4）安全管理责任。班组长是安全生产的直接负责人。班组长通过识别危险元素，树立安全目标，落实安全责任措施，把整个班组的安全任务分摊到具体的小组成员身上，实施各种预防和控制措施，消除隐患，最终实现安全生产。使用的方法包括结合生产企业实际情况，定期组织班组员工进行安全生产教育培训，提升班组员工的自我安全防护意识；全面落实企业各项安全生产规章制度和监督安全作业规范，贯彻落实设备点检制度和规范生产设备的标准化操作，减少因违章操作造成的安全工伤事故等。

（5）团队士气责任。团队士气是生产管理活动中一个重要指标，是指生产班组员工自发积极努力工作的愿望，积极负责创新和协同作业的态度。带出一个士气十足且有凝聚力的生产班组团队，涉及的方法包括采取措施让员工的行为和团队的目标一致，充分发挥员工的特长，让员工对工作产生兴趣，以及作风民主、广开言路、乐于接纳意见、办事公道，遇事能与大家商量，善于体贴和关怀下属，营造和谐的内部氛围。

（三）班组长需要具备的素质和能力

作为“兵头将尾”，班组长自身素质和能力的高低直接影响着班组管理水平的高低，决定着企业的决策能否真正顺利实施。企业班组长不仅要成为管理能手，也要成为技能带头人，从而带动班组素质和能力全面提升。实践证明，企业综合能力提升只有从基层的班组长抓起，才能保障企业整体水平的提高。因此，班组长的任职要求主要包括业务能力、管理能力和自身素质三方面。

（1）业务能力。要掌握专业技术能力。第一，丰富的生产技术和安全实践经验，在劳动技能方面能够起到技术性示范作用，熟练掌握与生产相关的各项操作技能。第二，熟悉设备管理能力。班组长应充分了解本岗位各设备的结构及工作原理，并能进行简单的设备故障排查和维修，能给班内员工进行正确讲解，确保员工能够合理正确操作，减少设备故障的发生。同时，班组长应能及时发现设备出现的问题，并找出故障的原因，对一些简单的设备故障进行排查和维修，维持设备正常的运转。第三，培养指导的能力。作为班组长不仅要为自己干，还要成为优秀的技术尖子，更有责任对班组内员工进行培养，成为优秀的教练，带动班组员工一起互相学习，形成在岗位中学习、在学习中工作的氛围，班组长应及时准确地根据工作和企业发展的需要，把握学习的方向和学习内容，使班组员工共同进步，这是企业的需要，更是班组长的责任。第四，提高质量保证能力。班组长要把高超的技能、成熟的业务用于工作实践，为客户提供尽善尽美的产品和服务。

（2）管理能力。

1）目标管理能力。就日常管理工作而言，班组长可以针对具体一项工作任务，设定任务主题、完成时限、具体任务量和责任人，以提高员工的参与意识和责任意识，增强班组管理的目标感，并不断地进行改进和提升。

2）组织生产能力。班组长要转变生产任务执行者的观念，承担起全面组织和统筹生产任务的各个环节的责任。根据日常管理中的生产任务，在班组内合理安排好各项工作，能主动向领导和职能部门汇报工作，征求意见及协调好各方关系，确保生产任务保质保量地完成。

3）沟通协调能力。为了构筑良好的班组信赖关系，减少工作摩擦和提高工作效率，班组长应该具备良好的语言沟通技巧，即说服的能力。如幽默可以使工作气氛变得轻松，使人感到亲切，利用幽默批评员工便不会使其感到难堪，并能让其心悦诚服。随着工作经验的积累，班组长会越来越能审时度势，沟通协调能力也会慢慢提高。

4）管理创新能力。每一个岗位每一个工作都有自己的特殊规律，需要班组长去识别去发现，因此每个班组长在职业活动中敢于破除陈旧观念，不断改革创新，打破固有思维，寻找可行的方法，善于开创新局面和新事业。

5）思想工作能力。班组长具有做思想工作的能力，班组成员由于年龄、文化、性格、能力等方面的差异，工作的表现也不尽相同，这就要求班组长既要会管生产，又要会管思想，把思想工作渗透到班组管理的各项工作中，化解员工之间的各项矛盾，提高员工的积极性。

（3）自身素质。第一，模范带头意识，成为劳动模范、专业标兵。班组长的身教胜于言传，只有事事以身作则，才能成为班组员工心目中的楷模，轻松带领他们完成各项任务。第二，安全防范意识。班组是安全生产的第一道防线，班组长应充分认识到安全不仅包括车间生产安全，更应确保员工人身安全，真正做到以人为本。第三，竞争拼搏意识。企业内也具有各方面的竞争，作为班组长要有较强的竞争意识和拼搏的能力，带领团队敢于争先，勇于争先，带出具有活力的班组，从而提高企业自身的竞争力。第四，终身学习意识。企业在发展，班组长只有不断学习和提高，才能在岗位上不断进步。组长要抓住一切学习的机会，不断提高自己的理论知识和管理水平，同时对自己的工作定期进行总结，抽出一定的时间静下心来认真分析工作中的得与失，好的方面继续保持，不足的地方加以改善。

? 课后思考题

（1）假如让你去做某生产区域的班组长，你想快速了解该区域的哪些信息，获得这些信息的最佳途径是什么？

（2）当在你负责的生产区域发现质量问题，你会怎样处理这些问题？

（3）在某天的生产过程中，你通过观察发现员工没有按作业标准进行生产作业，你会怎样做？

任务十一　精益改善活动

任务十一
课件

任务目标

知识目标：

（1）了解改善活动在精益管理中的重要地位；

(2) 掌握改善提案和精益课题区别；
(3) 掌握改善提案精益课题的实施步骤和方法。

能力目标：

(1) 能够独立发掘问题的能力；
(2) 具备从公司的经营活动中寻找或承接改善课题的能力；
(3) 具备独立解决（或协调解决）问题的能力；
(4) 具备编制项目计划的能力。

素养目标：

(1) 强化学员问题意识和改善意识；
(2) 强化学员的精益方法、工具应用的意识；
(3) 强化团队协作意识。

知识准备

1945年8月，当丰田汽车创始人丰田喜一郎提出了“赶超美国”口号时，美国的生产率是日本的8倍。“8倍是什么意思？难道是美国人体力是日本人的8倍？如果不是体力，那又是什么？那是因为日本的浪费是美国的8倍。”说这句话的是丰田生产方式创始人大野耐一，以杜绝浪费思想为基础。

那么什么是真正的浪费？丰田的回答是：“最大的浪费，是对员工智慧的浪费。”

国内乃至世界上大多数公司对浪费现象熟视无睹，是真正的浪费。可怕的不是浪费，而是对浪费的“集体麻木”。为什么员工会集体麻木？很大程度是因为管理者不尊重员工的智慧，不懂得挖掘员工的智慧才能。

一、精益改善活动概述

精益改善活动是企业推进精益管理过程中，最基础的支撑活动。精益改善活动基于消除浪费、发挥全体员工的智慧为前提，通过精益课题和改善提案两种推进方式，调动从公司管理层到基层员工的积极性，全员参与到企业的问题发现、问题分析和解决活动中来。其中，精益课题一般是指通过建立精益小组，采用精益方法、工具，以改进质量、降低消耗、提高效率和效益为目的，实施周期相对较长（3~6个月），财务收益相对较大，采用综合性、系统性改善措施，具有明确的衡量指标的项目。精益课题实施成功后，能够对公司的经营绩效指标有明显的支撑。而改善提案是运用改善思维，将自己身边的、对公司经营有利的微小的问题解决方案提出来，通过自己的努力实施改善或者把这些解决方案提供给专业人员，由专业人员实施改善。无论是谁来实施改善，都要形成提案供全体员工学习借鉴。

二、改善提案

（一）改善提案概述

1. 改善提案的意义

改善提案制度给了员工一个对生产运营高效运行、对企业经营良性发展提出个人建议的渠道。使员工在一定程度上参与了企业的经营运作，大大提升了员工的归属感，使员工的自我价值得以体现。同时培养员工动脑、动手的能力，使其对事物的看法、技能都得到提高。

2. 改善提案的理解

（1）改善的理解为修缮、改善、创新。

1）修缮：没有对真正的原因去采取措施，同样的现象持续不断地发生。修缮往往是针对已发生的问题采取的临时对策，实施的对象是问题的本身。

2）改善：改善是对问题发生的原因采取措施，利用常识性的工具、技巧、不花钱或者少花钱。改善是从产生问题的原因着手，避免问题的重复发生。

3）创新：应用最新、最高成本的科技，投入大量的金钱。创新往往是颠覆原来的思维，应用新的技术手段从源头避免问题的发生。

实际生产生活中，我们更多地在对工作、问题进行修缮，但我们都知道，更多时候需要的是改善和创新。例如，生产区到检验区的通行门经常损坏。损坏后，把它修好，就是修缮。使用铁板加固，并加上警示标识，使它不容易被损坏，就是改善。采用自动门代替原来的木门，使其自动开启和关闭，避免因员工不恰当操作使门损坏，这个就是创新。

（2）改善提案活动的理解：解决问题。改善提案宗旨是充分发挥员工的智力和创造力。实际生产当中，问题是普遍存在的，这也是“管理”存在的意义。问题的大小，影响的强弱决定了投入精力的大小和解决的优先顺序。大多数组织中问题的分布形式如图 11-1 所示。

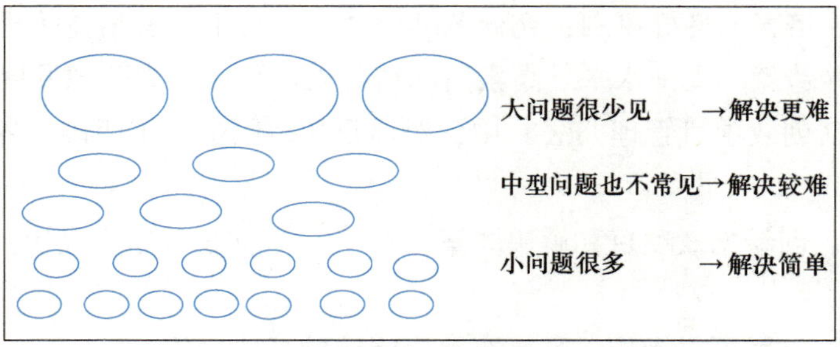

图 11-1　大多数组织中问题的分布形式

大的问题，我们通常立项作为精益课题实施；而小的问题，通常鼓励员工自己或组织一个小团队通过自主改善的方式进行解决，然后以改善提案的形式展现并获得相应的激励。

（3）改善提案的范围。

1）可以提案的项目。改善提案是员工对自己业务和部门业务乃至公司业务的思考，对公司经营方式和业务运营方式的观察，对已践行的工作方法的评价。原则如下：

①自己业务改善方面的提案；

②办事能力和管理方式提高的提案；

③节省材料、能源、经费的提案；

④现场工作方法改善的提案；

⑤安全技术、环境保护的提案；

⑥提高产品质量、降低生产成本的提案；

⑦生产设备、工艺革新的提案；

⑧关于公司和个人发展的其他提案。

2）非提案的项目。提案注重思考，因此公司已经明确要做的事项、工作中明确的职责、别人已经提过的雷同项目等都不能作为提案提报。提案系统不是“发牢骚”的平台，对公司不满、待遇不满等没有充分依据的内容也不能作为提案来提报。原则如下：

①个人不满的事项；

②重复的提案；

③上司的指示、部门的课题；

④会议上已经公开的对策内容及经营计划上已反映的内容；

⑤设备损坏维修至正常的提案；

⑥关于工资调整、上班时间调整、福利变动等无充分依据的提案；

⑦关于整理、整顿、清扫等 4S 明确要求改进的事项。

案例分享

在某钢铁公司，改善提案是以“创新创效项目”方式落地实施，并把其作为公司“精益+五制配套”管理模式的重要组成部分，旨在消除全价值链中不创造价值、不增值的活动。通过对在精益管理工作中做出突出贡献的团队和个人进行奖励，在全公司营造重精益思想、重人才培养的良好氛围，充分持续调动广大员工开展精益管理的主动性、积极性、创造性，培养造就一支高水平、高素质的精益人才队伍，为公司发展提供基础保证。

一、在《创新创效项目管理办法》中，对项目的范围进行了明确的界定，项目需要同时符合以下条件。

（1）进步性。创新创效项目和解决方案相对于本单位或本专业现状，实施后有改进和提高。

（2）可行性。方案可以操作，且具有解决问题的具体措施。

（3）效益性。创新创效项目实施后，可以带来经济效益增长或管理提升。

（4）时效性。创新创效项目提出时间要先于实施时间，所提解决方案或措施短期内可以施行。

二、同时，不能作为提案的项目也做了规定：凡是涉及或包含以下内容的创新创效项目，各级组织不得征集或实施采纳审核。

（1）攻击各级组织、团体或个人的投诉、不满和抱怨等。

（2）公认的事实或与正在论证、实施项目内容相同或雷同的项目。

（3）无具体实施方案的创新创效项目。

（4）已被采用过或已有的重复创新创效项目。

（5）未按公司相关要求提报的创新创效项目。

（二）改善提案的做法

丰田认为，好产品来自好的设想。因此，丰田公司提出了“好主意、好产品”的口号。

1. 选定改善的问题

（1）问题的定义。要解决一个问题，你得先弄明白问题到底是什么，别急于给解决方案。问题有两种解释，发生型问题和设定型问题，其产生机理如图 11-2 所示。

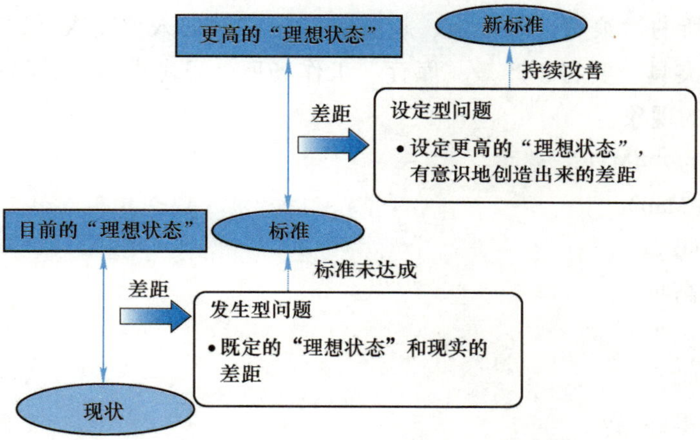

图 11-2　发生型问题和设定型问题的产生机理

1）问题的本质是期望与现状的落差。

2）“理想状态”与“现状”的差距的大小，体现了问题的严重程度。

3）“更高的理想状态”与“标准（理想状态）”的差距的大小，体现了创新的程度。

（2）发掘问题的方法。

1）问题意识。“问题意识”是指人们在认识活动中，对实践中遇到的一些疑难、困惑的现实或理论问题进行深入思考、积极探究的心理活动。问题意识具有鲜明的价值指向，强烈的问题意识不仅体现了个体思维的活跃和深刻，更反映了思维的独立性和创造性的品格。我们应对所有承担的业务怀有高度的“问题”意识，有问题才有改善空间，才能更快、更好地完成业务工作。

爱因斯坦在《物理学的进步》中指出：“提出一个问题往往比解决一个问题更为重要，因为解决一个问题也许是一个数学上或实验上的技巧，而提出新的问题、新的可能性，从新的角度看旧问题，却需要创造性的想象力，而且标志着科学的真正进步。”

2）以业务为基点发掘问题。

①审视自己工作的流程；

②明确自己工作的目标；

③站在客户的角度考虑问题；

④对变化的敏感；

⑤了解竞争对手水平。

3）发掘要改善的问题。

①发掘要改善的项目。

◆ 找一找哪里有浪费的现象；

◆ 看一看自己周围有没有质量问题要解决，如何进一步提高质量；

◆ 想一想怎样可以更省时、省力；

◆ 注意一下有无安全隐患；

◆ 如何改善工作环境，使员工干劲十足、齐心协力。

②从工作场所的“浪费、不稳定、超负荷”三方面切入。在人员、技能、方法、时间、设备、工装夹具、资材、产量、库存、工作场所、思考、方 法等方面是否有浪费、不稳定、超负荷的现象？

从工作场所的“4M1E”着手。

◆ 操作者（Man）。

✓ 遵守标准吗？

✓ 工作效率高吗？

✓ 有问题意识吗？

✓ 责任感强吗？

✓ 技术掌握得好吗？

✓ 配置合适吗？

✓ 有积极提高的愿望吗？

✓ 人际关系好吗？

✓ 健康状况好吗？

◆ 设备（Machine）。

✓ 符合工序能力吗？

✓ 经常故障停机吗？

✓ 设备点检做得好吗？

✓ 是否可利用更合适的设备、工具？

✓ 必要的机械与工具是否都有？

✓ 量规仪器治具是否齐全？

✓ 设备工具是否在随时可用？

✓ 设备是否有防呆措施？

✓ 备品的数量如何管控？

✓ 工具简单化？

◆ 材料（Material）。
✓ 数量有误吗？
✓ 等级有误吗？
✓ 名称有误吗？
✓ 有其他材料混入吗？
✓ 库存量合适吗？
✓ 使用中有浪费吗？
✓ 操作方法正确吗？
✓ 品质水平高吗？
✓ 配置好吗？
◆ 方法（Method）。
✓ 作业标准的内容好吗？
✓ 是安全的方法吗？
✓ 是能出良品的方法吗？
✓ 是能提高效率的方法吗？
✓ 顺序正确吗？
✓ 安排得当吗？
✓ 温度湿度合适吗？
✓ 照明通风合适吗？
◆ 环境（Environment）。
✓ 是否定期做整理整顿
✓ 不要的东西是否整理好清理好
✓ 必要的东西是否放置最适位置
✓ 有否 5S 活动它又被执行得如何
✓ 要知道垃圾堆里做不出好东西
✓ 作业是否容易安全
✓ 作业员是否充分了解安全规则 与防火措施
✓ 有否正确的安全装置

记住：事故是资源浪费及士气降低重要因素。

4）了解现状的基本原则——“三现”原则。

①现地——指作业或工作场所，要多深入现场；

②现物——指作业或工作的对象，要多对现物进行研究；

③现实——指实际发生的情况，要对现实进行分析了解，再找出原因和规律。

（3）如何描述一个问题。

1）第一步：明确期望值和目标值。

①你的目标是什么？

②正常的情况应该是什么样的？

③这个目标能否衡量？

2）第二步：精准定位现状。要清晰、准确地描述现状不是一件容易的事。因为现状通常不是单一维度评价的，需要牵涉到许多方面。我们在描述现状的时候，仅仅说业绩数字是不够的，需要多个方面来全面描述。而且，描述的时候，还需要注意区分事实与观点。

3）第三步：用“期望值- 现状值”这个落差，来精准描述问题。提出一个精准的问题，是找到正确答案的第一步，也是最重要的一步。

2. 思考现行作业方法

（1）通过 5W2H 自问（见图 11-3）。把工作分解成不可再分割的细项，然后针对每一个细项从 5W2H 七个维度进行提问。

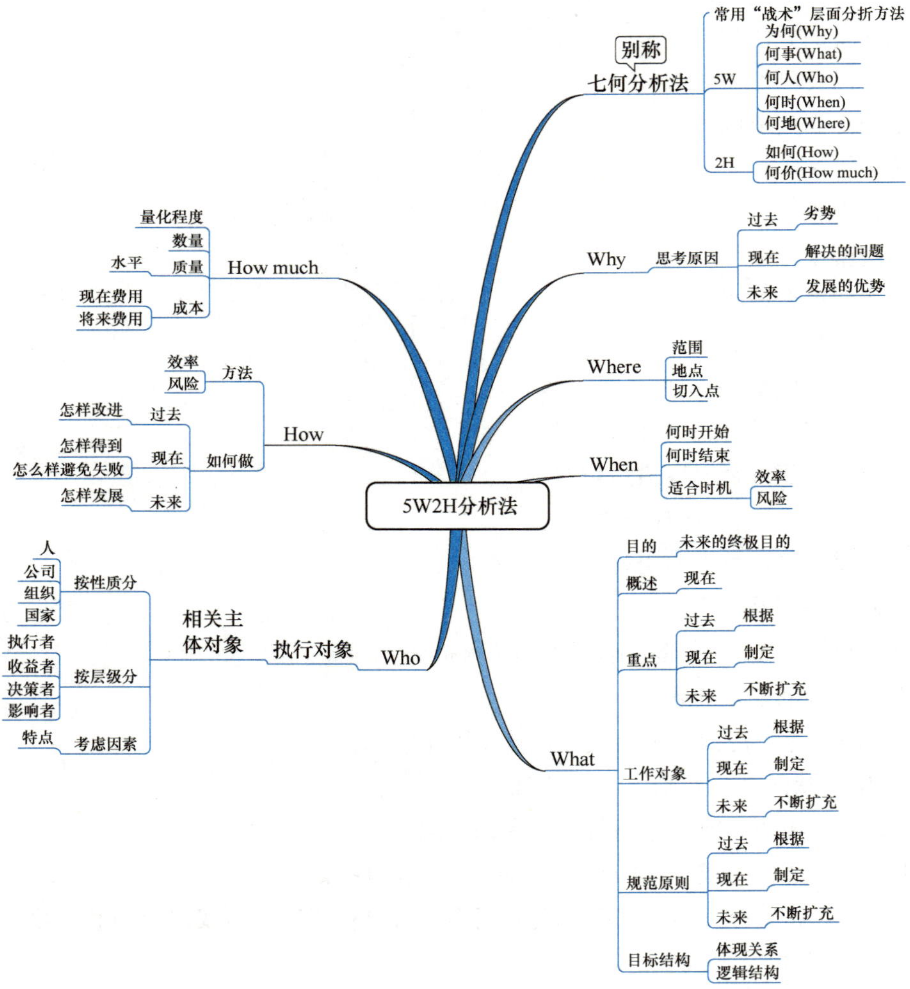

图 11-3 5W2H 分析法

（2）五五法提问。五五法指的是 5＊5W2H，即把 5W2H 问五遍，简称五五法。通过对问题反复多次地提出质疑，从而挖掘出问题的真正根源以求改善。五五法是一个探讨问题的技巧，建议对问题问五次以上才好，才能将问题的症结所在发掘出来，类似于我们打破砂锅问到底的精神。然后以取消、合并、重排、简化原则进行改善。

五五法的关键所在是鼓励解决问题的人要努力避开主观或自负的假设和逻辑陷阱，从结果着手，沿着因果关系链条，顺藤摸瓜，直至找出原有问题的根本原因。以根本原因的影响作为问题的切入点，立项改善。五五法提问技巧如图 11-4 所示。

• What	(项目)	为什么必要?
• Why	(目的)	目的是什么?
• Where	(地点)	应在哪里做?
• When	(时间)	应在何时做?
• Who	(人)	谁最适合去做?
• How	(方法)	应用什么方法做?
• How many	(多少)	数量或程度?

图 11-4　五五法提问技巧

（3）观察与记录。问题一旦明确，就要确立调查计划，进行现场分析，寻求改进方法。整个改进是否成功，取决于所记录事实的准确性，这是严格考察、分析、开发与改进方法的基础。利用最适当的记录方法，记录直接观察到的每一件事实，以便分析。

3. 改善提案的构想

想要达到预期的目标，有很多种方法，选用方法不同，获得的效果也不同。好的方法可以帮助我们减少资源的消耗，提高产品或服务的质量，获得较高的产出。

在改善方法上，通过长期改善活动的总结，归纳十二项改善构思法。

（1）加一加。

1）可在这件东西上添加些什么，看看会有什么效果（见图 11-5）？

图 11-5 增加脚踏台

2）高一些、加厚一些，行不行（见图 11-6）？

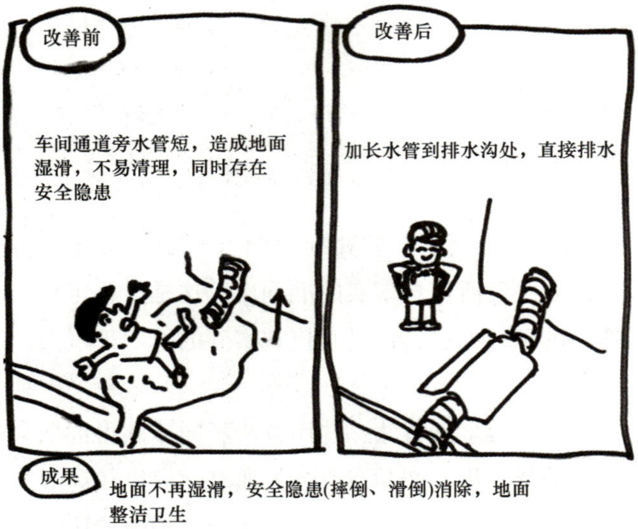

图 11-6 增加出水管长度

3）这些东西与其他东西组合在一起会有什么结果（见图 11-7）？

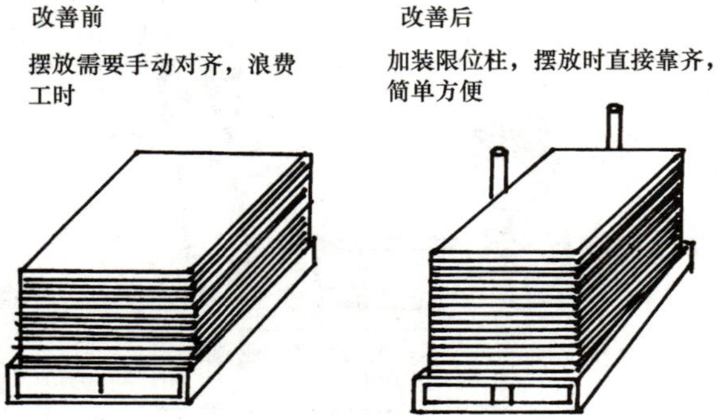

图 11-7 增加限位柱

（2）减一减。

1）在这件东西上减去些什么，看看会怎么样呢（见图 11-8）？

图 11-8　减少不必要的内容

2）可以降低、取消吗（见图 11-9）？

图 11-9　减少不必要的包装

（3）扩一扩。使这件东西放大、扩展，看看结果会如何呢（见图 11-10）？

图 11-10　增加工具的尺寸/功能

（4）缩一缩。使这件东西压缩、缩小，看看会怎样呢（见图 11-11 和图 11-12）？

图 11-11 缩小体积

图 11-12 缩小体积增加功能

（5）变一变。改变一下形状、颜色、角度、位置、组合、次序等，看看会怎么样（见图 11-13）？

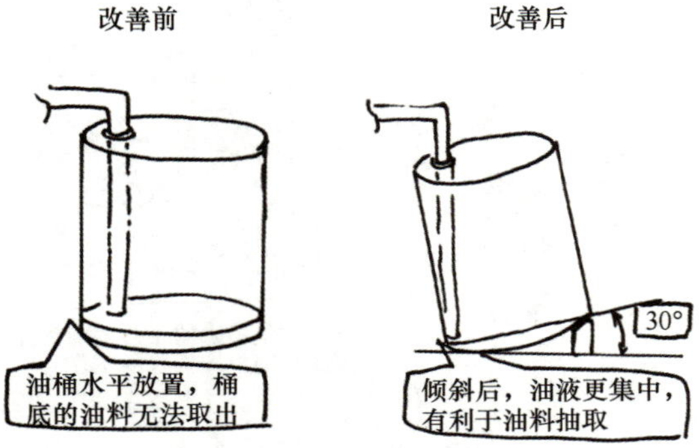

图 11-13 改变角度

（6）改一改。

1）这件东西还存在什么缺点？想一想有改进这些缺点的办法吗（见图 11-14）？

图 11-14 改变方式

2）还有什么不足之处？在使用中有什么麻烦（见图 11-15）？

图 11-15　改变表面

（7）联一联。

1）事物的结果，与它的起因有什么联系？

2）能从中找到解决问题的办法吗（见图 11-16）？

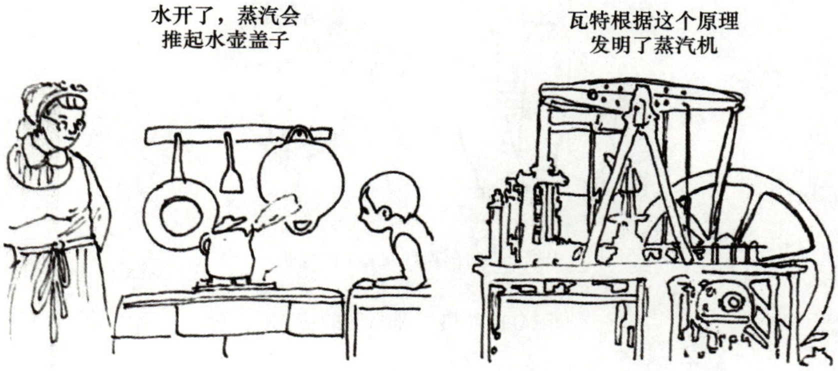

图 11-16　联想原理

3）把某些东西或事情联系起来，想一想能帮助我们达到什么目的吗？

（8）学一学。

1）想一想周围有什么人或事物可以让自己模仿、学习的？

2）模仿它的形状、结构，会有什么结果？

3）学习原理、技术，又会有什么结果（见图 11-17）？

（9）代一代。

1）想一想周围有什么东西可以代替另一样东西？

2）能否用别的材料、零件、方法等代替另一种材料、零件、方法？

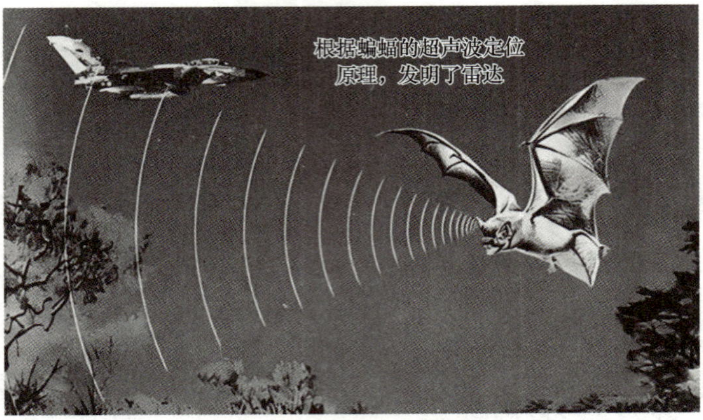

图 11-17 模仿方式

（10）搬一搬。

1）把这件东西搬到别的地方，还能有别的用处吗？

2）这个想法、道理、技术搬到别的地方，也能用得上吗（见图 11-18）？

根据孔明灯的原理发明了热气球

图 11-18 热气球原理的应用

（11）反一反。如果把一件东西、一个事物的正反、上下、左右、前后、里外颠倒一下，会有什么结果？

（12）定一定。

1）为了解决某个问题或改进某一件东西，为提高学习、工作效率和防止可能发生的事故或疏漏，想一想需要规定些什么吗？

2）物品需要固定位置吗？需要定量吗（见图 11-19）？

3）哪些机制需要制定？

4. 实施改善提案

实施改善提案是改善提案中关键的一步。这是因为只有改善方案真正在生产中得以实施，改善的效果才能真正发挥，工作目标才能实现。方案的组织实施阶段要完成以下几项工作。

图 11-19　固定位置

（1）方案组织实施必须具备的条件。根据改善提案项目的层次、范围、审批权限等，请有关行政管理部门批准，并得到有关部门主管领导的认可和支持。这是方案组织实施必须具备的条件。

（2）作业标准是培训操作者掌握新方案的基础性文件。组织相关的人员学习和掌握新方案，对于某些复杂和重大的实施方案应该有针对性地组织专门培训，让更多的操作者和相关人员真正按新方案操作。

（3）现场试验运行。对于某项涉及面广、影响范围大的新方案应该组织必要的试运行，演练各部门和各环节的衔接配合，及时解决意想不到的问题，以保证新方案实施时万无一失。

（4）维持新方案，不走回头路。实践证明任何一次新方案的实施，尤其是开始阶段并不顺利，效果并不明显，这时候很容易走回头路。这样有可能使以前做的工作“前功尽弃”。因此，在实施的开始阶段千方百计维持新方案是十分重要和必要的。维持阶段也是针对新方案必要的修改和改进。

5. 改善提案活动流程

企业在具体实施过程中，根据企业规模、组织架构、职能分工、项目价值导向等因素，对改善提案的流程进行丰富和完善。

例如，某炼铁厂制定的改善提案流程图如图 11-20 所示，明确提报的时间节点。

6. 改善提案遇到的问题

（1）缺乏快速改善的效果。提案者初拟改善方案时，存在诸多的限制，时间久了会极大打击提案人的积极性和热情。因此，改善提案推进的前期，必须鼓励改善，并给予强有力的资源支撑，以便快速取得成果。

（2）缺乏长期推进的规划。初期从鼓励团队提出改善提案开始，重量不重质。改善思维不是一蹴而就的，从简单的问题开始改善，随着员工能力的提升、意识的强化，提案改

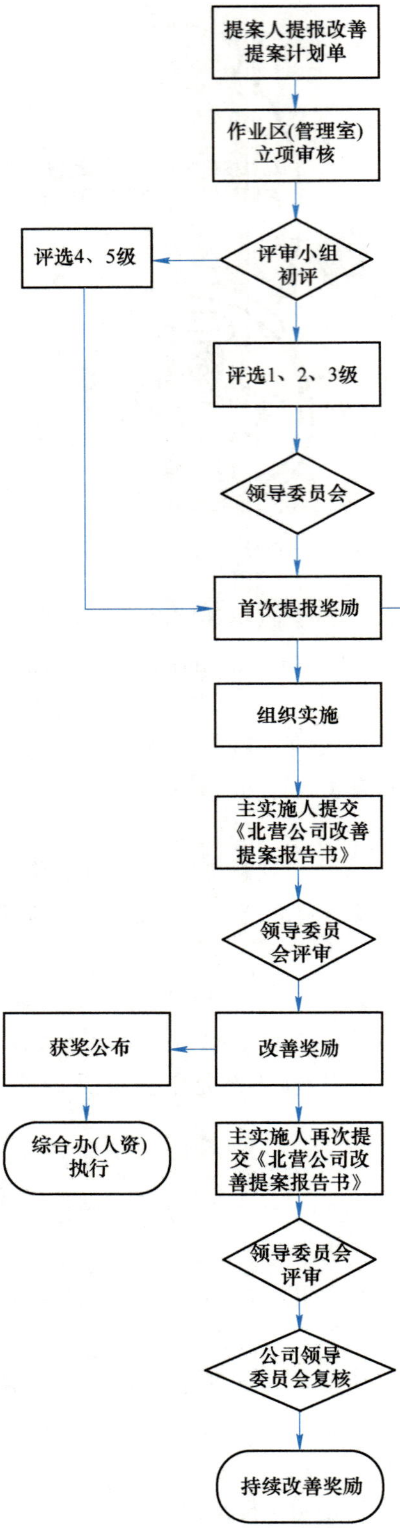

图 11-20 某炼铁厂改善提案流程图

善的质量自然提升。定期举办“作业区”内部评选等宣传活动，使改善在公司范围内建立群众基础，支撑长期推进。

（3）仅有现金激励。人才是改善的核心，人同时需要物质（钱）及精神的激励。持续的改善“需要认可、自我实现、技巧开发、成就感或者环境保护”等精神的激励。这就需要管理层的关注及身体力行。马斯洛需求层次理论如图 11-21 所示。

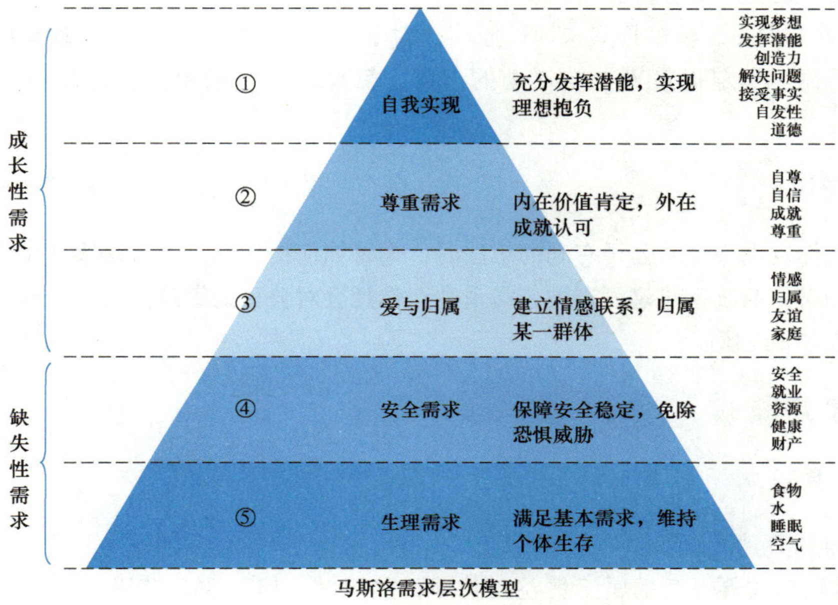

图 11-21　马斯洛需求层次理论

（4）不公平的奖励。改善提案需要公平、公正、公开的评审机制，按照改善获得的效果进行分级激励。

很多公司在管理条件不成熟时，草草上马推进改善提案，激励、评审、奖金分配等配套管理机制未建立。改善提案未能得到公平的对待，严重影响改善提案的积极性。

（5）接受匿名的提案。在人们感觉有必要通过“揭发”来暴露问题的情况下，去进行匿名的提案。但是这表明工作氛围并不是职业的，而且没有让员工感觉身心安全，那么也就是说这不是一个实行改善或精益的好环境。

在导入提案改善系统之前需要明确哪些才是提案，解决这些问题，让匿名提案的情况不再发生。

（6）不恰当的改善提案。首先需要清晰的定义什么是好的提案。关注客户，改善你的工作。关注流程，不针对人才是正确的方法。否则，改善提案系统将很容易成为“发牢骚”“吐苦水”的平台。

（7）实施的提案少。要研究任何一个想法，指导任何一个提案提出者，确保合同提案都能被批准。提供优秀的提案指导文件，记录跟踪实施率并使其目视化。

（8）待批准及待实施改善提案的积压。在初期，强调数量而非完全是质量，会有助于识别出易于解决的小问题。这会降低积压的情况，因为多数的提案都属于“直接去做”的问题。

（9）提案审批流程太复杂。领导或者主管的批复应符合“现地现物”原则，去现场直接观察实际发生的状况比在会议室内研究写在纸上的方案要好得多。快速立项、快速奖励，可有效地激发员工的热情。

（10）没有向员工反馈提案未通过原因。对于未通过的改善提案，管理者要给提案人做出积极反馈，肯定提案人参与活动的态度，解释未通过的原因，并鼓励持续提报新改善。

课堂讨论

（1）当你发现一个对公司有利的想法时，你将如何提出把这个想法表达出来？

（2）如果你的改善建议没有被公司采纳，你是会对公司的管理能力产生怀疑，还是重新思考自己方案或建议？

三、精益课题

（一）精益课题概述

1. 精益课题的定义

精益课题与改善提案都属于精益改善项目的范畴。但从覆盖范围上又有本质上的区别，表 11-1 把改善提案和精益课题从实施周期、财务收益、团队构成、改善措施、改善方向、项目指标、改善效果验证周期等 7 个维度进行了详细的区分。

表 11-1 精益课题与改善提案的对比

序号	区分维度	创新创效项目	
		精益课题	改善提案
1	实施周期	3~6 个月，周期长	<1 个月，周期短
2	财务收益	财务收益相对较大	财务收益相对较小
3	团队构成	跨组织、跨部门、跨团队、跨专业	单独部门、单独团队
4	改善措施	综合性/体系性改善措施，多种措施（例如：从人员、设备、物料、方法、环境等）多角度进行综合改善	仅有单一的改善措施（例如：设备升级改造、设备维修）
5	改善方向	改善措施有一定的方向，但不是很明确	改善措施非常明确
6	项目指标	有明确的衡量指标	有衡量指标
7	改善效果验证周期	2 个月持续有效	<1 个月持续有效

从表 11-1 可以看出，精益课题类项目一般都比较“大”，相对而言改善提案的项目比

较“小”，改善的难度也是精益课题较难，改善提案相对简单、易行。

2. 精益课题的特点

（1）参加人员覆盖企业的全体，包括高层管理者、技术人员、生产工人、服务人员等。

（2）选择课题广泛，通常围绕企业经营战略、方针目标和现场的问题选题。

（3）活动的目的是提高人员素质，发挥人员的积极性和创造性，从而以创新的模式改善系统的绩效指标。

（4）突出科学性，强调运用质量管理、改善的理论和方法开展活动。精益课题项目要求改善过程更加系统，更加具备科学性、严谨性。改善过程需要应用系统的方法进行分析，最常使用的 QC 七大手法、IE 七大手法等，是精益课题实施的基本操作。

3. 精益课题的作用

（1）员工素质得到提高，能够统一领导层到各个层级管理者的管理思维和语言。

（2）员工的积极性得到充分调动，同时发挥主观能动性和创造性。

（3）产品质量得到提升，成本得以降低，提高经济效益。

（4）改善人际关系，增强团队合作精神。

4. 精益课题的分类

第一类是自上而下的指标分解，那么这个过程就需要我们对组织战略进行一个战略解码。这个解码过程需要从公司的方针分解到部门的方针，再由部门的方针分解到科室的方针，进行逐步分解。

第二类是自下而上的项目汇集，这一类项目往往需要员工对部门业务的掌控度达到一定高度。从业务优化的角度，以及指标提升的需要，拟定出一系列的待办事项。这些待办事项经过公司或上级部门的评审，确定实施的优先级，或是否立项。

5. 精益课题活动的保障机制

为了保障精益课题活动有效性、长效性，达到企业向持续改善型组织转型的目的，一般需要在如下的几个方面提供保障措施。

（1）组织系统。精益课题项目导入期初，必须根据企业现状，建立相关的推进组织，一般会成立推进委员会，委员会的成员由公司的高层担任。成员为公司的精益推进办公室和专业组。

1）委员会负责指导、支持、项目审批；

2）精益办负责课题管理、课题库管理、平台建设达标考核、宣传培训；

3）专业组负责本组织课题立项评审、过程指导、支持和成果评估。

（2）课题管理。从课题选择、推进、过程管控、验收、评价、推广等多维度进行管理。

（3）机制保障。建立完善的精益课题管理制度，将管理过程形成书面的制度文件，并进行宣贯。

（4）评估与激励。评估内容应包含项目本身有效性的评估、项目执行过程的评估、通过项目的实施，人才的成长的评估。

（二）精益课题的实施原则

1. 精益课题的选题原则

（1）优先选择与战略关联、与客户关联的有明确财务收益的课题；公司内部精益课题的选择逻辑，如图 11-22 所示。

（2）对于基层的小课题，建议放到企业自主改善（改善提案）立项。

（3）业务专家、精益专家、财务人员形成课题评审组，对课题进行立项评审。

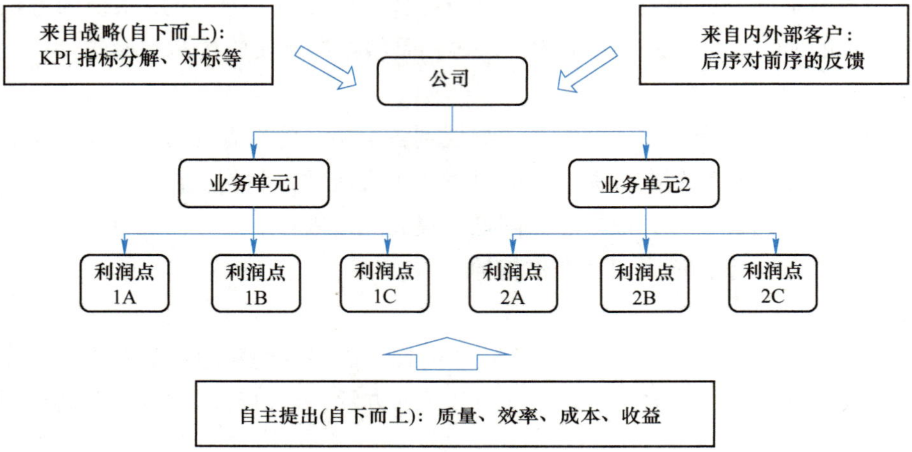

图 11-22 公司精益课题选题逻辑图

2. 改善团队的组建原则

精益课题实施团队的组建是项目成功与否的关键性要素，对项目的实施过程，以及能否达到预期效果起到至关重要的作用。所以在选择项目团队成员时，遵循以下两个原则。

（1）自愿参加，管理人员参与。由于每个人的工作属性不同、内容不同，以及个人性格原因，对改善项目的参与意愿强度也不同，所以在项目成员选择的时候，尤其关注自愿参加。对于不愿参加项目的人员应予以最大限度的理解和包容。同时，由于精益课题一般涉及面比较广，为了保证项目的实施，需要职级相对较高的人参与，进行资源的协调。

（2）课题负责人的选择。一般选择具有领导力和影响力的人作为课题负责人，课题负责人还应具有以下品质：

1）实干家，执行能力强。

①可贡献知识，并分析和建议。

②能看到内外部发展，能善于听取反馈。

2）沟通能力强。

①能团结团队内部成员，形成团队凝聚力。

②能与相关部门进行顺畅沟通。

课堂讨论

你会选择哪个人为项目的组长或负责人：

A. 区域内技术权威，为人严谨，喜对技术问题深入钻研；思路清晰，表达能力尚好，文笔也不错；

B. 在该区域内，从事过多个岗位，擅长组织体育活动，篮球后卫角色，口才不错，交往能力较强；

C. 极善于表达，口若悬河，逢机会必长篇大论一番，文字表达也不错，下象棋时爱支招；

D. 现任班组长，近期生产任务紧，加上个别员工（关键工序）闹情绪，正忙与其谈心。

3. 精益课题的实施原则

课题性质一般分为问题解决型（包含现场型、管理型、服务型、攻关型）和课题达成型（创新型），无论哪类的课题，实施必须按照 PDCA 的实施原则进行，执行流程可分为十步，因此也称为“十步法”。流程如图 11-23 所示：问题解决型（左），课题达成型（右）。

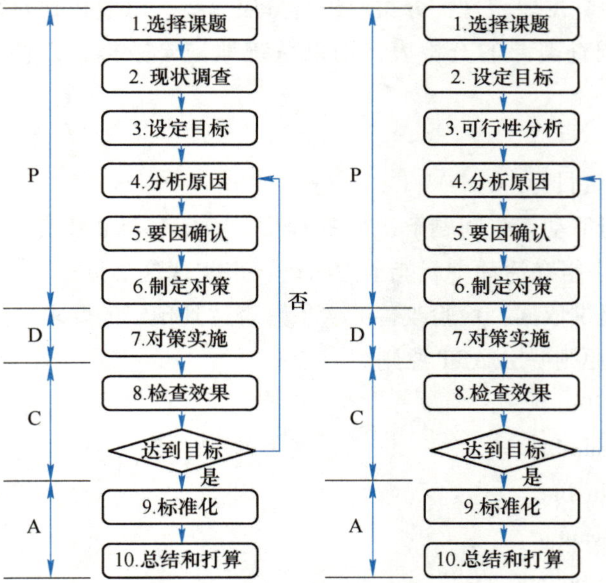

图 11-23　精益课题活动的基本流程

4. 精益课题的过程管控

（1）项目点检。课题管委会负责组织、跟踪公司级各课题开展情况，各单位精益办确定单位级（含以下）课题点检会议进行的时间、地点、参与人员，跟踪各课题开展情况。会议主要内容包括课题指标或进度、存在问题以及问题分析与对策，并对已完成的课题的维持效果进行点检。

（2）过程评审。由课题管委会组织评审组定期对精益课题进行抽查评审。对不符合要求的课题开出不符合项清单，课题负责人组织整改。

（三）精益课题推进“十步法”

1. 课题来源

指导性课题：上级推荐课题范围，小组根据自身条件选择课题。

如：“提升增发电降电耗，减少电费支出”。

自选性课题：小组可以从部门方针、现场或工作中存在的问题来选择课题。

如：“提升热镀锌双相钢合格率”。

2. 现状调查

现状调查的两大主要任务。

（1）把握问题（课题）现状严重程度。

复习：“理想状态” - “现状” = “问题的严重程度”。

用数据说话，客观描述现状，避免使用“很”“相当”“比较”等模糊词汇。

（2）找出影响课题症结。

1）现状调查取得数据要整理、分类、进行分层分析，以便找到问题的症结。

2）设计、制作调查需要的查检表，用以系统地记录数据，以便做改善前后的效果对比。

3. 目标设定

（1）为什么要设定目标？

1）明确通过小组活动，将问题解决到的程度。设定目标也就是小组对解决问题的追求。设定目标之后，小组在活动中就能全力以赴，来实现这个目标。

2）为效果检查提供依据，检验改善的效果是否达到预定的要求。

（2）目标设定的原则—SMART 原则。

1）具体的：Specific。

2）可测量：Measurable。

3）可达成：Attainable。

4）相关性：Relevant。

5）时效性：Time-bound。

课堂讨论

以下两个课题设定的目标，你认为哪个符合目标设定的原则？

（1）提升冷轧×××良品率：良品率从 90%提升到 99.8%；

（2）提高 DMC 天窗生产效率：小时产量从 17.3 片提升到 18.4 片。

4. 原因分析

（1）原因分析是以问题症结为出发点，寻找影响问题可能因素。分析原因把握以下五个内容：

1）针对现状调查症结点；

2）展示问题点的全貌（流程图、SIPOC 分析）；

3）分析原因要彻底（直到找到可以采取措施的原因为止）；

4）每一层因果关系要有内在原理（物理、化学等内在联系）；

5）分析原因思考工具分别包括脑力激荡法、5Why 分析法、鱼骨图、系统图、关联图等。

（2）寻找分析对象——症结。通常导致问题发生的原因有很多，我们需要做的就是从众多的原因当中找到影响的主要因素。再对每一项要素进行展开，展开过程中，我们就需要系统的应用分析工具。如图 11-24 所示，把某汽车厂对某车型外观不良原因进行了归纳，找出主要因素。对这一类型的问题通常使用排列图来分析。

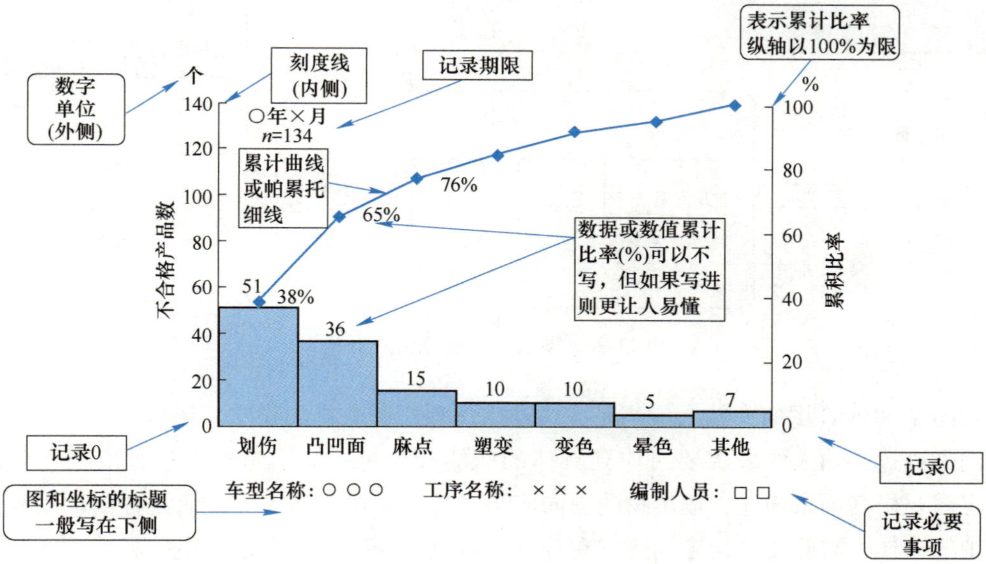

图 11-24　汽车外观不良的排列图分析

针对每类问题，找出影响的因素并进行是否主因的验证。分析过程要找到问题的全貌，通常使用的方法是头脑风暴法、因果图、5M1E 法、树形图等，通常是一种或几种方法结合使用。比如常用的鱼骨图，通常会结合 5M1E 法使用，保证数据符合 MECE 法则，不漏项。鱼骨图举例，如图 11-25 所示。

事务型的问题，通常采用 SIPOC 分析法，SIPOC 是五个单词的首字母缩写，他们分别是 Supplier 供应者、Input 输入、Process 流程、Output 输出、Customer 顾客。使用方法为：画出问题的主流程或关键流程，从流程着手进行分析，找出流程的输入和输出，从而找到影响要素。举例说明，某公司的收款流程的 SIPOC 分析如图 11-26 所示。

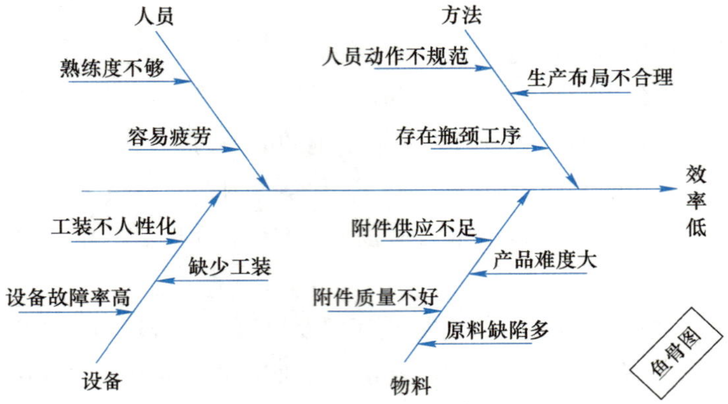

图 11-25 鱼骨图结合 5M1E 的应用

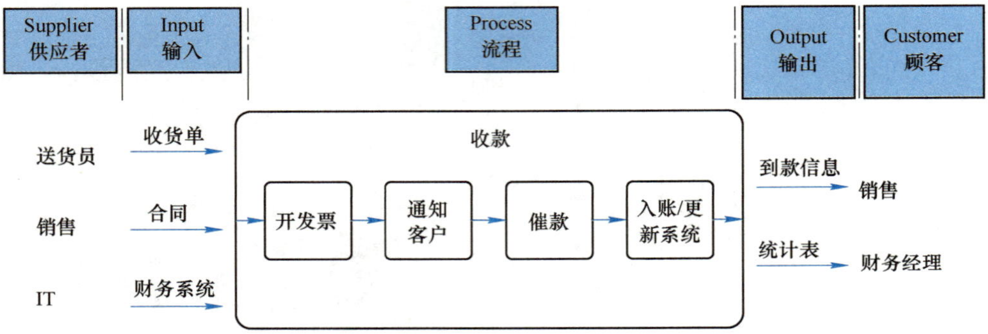

图 11-26 某公司的收款流程分析

在绘制 SIPOC 图时，输入应当是完成这个过程所需获得的物质、能量、信息，一定要用名词来描述；输入的来源要对应到具体的职能和角色；输出是这个过程应当得到的结果，也需要用名词来描述；输出物的去向应当清楚地描述出接收方；而流程活动则是这一过程中的动作，需要用动词来描述，在分析动作时，要确定这个过程中的起始动作和结束动作，只有这样才能明确改进课题研究范围的边界。将来的研究分析工作是紧紧围绕过程的这三个要素展开的。这是因为，三要素中的输出包含了我们所需的结果，对结果的衡量则可以对应我们所需达成的目标。比如在上例中，我们所需的应收账款的回收期是包含在统计表中的。如果结果达不到我们的要求，问题的原因一定是在输入或活动之中，因此在现状描述和原因分析时，我们需要以这张图为基础，进一步分析和观察过程，找到问题的根本原因。

无论我们使用因果图、系统图哪种工具进行分析，都必须找到末端因素。也就是说在流程范围内，或工艺的上下游范围，我们无法进行下一步的分解。系统图举例，如图 11-27 所示。

关联图，它是把关系复杂而相互纠缠的问题及其因素，用箭头连接起来的一种图示分析工具，从而找出主要因素和项目的方法。关联图又称为关系图，如图 11-28 所示。

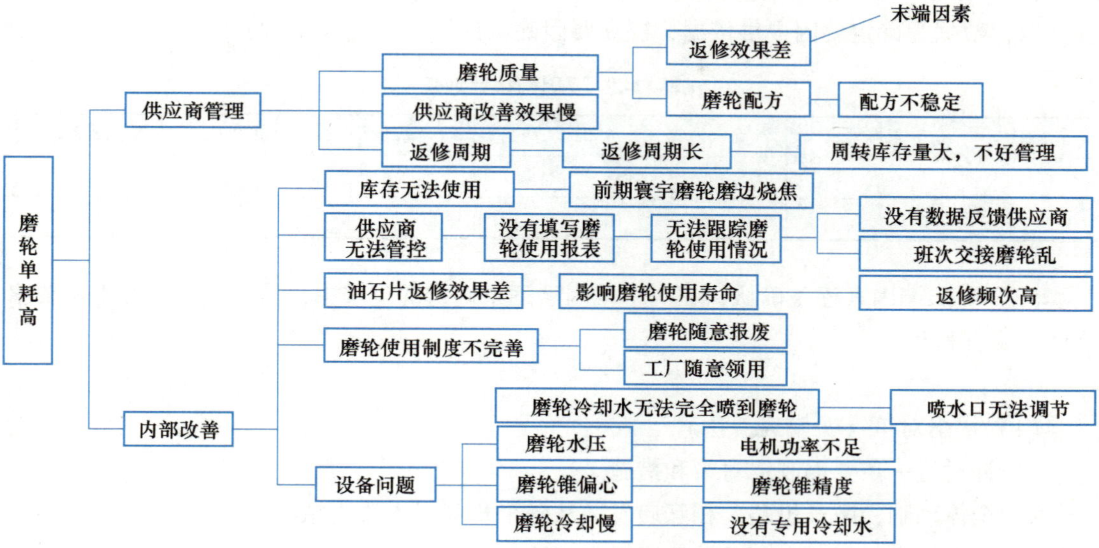

图 11-27　系统图应用举例

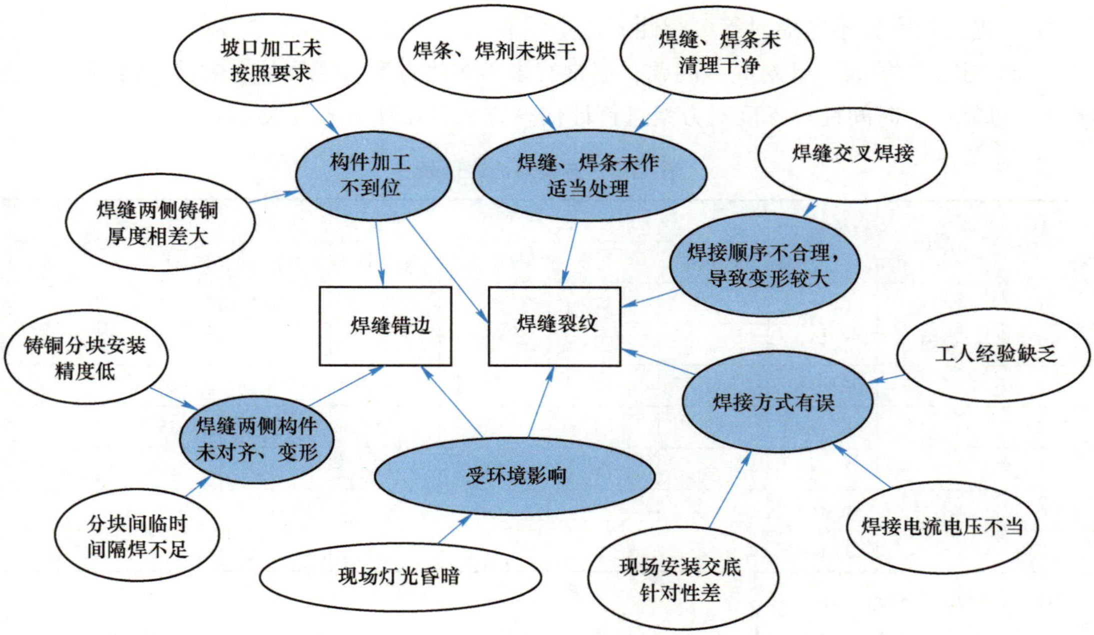

图 11-28　焊接不良的关联图分析

关联图的使用，最终分析就是要找到“只出不进”的节点，针对这些节点采取对策。

5. 要因验证

确定主要原因的步骤如下。

（1）收集所有的末端因素。

（2）剔除不可抗拒因素。安排小组成员亲自到现场，亲自去观察、调查、测量、试验，取得数据为确定要因提供依据，建立要因确认计划表（见表 11-2）。

表 11-2 要因确认计划表

序号	末端因素	确认内容	确认方法	标准	负责人	完成时间

（3）对末端因素逐条确认，在对末端因素逐条确认的过程中，需要注意避开影响要素之间的交互作用。

6. 对策制定

（1）提出对策（头脑风暴法）。

1）针对每一条要因制定对策和措施。

2）全体动脑，敞开思路，相互启发，从各个角度提出改进想法。

3）结合技术、经验和创造性思维提出想法。

4）对策越具体越好。

5）对策越多越好。

6）提对策时先不考虑对策可行性。

（2）制定对策时，针对同一问题，通常有多重解决方案，需要从有效性、可行性、经济性、可靠性、时间性等维度对方案进行评估。方案对比评价表见表 11-3。

表 11-3 方案对比评价表

序号	要因	对策	评价					综合得分	选定方案
			有效性	可行性	经济性	可靠性	时间性		
1	要因 1	1. ***	□	△	△	□	○	15	
2		2. ***	○	□	□	○	○	19	★
3		3. ***	○	○	○	△	△	11	
4	要因 2	1. ***	○	□	○	○	□	19	★
5		2. ***	△	△	○	○	△	9	
6	要因 3	1. ***							
7		2. ***							

注：□5 分；○3 分；△1 分。

（3）选定对策后制订项目计划。

1）确定任务并进行任务分解。确定实现项目目标需做的各项工作，并以工作分解结构图反映。对任务进行分解是从项目目标开始，从上到下，层层分解，确定实现项目目标必须做的各项工作。并画出完整的工作分解结构图。

2）建立逻辑关系图。在资源独立的假设前提下确定各个任务之间的相互依赖关系，以确定各个任务开始和结束时间的先后顺序，获得项目各工作任务之间的动态衔接。

3）为任务分配时间。确定每个任务所需的时间，即根据经验或应用相关方法确定该任务需要耗费的时间。确定每个任务所需的人力资源要求。如需要什么技术、技能、知识、经验以及对工作的熟练程度等。

4）确定项目团队成员可以支配的时间。可支配的时间是指具体花费在项目中的确切时间。应扣除正常可支配时间中的假期、教育培训等。

5）就各项任务对资源进行分配并平衡资源。对任务持续时间、任务开始日期、任务分配进行调整，保持各项任务之间的相互依赖关系。通过资源的平衡可以使项目团队成员承担合适的工作量，还可以调整资源的供需状况。某钢厂产品不良品控制课题任务分配表见表 11-4。

表 11-4 某钢厂产品不良品控制课题任务分配表

序号	要因	对策	目标	措施	地点	负责人	完成日期
1	参数没有交接到下班组	参数交接到下班组	班组间参数交接签收记录率 98%以上	每班下班前班长将参数与下班长进行交接签收交接记录	单室炉	***	*月*日
2	模具高低不平	对同一边铰进行修复	模具铰链口同偏差小于 1 mm	将同一边模具铰链口低的部位调整后与同一边铰链口高度偏差小于 1 mm	单室炉	***	*月*日
3	重锤力臂偏差大	调整两侧重锤重量	两侧力臂偏差在±10 N	用拉力计进行测量两侧同一位置的重锤力臂拉力，对其偏差超过 10N 应力超标的一侧重锤进行调整位置、重量，直到调整到两侧拉力偏差在±10 N 内		***	*月*日
4	…	…	…	…	…	…	…

6）确定管理支持性任务。管理支持性任务往往贯穿项目的始终。具体指项目管理、项目会议等管理支持性任务。重复上述过程直到完成。

7）准备计划汇总。包括个人进度计划、产品里程碑、累计的任务汇总、累计的资源汇总和任务分配单等。绘制甘特图。

8）根据 5W1H 手法进行甘特图制作。虚线表示活动计划，实线表示活动实际。

精益改善活动也是一个广义的 PDCA。按照图示进行 PDCA 标识，时间比例 P：D：C：A=3：4：2：1。活动计划拟定完后，打印张贴在项目组活动醒目的地方，方便项目成员确认工作计划及任务进行现况。精益课题改善活动计划表样例，如图 11-29 所示。

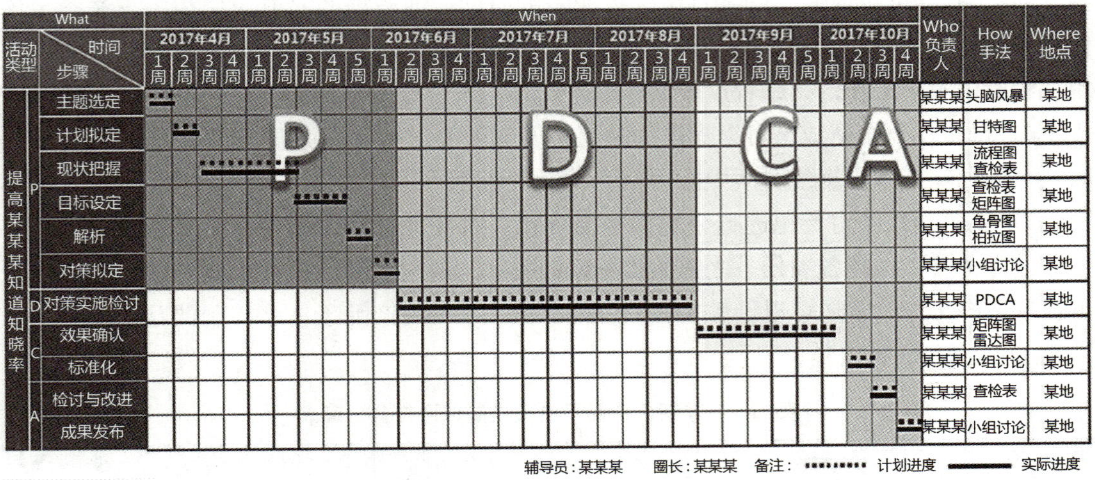

图 11-29 精益课题改善活动计划

7. 对策实施

按照实行计划自律、迅速地行动，积极进行纵向和横向的交流。具体的方法如下。

（1）根据实施计划，确实地履行各实施事项。通常做项目计划时，拟定的事项和时间节点颗粒度相对比较粗。因此，各个事项的负责人要根据自己拿到的任务再做工作分解，形成每一个工作事项的子计划。

（2）通过汇报、联络、商谈等手段使上下信息同步，小组内部信息得以共享。

（3）进度缓慢及时发现，明确为什么没完成，尽早采取对策。作为项目负责人，对项目的进度应保持高度的警觉性，一旦发生异常，说明项目执行进度目标与现状产生差距，即产生问题。问题产生就需要立即分析原因，是否项目计划初期制订不够严谨，特殊的异常因素未能提前预知等。做好补救措施，或是重新调整计划。

8. 效果确认

效果确认主要包含以下两部分。有形改善效果：改善后数据；改善前后流程、工艺、方法的对比；目标达成率等。无形改善效果：主要是团队建设指标的进步情况。

（1）有形改善效果。

1）改善后数据与现状调查时使用相同的查检表，得出改善后数据。

2）改善前后数据进行对比，柏拉图/柱状图/推移图任选 1 个体现即可，也可柏拉图与柱状图/推移图搭配使用。

例：某改善项目前后的排列图对比，如图 11-30 所示。

使用柱状图对比：可一目了然地看到整体改善效果，如图 11-31 所示。

使用推移图：既能反映出整体改善效果又能反映出整个改善过程的细节变化（如果数据可日别或周别监控记录的话推荐使用），如图 11-32 所示。

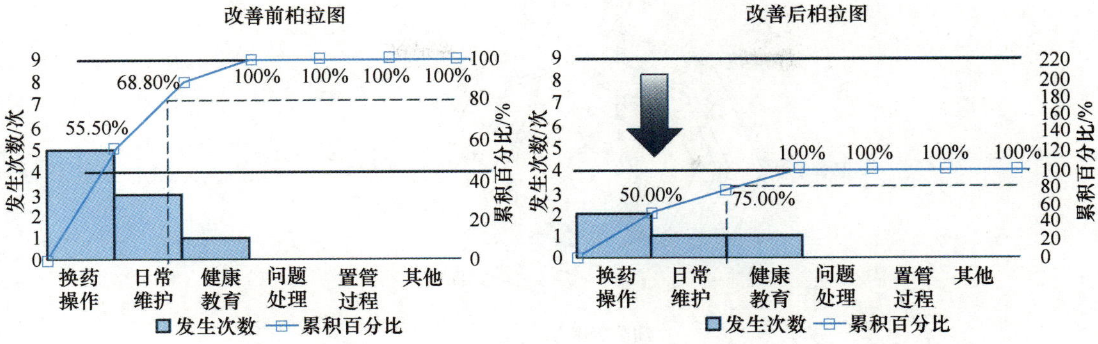

图 11-30　某改善项目前后的排列图对比

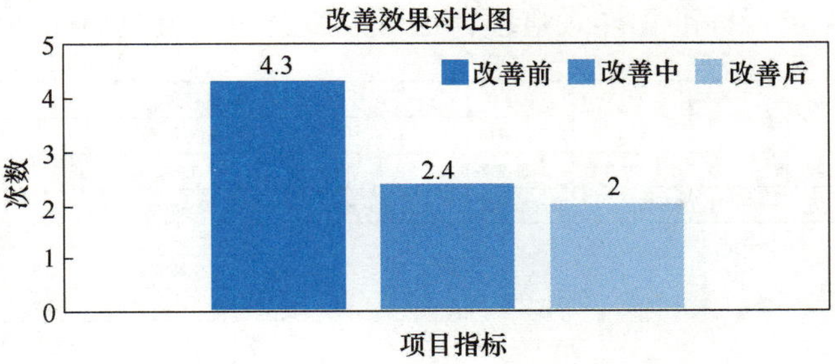

图 11-31　改善前后柱状图的对比

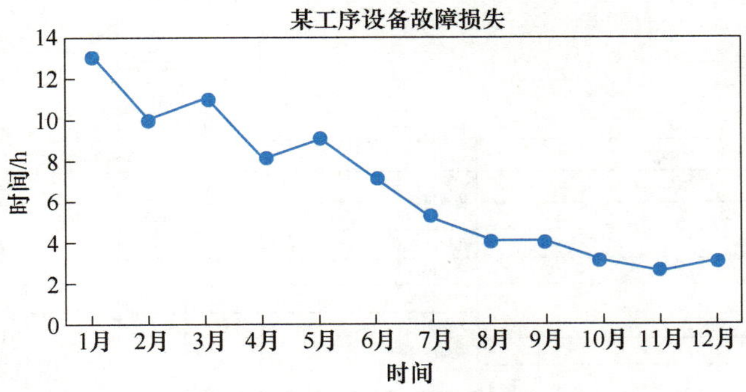

图 11-32　改善前后推移图对比

（2）无形改善效果。无形改善效果主要是针对项目团队进步描述，主要包含解决问题能力、沟通协调能力、团队凝聚力、改善工具掌握等。做出雷达图可清晰展示团队的进步成果。无形改善效果的展示如图 11-33 所示。

9. 巩固措施

将有效的改善对策纳入部门标准化文件内，如制作成 OPL（单点课）的形式进行固化，作为日常监控及管理项目，确保改善对策长期稳定地实施。对于优秀的项目可直接申请修订作业指导书，纳入到公司、组织的标准化文件内。

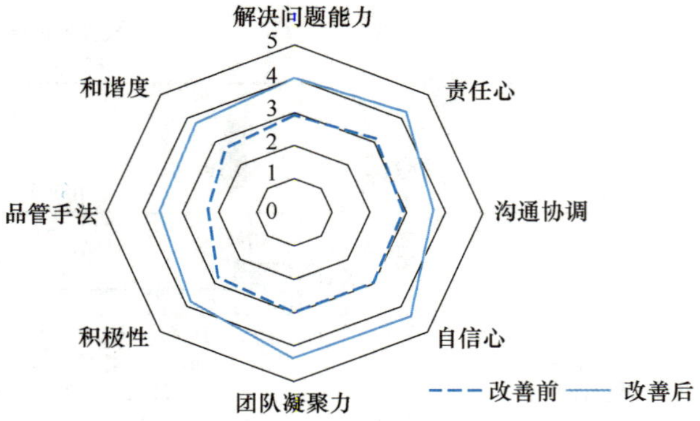

图 11-33 无形改善效果的展示

可按照图 11-34 进行标准化样式整理，也可按照公司、组织的标准化样式整理。

	压铸作业指导书	产品型号		零(部)件图号			版本号
		产品名称		零(部)件名称		共1页 第1页	

材料		铸件重		料口重		每模件数		每模重		工序号	2	工序名称	压铸	作业人数	1	物流器具	仓储笼
压铸机		保温炉		自动喷雾机		自动给汤机		模具名称	压铸模	模具编号		压室直径	φ60	料柄厚度	20±5		

工艺规范

压力(MPa)	二快氮气压力	增压氮气压力	高压压力	低压压力	增压表压力		
		9±0.5	13±0.5	10±0.5	29～33		
行程速度	压射流量	快压射位置	低速阀	高速阀	增压阀		
		190±20	60%～65%	5±1圈	3±1圈		
温度(℃)	模具温度	显示屏温度	浇注温度	嵌件预热温度	冷却水温度		
时间(s)	前喷雾时间	后喷雾时间	吹气时间	压射时间	保压时间	冷却时间	顶出时间
		3±1	3±1	4±1	4±1	5±1	2～4

涂料	名称	牌号	配比	嵌件	名称	材料	重量(kg)	数量
	脱模剂1				—	—	—	—
	脱模剂2				—	—	—	—
	冲头油				—	—	—	—

操作规范

序号	操作	节拍	作业要点
1	检查准备		
2	试压升温		
3	喷刷涂料		
4	合模		
5	压铸		
6	留模冷却		
7	开模取件		
8	检查摆放		
9	流转		

工序质量控制

检查项目	控制标准	测量工具		控制手段						重要度	反应计划
		名称	编号	首检		自检		送检			
几何尺寸											
通孔隔皮											
顶杆印痕											
表面质量				首末件记录单	每次调整	过程监控数据记录单		过程监控数据记录单			
气(缩)孔											

										编制/日期	审核/日期	标准化/日期	会签/日期	批准/日期
标记	处数	更改文件号	签字	日期	标记	处数	更改文件号	签字	日期					

图 11-34 标准作业指导书样例

10. 总结与下一步计划

标准化做完，标志着本精益课题的结束。但是任何的一个团队，一个项目，任何的改善并不能十全十美。需要对整个精益课题进行复盘，对每个步骤进行回顾和总结。

（1）检讨与改进的作用为下次的精益课题提供经验，改进每一步骤的不足；也可以对未完成或有问题的对策进行持续的改善跟踪。

（2）检讨与改进正常以项目会的方式进行，所有成员参加。

（3）讨论每一步骤进行时的优点和缺点。优缺点经充分讨论，达成共识后以书面的方式进行记录。优点需进行保持，缺点可以提前进行讨论解决，以便更好地促进下次精益课题改善活动。

（4）列出本次精益课题结束后的“残留问题”，后续持续追根改善整理样式（根据实际情况整理）。

? 课后思考题

某钢铁公司冷轧厂，由于生产技术问题，对于客户订购的高标准板材产品，后道工序只能进行外委加工，由此产生的每年产生的额外的物流费用和检测费用高达3200万元。由于近年成本压力增加，公司决定进行技术攻关，外委转自制，确保产品能够在工厂内部生产。在管理会上问题交给技术部解决。技术部攻关小组通过经验论证，总结出可能影响板材质量的25项因素，并进行反复的现场实测，验证出其中7项为主要因素，其余因素对产品质量没有影响。针对这7项因素，迅速采取措施，完成公司交办的任务。事后公司决定对小组进行了激励。请思考以下问题：

（1）该任务属于哪个类型的课题?

（2）如果你在小组中，会采取哪种工具，从哪几个维度进行分析原因?

（3）通过经验判断出的25项因素，现场实地验证只有7项为主要因素，说明了什么，实地验证、反复观察，体现了哪个精益原则?

（4）这个活动过程，按照规范的课题管理方式，缺少了哪几个步骤?

（5）如何计算该精益课题的财务收益?

任务十二　精益总结和分享

任务十二
课件

任务目标

知识目标：

（1）了解精益总结和分享的重要意义；

（2）掌握精益总结和分享的活动方法。

能力目标：

（1）能够初步完成精益项目的工作总结的能力；

（2）能够组织精益项目分享活动的能力。

素养目标：

（1）具备提炼标准、总结经验的意识；
（2）具备乐于分享、善于分享的意识。

知识准备

一、精益总结的重要性及难点

（一）精益总结的重要性

精益管理的总结是非常重要的，就像对弈一样，每下完一盘棋，都要进行这盘棋的总结，把对弈的过程重新思考一遍，从而进行详细的分析和研究。精益管理的总结，要符合 PDCA 的原则，从过去的推进精益项目过程中积累的经验和在实际推进过程中遇到的问题进行学习，帮助人们有效地总结经验、提升能力、实现绩效的改善。

1. 要认识到总结是为了不再犯同样的错误

精益管理在每一个企业推进过程中，都会遇到很多问题。虽然基本类型会大致相同，比如员工不接受、不理解，甚至说“反话”，拖后腿，精益工具方法学习意愿低、应用效果差，精益工作跟日常工作两层皮等问题，但是由于每一个企业都有自己长久的企业管理模式和企业文化，所以此类问题的表现形式也不尽相同。有些企业由于历史原因和体制原因，表现出学习能力不足，员工的平均年龄在 45 岁，“80 后”“90 后”的年轻员工很少，员工本身的学习意愿和学习的精力是不足的，而精益管理是一个需要全员参与、全员学习的项目，必不可少地要进行大量的培训，包括理论、工具和方法，来转变员工的思维方式和工作方式，要求员工除了在培训的时候学习以外，在日常工作过程中，还要结合工作中的细节进行深入的学习和研究。弱的学习能力，会导致项目的推进效率大打折扣。有些企业表现为学习的深度不够。这样的企业学习精益管理相关的理论、工具和方法非常快，思维转变也比较快，同时还能够把精益的知识进行快速的转化，融入自己的认知，是非常好的理论学习的典范。但是，这样的学习没有深度，浅尝辄止，得到的总结也不足以支撑精益项目的持续推进。当推进过程中遇到问题的时候，又认为精益知识本来就比较浅显，不足以解决他们遇到的问题，而缺少了深入学习的意愿和动力，只用临时的措施去解决问题，而不去从根本原因上去深入分析，制定对策以及实施彻底的改善。这样的企业，精益管理项目经常会开始的时候推进得风风火火，长期下去却没有持续的动力，逐渐消沉，进而夭折。

2. 要认识到总结是对问题进行提炼、分析、研讨和总结经验的过程

当发现员工的学习能力弱的时候，就要调整精益知识培训的重点，把基础型的工具方法，比如 IE 七大手法、QC 七大工具、七大浪费、改善提案等基础的知识进行大量的培训和转训，减少如价值流、流程优化等复杂的工具和方法的培训；还要增加具有吸引力的培

训形式，比如游学、特训、座谈等形式，让员工充分参与进来，把培训变成一种交流的方式，让员工在学习的过程中，能够充分理解和吸收。再通过类似“红牌作战”“走动管理”“知识竞赛”“单点课”等活动，让员工能够把所学的知识应用到日常工作中，增加员工对于知识的掌握，也对于员工的日常工作有大力的支撑，这样员工能够切身地感受到精益管理带来的效益，自然学习和实践的热情就会转变。当发现员工的学习深度不足的时候，就要加强对于员工学习知识的应用。学习知识要结合实际，要把知识转化为实实在在的改善项目。不但如此，还要让员工讲出来，“站上讲台讲精益”，让员工把自己学到的知识和实践的改善结合起来讲给其他的同事们听，这样就能让员工自我认知到知识掌握的深化程度，因为所有人都有这样的经历，掌握一种知识，最好的方式就是把学到的讲出来，让没学过的人也能够听明白。精益知识的深入理解，也需要这样的过程，只有能够把知识点讲出来，讲明白，才是真正的对于知识的掌握。

3. 要认识到总结是推进过程中的及时改善

把精益项目推进过程中的亮点和缺点进行实事求是的分析，应用 5Why 分析的方法，去提炼项目推进亮点中的必然要素，去分析缺点中的共性问题，从而针对性地进行预防措施的研讨，进而避免类似问题的再次发生。由于精益管理项目采用的是“点、线、面、体”的推进思路，所以，在“点、线”的推进过程中，即在精益生产现场管理和拉动职能部室参与的过程中，如何提炼这一过程中的问题，形成准确的判断，是为了精益项目下一阶段，即“面、体”推广阶段的重要基础铺垫。精益管理的文化是问题解决文化，所以，在总结的时候，精益项目推进的共性问题和个性问题都要深刻地暴露出来，只有这样，才能有针对性地提出改善措施。否则，随着项目推进的深入，在“点、线”阶段还是比较小的问题，就会成为大的，无法解决的问题。这与质量管理和安全管理中的海因里希法则是一个道理。从一开始就把小的问题识别出来并且解决掉，避免更大的问题发生。

4. 要认识到总结是在总结规律、固化流程的过程

每个企业都有自己固化的生产流程和业务管理流程，有些企业也有成熟的制度和规范，这些流程、制度和规范是企业经营管理的依据。精益管理推进过程中，有时会对企业固有的流程、制度和规范进行颠覆式的变革，用全新的视角来发现问题，然后去制定对策解决问题，也就是有可能推翻原来固有的流程、制度和规范，进行重新定义和固化。这个过程中，总结的重要性体现得更加明显。当精益管理团队用精益的视角去变更业务流程的时候，就会收到各方面的阻力，包括上级公司、平级部门、下级员工等的阻力，这些阻力是没有站在“价值、价值流、流动、拉动、尽善尽美”的精益五大原则的角度来思考问题导致。这样的阻力，必须用严谨的工作总结、项目总结、研讨共识，才能消除阻力，建立新的流程、制度和规范。如果总结的规律性不强，必然会受到巨大的挑战，甚至可能把已经取得的成绩彻底抹杀。优秀的总结，是提炼共性问题，用 PDCA 的问题解决逻辑、明确问题、分解问题、分析要因、制定合理的试验来进行验证后，给出实事求是的观点，让包括高层管理者在内的企业所有员工都能够理解并认可。

5. 要认识到总结是传承经验、提升能力的过程

精益人才的培训是精益管理的重点之一，需要用精益推进过程中的经验进行实战性培训。精益推进过程中遇到的问题，要经过团队的深入分析和提炼，要让所有参与精益管理推进工作的人员都参加这样的问题分析和研讨的活动，发挥全员的智慧，坦诚地暴露问题，深入地进行问题的研讨，共同制定解决对策，这样的经验总结，也是对于精益人员的培训的过程。随着精益项目推进的深入，这样的总结要定期开展，边学边总结，边总结边制定下一阶段的推进措施，进而给出预防性的措施，达到减少推进的阻力的目的。

（二）精益总结的难点

（1）精益总结的难点在于，员工没有深入理解精益管理暴露问题的企业文化，没有深度掌握精益管理中 PDCA 的问题分析和解决思路，没有坚定的精益管理必然推进成功的信念。

经常出现的情况是，总结时，自己骗自己，不敢承认问题，想方设法验证自己的做法是对的。总结过程流于形式，走过场了事，参与了却没有贡献任何价值。还会走到另一个极端，就是追究责任，开批判会，片面地强调客观因素影响，推卸责任，缺少对于主观能动性的深入剖析。还有的企业在做总结的时候，简单下结论，不做深入分析和研讨，对于精益推进的问题忽略重点，敷衍了事。

（2）精益总结的难点在于，对于精益管理理念和思想掌握不到位，导致不能理解精益总结的主要原则，精益总结要注重实事求是，不隐藏问题。

（3）要关注具体内容和查找根本原因，进而制定改进措施，持续改善提高。更为重要的是精益总结要反思和自我剖析，要找到问题的本质和管理的规律。这些要点如果没有掌握，总结也就不会有很好的效果。好的总结方式，可以通过总结会这样的形式展开。比如，在开总结会的时候，要精心准备，包括确定总结的主题、范围及参加人；确定总结会议的时间、地点；提前进行资料准备。要有效引导，从开场设计，明确总结基调，到有序研讨和内容深度分析。要有研讨对应的记录和跟踪，确认改善效果。相反，常见的错误现象是员工参与度不足，出现就事论事、浅尝辄止的现象；或者出现面面俱到、拖沓冗长、报喜不报忧、记流水账、纠缠于细节等现象。

总之，好的总结是精益持续推进的基础，而且每一个阶段都要有总结，精益管理强调的是 PDCA 循环，每一次的提升都有支撑和固化，而这样的支撑和固化，是基于充分的研讨和总结的基础上的。

二、精益分享的重要性及难点

（一）精益分享的重要性

精益分享是指通过公司领导层和精益推进组织搭建的精益宣讲平台和评比平台，精益推进和实施部门把实际的改善的优秀案例进行展示的活动。分享本身是为了共享感受、物

质、智慧等，因此它天生具有利他性、有益性、共同性的特点，精益分享活动的宗旨是宣扬实践成功的经验，供全体员工学习和参考，让大家都从优秀案例中获得收益，是精益管理文化中的“利他”思想的体现。精益分享的内容包括优秀改善案例展示、推进经验宣讲、目视化的精益看板、精益管理知识手册等多种形式。通常情况下，企业在刚开始做精益管理项目的时候，缺少精益分享的意识和意愿，很少组织精益分享活动，更多的是工作的汇报而不是成果的展示，个别人员甚至认为精益分享是一种吹嘘自我的行为，是一种务虚的做法，这是由于未能深入地理解精益管理理念导致的错误的思维方式。精益强调的问题解决文化，鼓励员工提出问题，这样才能通过精益工具和方法的分析和团队研讨，制定解决方案并实施解决方案，直至问题彻底解决。在问题解决的最后阶段，是团队的成果展示和荣誉分享。目的除了让团队成员因为做了优秀的改善案例而感到骄傲自豪外，更主要的是把这样的优秀的改善经验分享给大家，让其他人也参照这样的改善经验去解决问题。因此，这是一种完全无私的分享行为，而且除了给别人提供宝贵经验的荣誉感外，也有能够帮助别人的幸福感。精益分享的初衷是帮助别人，所以根本不存在吹嘘炫耀的目的，听到分享的人员也会从心底里感谢分享人的无私帮助。

精益分享的另一个主要作用，是精益人才育成。精益推进经验总结是一种能力提升的过程，同样，精益分享活动也是提升精益人才能力的一种途径。在精益分享活动中，并不是单向的汇报工作，而是应用精益看板、A3 报告、问题解决逻辑图等方式进行沟通互动式交流。在这样的交互式交流过程中，分享者和接收者是一种平等的关系，基于精益改善的深入交流，包括问题的背景、问题的根本原因、制定改善措施的有效性及改善成果的确认方法等多种交流话题。分享其实就是对别人的输入，对自己的输出。因为我们的目的是对别人输入，所以从本质上讲属于主动输出自己的经验，主动梳理自己的知识，对自身的总结也是对自己价值的提升。赠人玫瑰，手有余香。我们对自己的同事分享经验，别人也会对我们心存好感，从而主动对我们分享他们的经验。资源的互换，可以使得双方实现共赢。通过分享，更容易结识更多有相同思维方式和价值观的朋友，有利于自己的终身学习和持续成长。机会永远都是留给那些有准备的人，如果你也愿意通过分享来提升自己，实现价值，那就让我们相互学习，共同努力。通过这样的话题交流，把精益管理的问题解决的 PDCA 的逻辑进行了更深入的研讨，边研讨、边学习，无论是分享者，还是接收者都是一个非常重要的学习过程。在这样的交流沟通中，不存在领导和员工的区别，大家都基于问题改善的角度来研讨、共识工作开展的思路，也逐步形成了基于问题解决为主要载体的共同管理语言。企业全面推广精益分享活动，有助于形成全员学习精益知识，应用精益工具，交流精益成果的良性的精益管理文化基础。

知识链接

世界咖啡

精益分享的活动形式多种多样，“世界咖啡”是一种非常好的分享活动。“世界咖啡”

是构建学习型组织的基本方法，是团队协同共进的高效工具，是“用对话解决问题、找到方案”的学习方式，在一种真诚互利和共同学习的精神下把人们齐聚一堂，通过营造朋友聚会式的休闲氛围，让背景各异、观念不一，甚至素不相识的人能够围坐在一起，进行心无障碍的轻松交流和畅谈，让深藏的思想碰撞出火花，形成集体的智慧。精益的“世界咖啡”活动要经过严密的策划，要有明确的交流目的，把人们召集到一起的目的不是单纯的集会，而是一种有组织的精益知识、成果展示的过程，要让参与者看到优秀的改善案例，同时提供大家交流沟通的平台，给大家交流的时间和空间。“世界咖啡”要确定参与者的范围，不适宜太多的人进行活动，因为人太多会减少深入交流的机会，多数人只是走走过场，没有针对精益改善项目进行深入研讨。要通过多样化的思维之间的碰撞，孕育出丰富的见解和发现，提炼总结形成优秀的经验汇总。注意不要忽略那些可能会被研讨结果所影响的参与者，以及会提出独特视角的参与者。“世界咖啡”还要考虑好活动举行时的相关因素（如时间、费用、场所、设备等）是否适宜组织这样的团体聚集活动，保证活动的质量。具体做法因为研讨的问题不同，存在各种形式，下面以案例形式介绍一种简单的做法，步骤如下。

（1）“世界咖啡”活动开始前，明确参加人员和场地范围等因素，比如人员要尽量选择各个层级的人员都覆盖，生产员工要有，技术人员、基层管理人员和企业中高层管理者也可以参与其中。场地要求至少 50 m^2 以上，这样可以把展示的主体看板均匀分布在场地四周。需要提前准备主体看板，提前准备看板实物以及看板展示内容，看板展示的内容是精益改善的项目，最好以 A3 报告的模式进行展示，这样会有更好的逻辑性，方便大家交流沟通。

（2）“世界咖啡”开始时，要有一个主持人进行引导，引导观众进行分组，然后把各组分配到对应的展示看板前。当主持人宣布开始时，宣讲人给观众进行改善项目讲解。每一组可以规定时长，不宜太长和太短，太长活动时间太长，大家失去耐心，也不能太短，太短会导致改善项目的交流不够充分，一般 10 min 左右。或者由主持人所在的工序作为“定拍”工序，当该工序完成展示和交流后，主持人宣布进行各组的周转，周转到下一组，再开始新一轮的演讲和沟通环节。一般活动要有 5~6 个宣讲站台，这样全部轮转完，大概一个小时。太长时间，大家会感到劳累，失去了对于“世界咖啡”形式的兴趣。

（3）当“世界咖啡”活动宣讲和交流环节结束后，观众要进行各组的对比评价，提前给每个观众准备一个选票，观众会选出来此次活动宣讲和交流感觉最好的一组，投出自己宝贵的一票。最后，主持人会公开展示大家的投票结果，评比第一名要给予相应的奖品和奖金给予鼓励。

（二）精益分享的难点

精益分享要求全员参与，企业的每一个管理层级的员工，基层员工都可以参加这样的精益分享活动，中高层可以分享自己对于精益的见解和对于精益思想的理解；技术人员可以分享精益管理工具和方法对于日常工作的帮助，可以展示精益改善课题；精益推进组织人员，通常称精益办人员，可以分享精益推进过程中遇到的问题和对应的解决方案；基层员工可以分享精益改善提案。如果全体员工都有非常自豪的改善课题和提案，或者经验和心得，那这样的分享活动就会是一个互相促进、共同进步的过程。相反，精益分享的难点也在这里，如果没有拿得出手的改善案例，是无法做到当众分享的。

精益分享要求“站上讲台”，避免坐着汇报式分享。这是因为站立式的分享形式会更有感染性，让更多的人能够被分享者吸引，来进行分享的互动。这也是对于企业员工的一种挑战，尤其是国有企业的员工，由于受到固有的管理模式的限制，大家不能敞开心扉地跟其他人进行分享，存在畏惧的心态，即便是自己的改善案例，也不敢站上讲台。如果一个企业，有非常成熟的人员育成的体系，员工经历过这样的培训和辅导，以及经历过这样的演练过程，自然不会成为问题。相反，如果没有这样的经历，对于第一次分享的员工来说，的确是一个突破自我的过程，需要同事和领导的鼓励和支持。

（三）做好精益分享的注意事项

（1）真诚面对自己，面对被分享的对象。真诚，意味着这样的分享才会具有实际的意义所在。自己的实际改善案例不需要有太多的修饰，实实在在就是改善的真谛，这也是分享者的信心所在，无论观众是职位多高的领导，能够听取你的分享，本身已经是一种成功。

（2）利用各种平台及时快速地分享，就像做随身笔记一样养成习惯。有时候我们觉得好的想法，或许正好能够适时地帮助他人，同时养成这样一种分享的习惯能够促进我们自己多思考。在精益人才育成的过程中，经常会听到，热爱精益管理的员工在一起畅谈精益思想和工具方法，随时随地地分享对于精益管理的理解。

（3）做好平时的工作总结和积累。在交流分享的时候，能够把自己的精益工作推进经验和改善案例进行更好的展示。分享的是日常的精益工作的积累，也是对于精益管理的知识的传播。

三、精益总结和分享的形式

精益总结和分享的形式是多样的，需要精益办人员在精益管理层的指导下，通过中期会议、结项会议、评审活动、交流平台、对标交流活动等形式进行。

（一）精益例会

精益管理项目通常会有精益管理月会、周会这样的例会形式，对于精益工作进行汇报和工作指导。精益例会应当增加一项精益工作分享议程，除了对于精益工作的阶段性总结外，这样的分享议程是一个非常好的沟通交流机会。精益项目在推进过程中，会遇到很多阻力和推进问题，精益办人员在进行大量推进工作的同时，还会由于这些问题导致很大的压力，团队利用精益例会的机会，进行项目的总结和精益分享，可以通过团队交流给大家提供解决问题的灵感，提供解决问题的思路和经验，也会得到团队的鼓励和支持。精益办人员是精益推进工作的中坚力量，遇到挫折后的团队成员之间的鼓励和支持是非常重要的，因此，总结和精益分享是最有效的方法之一。

（二）中期/结项会议

精益管理项目必须要有中期总结会和结项会议，通过中期会议和结项会议开展，能够让企业所有员工了解精益管理工作的进展、遇到的问题，以及下一步推进计划等；也可以通过中期/结项会得到高层领导的支持和鼓励，以及得到高层领导的期待和要求。精益的中期/结项会的报告要认真准备，在准备总结报告、优秀案例、推进经验的过程中，也是精益办和实施组人员反思自己工作的一个过程，能够通过这样的报告整理、案例评价、经验提炼的过程，让所有参与精益工作的人员能够系统地梳理自己的工作，找到自己工作的亮点和不足之处，做出成绩的亮点是如何能够产生的，要坚持去做，创造更大的成绩。不足之处产生的原因是什么？要有系统的分析。例如：某项目的中期总结中，总结提炼出来精益推进的成效，总结出“快、准、实”三大特征，丰富了企业高质量可持续发展的“方法论”，打开了创新改善的“新境界”，提升了扭亏脱困的“加速度”。其中“快”主要体现在理念和工具转化落地快。精益办深入学习领悟、周密计划安排、高效组织运行，不仅在较短时间内形成了多个自主培训课件，而且根据不同层次、不同单位、不同岗位特点及需求，开展了定制式培训及实践活动，指导精益管理在各层面快速落地，为精益管理的快速落地见效，提供了理论支撑和行动保障，也为企业提质增效打开了一片新的天地。“准”是指通过持续导入精益管理理念和方法，逐渐把一些固有的、习惯性、不愿改的问题暴露出来，这些问题是企业大多数员工刻意回避和根本不愿触碰的，而这也恰恰是最应该解决、最迫切需要解决的问题。“实”是指在探索和推进精益管理过程中，始终紧扣“实事求是”这个中心不偏移，对每一项改善都要求要进行“三现”原则的确认，确保精益改善工作切实的落地执行。另例如：某项目一期的中期总结会上，秉持着以精益方法论为依据，以实事求是为原则的精神，汇报了精益推进遇到的阻力和问题，包括参与范围不足、日常结合不充分、优质改善案例少、精益制度不健全、危机意识未体现、转训质量要提高等实际问题。没有隐藏和掩盖问题，充分体现了精益管理暴露问题的文化。在这样深入的问题剖析的基础上，提出了加强“人”的引领和加强制度建设双轮驱动的推进策略，得到公司领导的大力支持，进而在下一阶段推进过程中，逐步修正解决这些问题，在年终结项会议上，总结提炼成功经验并分享给其他兄弟单位。

（三）精益改善评审活动

精益管理项目推进过程中，要大力开展精益课题和改善提案活动。其中以工程技术人员为主导的精益课题，应用结构化问题解决的理论，从根本原因上解决问题，并形成固化的经验，从而能够帮助企业员工提升问题解决能力。在精益课题的立项评审、过程辅导和结项评审的过程中，通过精益咨询顾问、精益办人员、各职能部室专业技术人员与精益课题汇报人进行共同研讨分析，形成了一个专业且活跃的精益知识交流和分享平台。员工通过精益项目的评审，不但可以得到专家的建议，还能跟专家进行深入的探讨，改变了员工对于评审活动的理解，对精益工作的创新性也给予充分的认可。另外，如在改善提案的推进过程中，是以基层员工为主导进行的。基层员工的沟通意愿不足，交流分享的能力也不足，如果再给予评审的压力，就会导致基层员工对于精益改善的排斥。因此，精益管理的优秀改善提案评审的过程也要有所创新，要更加贴近群众，以简单实用的沟通方式，让员工敞开心扉，能够分享出来自己做精益改善的过程和得到的经验总结，形成经验总结手册，给其他员工提供宝贵的知识财富，例如，在某次精益改善提案评审的过程中，一名基层员工详细地展示了自己的改善背景和改善内容，还把改善的工具带到评审现场，所有人员都可以直观地了解改善的内容，更为重要的是，这样简单的改善，给员工带来了巨大的收益，让员工得到了精益改善的实际收益。这样的总结和精益分享活动，体现了精益管理的全员参与性、灵活性和创新性，是精益管理的先进性的综合体现，是另一个交流分享的高效平台，是被员工认可和欢迎的形式。

（四）对标交流活动

精益管理需要进行广泛的经验交流活动，企业要进行对标学习，精益管理是一项特别重要的对标游学的项目。企业对标交流活动，通常会对标企业的工艺技术参数和指标类数据，也会对标设备设施的先进水平，而忽略了最为宝贵的管理经验的对标交流和学习。以精益管理为交流的内容，从精益管理的思想认知和知识储备、项目的推进和实践经验、在日常工作中发挥的作用到持续改善等多个方面，进行企业间的交流学习活动。在对标交流的过程中，最好还要有学习活动，通常成为精益管理的对标游学。通过道场等互动式、体验式学习场景，通过精益知识的学习和模拟游戏的总结，能够更加深入地理解精益管理的精髓。这样的交流一改以前的单一的行业对标、参数指标对标等形式，而是采用了跨行业的对标游学方式，以管理经验交流为主要载体，通过互动式的交流，提升企业员工对于精益管理的认知，也同时提高了通过管理水平的提升助力企业高质量可持续发展的意识。

（五）精益论坛

精益管理需要开展广泛的经验交流活动，随着制造强国战略的走深走实，以及国家引领的建设世界一流企业的活动的不断开展，基于精益管理的论坛大批量开展，促进了企业间的精益管理经验交流，企业间不仅对标绩效管理数据，更多的对标经营管理的高效方法。精益管理论坛是非常高效的一种活动，搭建了企业间管理经验交流的平台。

以国内某知名制造业论坛为例，该论坛以“推进产业链精益数字化升级·赋能制造业高质量发展”为主题，围绕产业链、人才链、数字化、智能化等产业风向展开探讨。该论坛具有精益管理的专业性、独特性和国际化特质，将开展主论坛、平行论坛、领军者闭门会、专精特新闭门会、标杆参访、集团专题活动、商务接洽、展览对接等特色活动。同时邀请国家部委和地方政府、领军企业嘉宾、行业协会、院士及专家学者、高等院校及权威媒体等各界嘉宾参与论坛，共同研讨和分享制造业高质量发展之道，助推制造业转型升级。

该论坛发布的《中国制造业精益数字化白皮书》《数字精益产业人才岗位能力要求》等重要文件，为我国企业推进精益管理提供了有力的支撑。

四、精益总结和分享的要点

（一）实事求是原则

1. 实事求是原则在精益管理过程中起到指导作用

精益管理要从实际情况出发，以想问题、做决策、办事情为出发点和落脚点，注重现地现物现实的三现原则，注重数据的真实性、完整性、有效性，注重管理的透明化，注重团队成员的交流和分享。“真金不怕火炼”，精益管理的实践总结是企业精益团队脚踏实地干出来的，每一份成绩都是基于企业自身的实际情况进行改善而得来的。把这样的实践经验通过总结和主动分享，对自己也是对其他人的一种帮助。缺少实事求是的原则作为指导，精益管理的成果就会变成“假大空”的吹嘘展示，没有实实在在的改善进行支撑，都是一些理论和思想，缺少实际的现场的、流程的改善案例，也缺少对于实际问题的分析和解决，缺少了精益人才能力提升的过程，是无法实现通过精益管理提升企业经营管理水平的愿望的。

2. 实事求是原则不断推进在实践中创新的基础

精益管理在实事求是原则指导下，强调一切从实际情况出发，在实践中应用精益管理思想和工具方法，不断推进在实践基础上的理论创新。有些企业在精益管理推进过程中，基于自身企业的设备管理粗放、设备点检定修的准确度低等问题，针对性地推进设备 TPM 管理，从设备“六源”排查、七大浪费识别等基础工具和方法应用入手，从现场的 5S 目视化的一点一滴的改变入手，通过全员参与的改善活动，逐步形成了独具特色的设备维护保养、点检定修、备品备件优化管理的一整套的管理方法，做到现场设备彻底清扫保证设备隐患无处隐藏，保养职责分配到基层员工，并透明化展示。点检活动标准化，不但有点检作业指导书，还要有规定的点检路径和固化的点检问题汇报流程。尤其是备品备件的细化管理，改变以前各处隐藏备品备件的行为，把备品备件进行详细的盘点，定置定位管理，明确存放信息，制订合理的使用计划等。这样的 TPM 改善，都是基础的管理工作，没有高大上的知识的应用，却是脚踏实地的一步一步地应用实践。实事求是的原则也是精益分享的基础，精益分享可以分享成功的经验，也可以分享精益推进过程中的经验教训，无论成功还是失败的经验，都是分享学习的教材，比书本上写的知识点还要深刻。尤其是推进过程中的失败教训或者推进难题等，都是大家一起研讨学习的重点，如果缺少了实事求是的原则，这样的经验分享是万万做不到的。精益是一门实践的科学，而所有的科学都要基于实际情况，无论是生产制造现场还是业务管理流程，都要基于实际情况，优势和劣势、成果和教训都是实际的案例，这样的学习过程效率高、效果好。

3. 实事求是原则是理论联系实际的必由之路

精益管理在实事求是原则的指导下，强调理论联系实际，不可以片面强调精益管理的理论性，而缺少了对于实际问题的分析和总结。精益管理的理论和方法很多，但是要深入理解，还需要通过自己的实践来进行深化。在精益项目推进的初期阶段，企业经常走进的推进误区就有片面强调理论，大搞理论教育、培训，通过大量的出题、考试等活动来强行推进精益管理的知识的学习。这样做，固然可以增加接受精益管理知识培训的范围，是一种好的做法，但是这种做法要结合多样的实践型的培训进行，不能单独进行，否则就会缺少实践案例作为支撑，空谈理论，导致精益项目不能长久持续推进。精益管理推进过程中的培训是必不可少的，培训后的作业和考试也是必须要有的，但是可以转换一个方式，把死记硬背的考题变成可操作性的改善提案，或者变成精益课题。通过实际的操作，进行培训的评价，更加有实用性。尤其是在精益项目刚开始推进的时候，由于要发挥企业各层级“一把手”的作用，所以要求所有“一把手”都要讲精益、用精益。但是，个别“一把手”会以新知识、学习深度不够、没掌握等众多理由搪塞，不去做主动培训和研讨。这是对于精益管理文化的错误的理解，精益管理要求全员站上讲台讲精益，要求全员在实际工作中应用精益知识，不是教条的理论式的上课，例如：精益管理中的5Why分析，就是最简单实用的工具和方法，大家理解5Why的本质是刨根问底，追求问题的根本原因，就可以试着在日常的工作中去跟员工应用，边用边学习，这样掌握知识才能牢固，没有应用5Why分析，就无法更好地理解鱼骨图的作用，无法理解鱼骨图要通过团队头脑风暴才能得到更多的原因选项，这样才能给5Why分析提供更多的维度，才能通过详细的分析，得到问题的根本原因，进而制定相应的改进试验策略。如果片面地强调理论性，不去尝试应用，永远也无法了解这样的学习规律。

4. 实事求是原则是评价精益人才的指导原则

精益管理在实事求是原则指导下，强调精益人才的培养。精益管理项目的根本是培养精益人才，形成企业具有精益管理意识和知识的主力军，能够自主推进精益管理。要得到这样的精益团队，就要用看得见、讲得通的实际改善来培养人才，还要带领团队到生产制造现场，去观察现场作业中的浪费问题，开阔员工的眼界，找到更多的问题。坐在教室里的人才培训，不是精益管理的目的。在精益人才评价的维度方面，也是分为两个部分：一部分是偏理论的精益知识的掌握水平和宣讲能力；另一部分则是精益管理的工具应用，是否主导精益课题和改善提案，以及取得的改善经验是否经过提炼固化等。精益人才评价要从多个方面进行评价，其中实事求是的原则是最基本的指导原则。精益人才评价表见表12-1。

表12-1　精益人才评价表

认证要点	精益人才级别		
	精益新人	精益能手	精益骨干
领导力	—	积极进取，能够结合工作实际积极探索精益管理实施途径，得到本岗位同事的认可	具备领导一个改善团队围绕一个主题成功实施改善，达成改善目标的能力；擅于调动团队成员，管理时间，并能够协同管理层资源

续表 12-1

认证要点	精益人才级别		
	精益新人	精益能手	精益骨干
执行力	尊重权威，服从上级，能够理解意图并有效开展改善工作	尊重权威，善于沟通，方法得当，能够有效地推动并落实精益改善工作	勇于担当，善于沟通，主动提出建议和意见，实现部门间良好的配合，具备实施一项改善活动的全程管理能力
坚持力	结合岗位，努力学习精益管理理论知识和实践方法，得到周围同事的认可	积极进取，敢于尝试，初步具备将精益知识转化为实践的能力，得到本部门的认可	勇于探索，敢于攻坚克难，熟练具备将精益知识转化为实践的能力，得到本单位的认可
改善力	结合岗位工作开展小改小革和合理化建议工作，全年参与实施改善和建议项目不少于两项	参与精益改善课题，积极献计献策，形成改善成果：在本单位改善项目中担任实施角色，全年参与实施精益改善项目不少于四项	参加专项课题改善研究，攻关相应难题，形成改善成果；在本单位改善项目中担任推进角色，全年参与推进精益改善项目不少于四项
思想变革	具备基本的变革意识，能够认真思考本职岗位工作中的方式方法，并努力寻求改善路径	具备一定的变革意识，敢于尝试用新的方法打破传统方式，改善中应用先进工及方法，效果明显	具备较强的变革意识，能够从制程上打破传统方式，改善中应用先进工具及方法，效果显著
创新力	具备基本的创新意识，能够识别生产环境、工作效率、降低成本等方面的改善环节，提出相应的改善建议，得到本班组的认可	具备创新意识，将创新思想应用于生产环境改善、工作效率提升和成本降低等方面，取得一定成效，得到本单位的认可每年作为实施人员，至少完成一项工艺创新、操作创新或QC小组改善项目	认识到创新是改善的重要组成部分，将创新的思想和方法应用到生产工作中 ，取得一定的成效，得到企业的认可；每年作为主要人员，至少完成两项工艺创新、操作创新或 QC 小组改善项目
团队协作	能够有效融入改善团队，明确自身职责，主动承担改善任务	对于改善中的团队协作有充分的认识，积极完成团队协作任务	在改善活动中能够积极和他部门协作，并影响团队成员向改善目标做出努力

（二）积极主动原则

1. 积极主动是精益工作总结和分享的原动力

精益总结和分享强调的是积极主动的原则，精益管理项目的全员参与采用的是鼓励的策略，无论是高层管理者还是中基层管理者，甚至是基层员工，参与精益管理活动都不能是被迫的，都是通过宣传、培训、奖励等手段，来吸引员工参与精益管理工作，通过学习精益知识、应用精益工具方法、尝试讲精益等方式，让员工感觉到精益管理的先进性，从而通过少数的先行者引领更多的员工参与精益管理项目。在精益管理项目推进过程中，全员参与是非常重要的原则。但是由于精益管理是一种变革管理，需要有一个思维转变的过程，因此，精益管理强调的全员参与，也是分步骤的。要争取20%的积极推进者，这些员工意识到了精益管理的先进性，主动积极地学习精益知识，了解行业精益动态，期待企业也开始推进精益管理。例如：某企业启动精益管理项目伊始，要做精益人才的面试，一名精益管理爱好者第一个报名，甚至当听到精益管理项目要启动的时候，出现彻夜难眠期待的情况。因为该员工意识到了精益管理能够帮助自己的企业渡过难关，变革企业的经营管理模式，期待通过精益管理变革后的企业的能有美好的发展前景。这样的积极推进者虽然数量不多，但是却是精益管理团队的中坚力量，他们积极主动学习、参加活动、主动宣讲精益知识、尝试精益的工具方法，还会拉着身边的同事一起来学精益、用精益。这样的优秀员工在谈精益的时候“两眼放光”，在现场看到生产过程中的浪费“如鲠在喉”，有强烈的变革意识。对于这样的积极推进者，企业高层管理者要果断给予大力支持，无论是奖金方面还是人才晋升方面，树立这样的典范，让其他员工参照学习。尤其重要的是，可以通过对于这20%的积极推进者的奖励，吸引更多的中间摇摆不定的员工，加入精益管理团队中来，从听精益知识开始，到试着了解精益，到主动学习精益的转变，从而成为精益管理的跟随者，成为精益管理的主力军。当然，也有20%的员工对精益管理不闻不问甚至说“风凉话”，嘲讽精益管理的成果和精益人才，这样的员工其实无论做什么工作都会拖后腿，做不做精益管理他们对于企业的管理也都是不满的，怨声连连却没有改善建议提出来，帮助企业摆脱困境。精益管理的优秀案例，是积极自主的员工实践后得到的，而不是靠嘴说出来的。

2. 积极主动是精益持续改善的原动力

精益管理积极主动的原则，还体现在现场问题解决中，在推进精益管理之前，企业员工多数都是被动管理，尤其是在众多的国有企业中，员工都习惯了听从领导的工作安排，“让我干啥我干啥”“你咋说我就执行就行了”这样的话语到处都能听见，这是员工服从工作安排，支持领导工作的优良品质。但是如果能够把被动管理变为自己的主动管理，则能更多地发挥这样的优良品质，发挥员工的自主能动性和积极性，发挥员工的主人翁责任感，通过学习精益管理知识和工具方法，应用于自己的日常工作中，通过研究分析，找到工作过程中存在不增值、浪费的环节，通过自己或者团队的共同改善，得到高价值体现的业务流程和作业流程，使员工自己和企业能够形成双赢的局面。从“让我做”到“我要做”，不是简简单单的意愿转变，更多的是通过学习和实践后的自信心的体现，员工从分享中，得到乐趣，得到实惠，公司也给予员工相应的奖励，这样就会大大鼓励大家的积极总结和分享的主动性。全员改善的文化基础，就来自于全体员工积极主动地学习和参与精益，缺少这样的积极参与，全员改善的文化也不能持久，再多的改善提案，也是短期的表现，而不能够长久。例如某精益管理项目初期，改善提案在短期内就形成了245项提案，其中完成212项，完成率达到86.53%。但是接下来的工作中，就遇到了改善提案数量上的瓶颈，员工无法发现更多的问题，自然也就无法提出更多的改善提案。精益组织及时意识到这点问题，立即组织大量的基础培训，如七大浪费、IE 手法、QC 工具等，还组织了大量的“红牌作战”“六源排查”等活动，让员工通过培训和参加活动提升了自己发现问题的能力，保证了改善提案数量的稳步提升，随着活动的不断推动，改善提案已经快速提升至 2000 多项，而且是员工主动提报，不是被动地给指标、下任务。通过对以上活动的总结和分享，使持续改善融入企业文化中。

员工通过精益管理的积极主动学习和参与，也带动了员工参与其他活动的积极性，在精益管理活动中，认识了志同道合的朋友，大家有共同的语言，谈精益、讲改善、分享精益管理的成绩等。这样的氛围形成后，不仅是精益管理，其他活动大家也积极参与其中，这是企业凝聚力、活力的一种体现。

? 课后思考题

(1) 简述精益总结的重要性。

(2) 简单精益总结的难点。

(3) 精益总结和分享的原则是什么？

(4) 精益分享的形式有哪些？

参考文献

[1] 孙伟. 精益管理在钢铁企业生产中的应用探析 [J]. 中国中小企业, 2022 (7): 136-138.

[2] 傅胜利. 关于钢铁企业精益管理的实践与思考 [J]. 企业研究, 2014 (6X): 1.

[3] 河钢股份有限公司. 钢铁企业基于降本增效的铁前全成本要素管理 [J]. 冶金财会, 2022, 41 (1): 4.

[4] 沃麦克 (Womack, J. P), 琼斯 (JonesD. T.). 精益思想 (原书修订版) [M]. 沈希瑾, 张文杰, 李京生, 译. 北京: 机械工业出版社, 2008.

[5] 白东哲. 生产系统现场工作研究 [M]. 北京: 机械工业出版社, 2004.

[6] 汪应洛, 袁治平. 工业工程导论 [M]. 北京: 中国科学技术出版社, 2001.

[7] 何桢, 齐二石, 张生虎. 工序能力分析与评价中的几个问题 [J]. 工业工程, 2000, 3 (2): 25-27.

[8] 中国质量协会. 全面质量管理 [M]. 3 版. 北京: 中国科学技术出版社, 2010.

[9] 朱兰 J. M (Juran, Joseph M.), 戈弗雷 A. B (Godfrey, A. Blanton). 朱兰质量手册 [M]. 5 版. 焦叔斌, 等译. 北京: 中国人民大学出版社, 2003.

[10] 朱荣允. TPM 全面生产维护精益管理实战 [M]. 北京: 化学工业出版社, 2023.

[11] 王明哲. 班组管理, 越简单越好 [M]. 北京: 企业管理出版社, 2016.